Edition
SV
international
SCHWEIZER
VERLAGSHAUS

Hans Werner Woltersdorf

Aufbruch in neue PSI-Dimensionen

Printed in Switzerland
by AG Carl Meyers Söhne, CH-8645 Jona
3-7263-6282-7

Inhalt

Vorwort

In meiner Pennälerzeit lauschte ich mit großem Interesse den Vorträgen eines Experimentalphysikers namens Stadthagen. Mit einfachsten Mitteln verflüssigte er auf der Bühne Luft und machte daraus hochexplosive Eiswürfel. Aber nicht nur das. Er praktizierte Telepathie, ließ, für alle sichtbar, Goethe als Geist auf der Bühne erscheinen und frappierte die Zuschauer mit geheimnisvollem Tischrücken. Mit seinen schwebenden Bewegungen gab der Tisch Antwort auf Fragen, die ans Jenseits gerichtet waren.
Und dann zeigte er uns, mit welchen Tricks man solchen Schwindel veranstaltet.
Fortan konnte ich aufklärend mitreden, wenn jemand etwas von Telepathie, Spuks oder dergleichen Unsinn erzählte. Nur der Leichtgläubigkeit und dem unkritischen Nichtwissen verdanken die Phänomene der Parapsychologie ihren Ruf, aus einer anderen Wirklichkeit zu stammen. Für mich gab es nur die eine Wirklichkeit der Naturwissenschaften.
Erfahrungen der Jugendzeit sind sehr viel prägnanter als später gewonnene Einsichten. Zu diesen Erfahrungen gehörte auch jenes später noch ausführlicher geschilderte Hypnose-Erlebnis, bei dem ich als 18jähriger Zeuge war. Es war nicht einmal besonders sensationell. Ein Rekrutenkamerad hypnotisierte einen anderen und steigerte sich mit diesem, angestachelt durch unsere Neugier, in immer gefährlichere Experimente, bei denen uns schließlich kalte Schauer über den Rücken liefen.
Es geschah etwas, das nicht geschehen konnte. Es geschah nicht zufällig, sondern auf Kommando. Es wurde befohlen und hätte immer wieder befohlen werden kön-

nen und würde auch immer wieder so ablaufen: gegen alle Logik und gegen alle Naturgesetze.
Das war ein Widerspruch zu der mir erst jüngst zuvor angeeigneten Überzeugung. Aber was auch immer ich später studierte, der Zwiespalt löste sich nicht auf. Ich fand keine Antworten auf meine Fragen nach Woher und Warum. In den Theorien der Naturwissenschaften waren nicht einmal die Möglichkeiten solcher Phänomene berücksichtigt.
Bevor ich dieses Buch begann, habe ich noch einmal eine Reihe namhafter Autoritäten der Natur- und Geisteswissenschaften nach deren Urteil über die Parapsychologie gefragt. Soweit sie es überhaupt wagten, irgendeine Stellung zu beziehen, bemängelten sie den Umstand, daß die PSI-Phänomene nicht beweisbar seien. Einige, die mir als engagierte Kritiker der Parapsychologie bekannt waren, so u.a. der Gerichtsmediziner Professor Otto Prokop von der Humboldt-Universität in Ostberlin, bestritten überhaupt die Realität der parapsychischen Phänomene und sprachen der Parapsychologie den Status einer Wissenschaft ab.
Nur aus der Disziplin der theoretischen Physik äußerte man sich zurückhaltender. Wenn diese Phänomene im strengen Sinne auch nicht beweisbar seien – so Professor Werner Buckel aus Karlsruhe –, so wollte er sie doch nicht grundsätzlich bestreiten, aber eine Erklärung wäre wohl erst dann möglich, wenn der bisherige Rahmen der Physik erheblich erweitert werden würde.
Tatsächlich waren und sind viele Physiker von der Parapsychologie fasziniert. An ihrer Spitze Albert Einstein, der mehrmals nahegelegt hat, auf diese parapsychischen Phänomene zu achten. Der Senior der großen Physikergeneration der dreißiger Jahre, Pascual Jordan, gehört zu den Mitwirkenden an der von Professor Hans Bender herausgegebenen Zeitschrift für Parapsychologie.
Es gibt keinen Zweifel: Mag sich der eine oder andere

persönlich auch dafür interessieren – in der Wissenschaft sind die PSI-Phänomene ein heißes Tabu. Dabei würden viele Wissenschaftstheorien in sich zusammenstürzen, wenn sie – auch – die PSI-Phänomene als möglich berücksichtigen sollten.
Wenn nämlich unser naturwissenschaftliches Weltbild richtig ist, dann können Spuks, Telepathie und Präkognition gar nicht möglich sein. Wenn aber solche Phänomene doch Realität sein sollten, dann kann das naturwissenschaftliche Weltbild nicht stimmen. Dann läßt es sich auch nicht stimmend machen, indem man noch auf irgendwelche unentdeckten Kräfte wartet, mit deren Funktionsweise das telekinetische Löffelbiegen, die Gedankenfotografie und was es da sonst noch alles gibt, als natürliche Vorgänge erklärbar werden. Wer etwas von dem Wesen der Physik versteht, muß hier gleich abwinken, weil es mehr als unwahrscheinlich ist, daß derartige unentdeckten Kräfte existieren könnten.
Es ist daher das Bequemste, die ganze Parapsychologie einfach als Unsinn in den Mülleimer der Wissenschaft zu werfen.
Und wenn sie doch kein Unsinn ist?
Dann müßten wir völlig umdenken.
Aber wie?
Vielleicht ließe es sich in einem Satz zusammenfassen, und vielleicht ist dieser Satz auch schon irgendwann einmal geäußert worden, aber er wäre weder aufklärend noch überzeugend. Wir müssen uns daher logisch und systematisch auf diese Erkenntnis hin entwickeln – ebenso systematisch und logisch, wie die Naturwissenschaft ihr Weltbild entwickelt hat.
Und beides soll richtig sein?
Wenn *das* Richtige und *die* Wahrheit und Wirklichkeit und damit auch *die* Gerechtigkeit existieren und in der verwissenschaftlichten Natur verankert sein sollten, dann wäre es unverständlich, warum uns die Natur ihre Wahr-

heit nicht schon längst offenbart hat. Aber es suchen Millionen von Wissenschaftlern, organisiert in Tausenden von Fachdisziplinen, nach dieser Wahrheit. Jeder auf seine Weise. Aber das bisherige Vorgehen erinnert an ein Team von Kriminalisten, das um jeden Preis unter einer Gruppe von Unschuldigen den Täter ermitteln soll.

I. Die Herausforderung

Von Krösus bis Schrenk-Notzing

Die Geschichte des Altertums und Mittelalters besteht aus einer Kette mystischer und parapsychischer Phänomene. Den ersten Test parapsychischer Medien stellte vor etwa 2500 Jahren der ebenso reiche wie kluge Lydierkönig Krösus an. So jedenfalls berichtete Herodot. Wie wir heute in unsere Zukunft hinein mit Computern hochrechnen, so hatte das Mittelalter seine Astrologen und das Altertum seine Propheten und Weissager. Aber hier wie dort gab es gute und weniger zuverlässige.
Krösus schickte eine Reihe von Boten zugleich zu den bekanntesten Sehern des Mittelmeerraumes. Sie sollten genau am hundertsten Tag nach ihrer Abreise die Seher befragen, was er, Krösus, an diesem Tage wohl täte. Er tat an diesem Tag etwas recht Markantes: Er zerschnitt eine Schildkröte und ein Lamm und bereitete daraus in einem Kupferkessel ein Mahl. Auf eine so unstandesgemäße Tätigkeit ist keiner der Seher gekommen – bis auf das Orakel von Delphi; zwar versteckt in Hexametern, jedoch unverkennbar, sprach es von einer Schildkröte und einem Lamm, die, kleingeschnitten, in einem Kupferkessel gekocht wurden.
Das Alte und das Neue Testament sind eine Fundgrube merkwürdigster Geschichten. So ließ König Nebukadnezar nach Daniel 3, Vers 23, drei Juden für ihre ketzerische Glaubenshaltung in einen glühenden Ofen werfen. Aber die Flammen wichen ihnen aus und versengten ihnen nicht einmal ein Haar.
Im Evangelium des Johannes 6, Vers 17 und folgende, wird beschrieben, wie Jesus an dem Abend nach der mysteriösen Speisung der Fünftausend die Fischer auf dem stürmischen See von Kapernaum erschreckt. Mit Levitation, der Aufhebung der Schwerkraft.
Die Fischer sahen «Jesus auf dem See dahergehend und nahe dem Schiff kommen. Und sie fürchteten sich

sehr. Er aber sprach zu ihnen: Ich bin's, fürchtet euch nicht.»

Auch der Prophet Hesekiel beherrschte die Levitation, denn, um zu den Gefangenen seines Volkes predigen zu können, wurde er «aufgehoben vom Wind und gen Tel Abib getragen».

Solange man die Naturgesetze von der Schwerkraft noch nicht kannte, hatte man offensichtlich keine Hemmungen, diese aufzuheben; denn auch dem heiligen Franz von Assisi gelang es in Zuständen tiefster religiöser Versenkung, sich von dem Berg Alverno aus in die Lüfte zu erheben, sogar so hoch, daß er den Blicken seiner Gemeinde entschwand.

Papst Urban bestätigte, wie sich vor seinen Augen der vielseitig medial begabte Josef von Copertino (1603–1663) in die Luft erhob und über den Kopf der Gattin des Großadmirals von Castilien hinwegschwebte, welche daraufhin in Ohnmacht fiel.

Solche Wunder hatten für die Kirche damals recht peinliche Konsequenzen; denn nur Gott allein konnte sie vollbringen oder seine Wunderwirksamkeit durch andere vollbringen lassen. So sind denn unter den Heiliggesprochenen eine Menge solcher Medien wie Franz von Assisi und Josef von Copertino, welche ihre Heiligkeit jenen Phänomenen der Parapsychologie verdanken, die nach unserem heutigen Wissen nichts als nur Unsinn gewesen sein können.

Selbst Päpste waren von solchen heiligen Begabungen nicht verschont, so im 16. Jahrhundert Pius der Fünfte. Er war am Spätnachmittag des 7. Oktober 1571 zusammen mit einigen Prälaten gerade damit beschäftigt, die Rechnungen des päpstlichen Schatzmeisters zu prüfen, als es ihn plötzlich überkam: «Lassen wir jetzt die Geschäfte! Die christlichen Waffen erringen gerade einen Sieg!» rief er ekstatisch, riß das Fenster auf und starrte gen Osten. In dieser Stunde war tatsächlich die für das Abendland so entscheidende Seeschlacht von Lepanto entschieden worden. Der Oberbefehlshaber der spanisch-venezianisch-päpstlichen Flotte, Don Juan d'Austria, hatte die türkische Übermacht geschlagen und 130 ihrer Schiffe erobert. Aber die offizielle Siegesnachricht ließ lange auf sich warten. Erst 14 Tage später, als man bereits zu munkeln wagte, der Papst habe gesponnen, traf der Bote ein und bestätigte genau die Stunde, zu der der Papst die Siegesvision hatte.

Giordano Bruno, der wegen seiner ketzerischen Ansichten von der Natur im Jahre 1600 auf dem Scheiterhaufen verbrannt wurde, berichtete in «Sigillum sigillorum» über Thomas von Aquin: «Wenn dieser mit gesammelter Geisteskraft und Andacht zur geistigen Anschauung des von ihm geglaubten Himmels sich erhob, so konzentrierte sich sein ganzer empfindender und bewegender Geist so sehr in diesem Gedanken, daß sein Körper von der Erde in den freien Luftraum erhoben wurde, was ich selbst dennoch für die Wirkung einer natürlichen seelischen Kraft anerkennen muß, obwohl einerseits weniger wissenschaftlich Denkende es zum Mirakel stempeln und andererseits bornierte Nichts- und Alleswisser es nicht leicht glauben mögen. Weit früher geschahen solche Erhebungen auch bei Zoroaster.»

Darin kommt bereits das ketzerische naturwissenschaftliche Denken Brunos zum Ausdruck: Nicht ein Wunder Gottes, sondern eine Kraft, eine geistige Kraft, die der Besessenheit und Ekstase entspringt, vermag der Schwerkraft entgegen zu wirken. Zugleich aber beschimpft er die Bornierten, welche nicht unbedingt an diese Levitation glauben.

Aber auch die Immunität gegen Feuer und Hitze tritt im Zusammenhang mit Meditationen und religiöser Besessenheit auf, so, wie wir es heute von vielen östlichen religiösen Sekten, besonders bei den Hindus, kennen. So wird bereits von Katharina von Siena berichtet: Während

einer frommen Ekstase fiel sie in glühende Herdasche. Erst später wurde sie von Nonnen gefunden. Sie trug keinerlei Brandmerkmale.
Ignatius von Loyola gar hatte beides: Bei tagelangen Anfällen war er ohne jede Empfindung und fast ohne Atem, dazu schwebte er «glänzend am Leibe» über dem Erdboden, wie Perty in «Mystische Erscheinungen» schreibt.
Als dann nicht mehr die Kirche allein darüber entschied, ob ein Wunder ein Wunder war, sondern auch die aufkommende Wissenschaft sich mit aller Skepsis dazu äußerte, wurden die Wunder zwar nicht weniger, aber die Zensur der Überlieferungen wurde schärfer – es sei denn, es betraf einen Wissenschaftler selbst. So beispielsweise den über sein Land weit hinaus bekannten Schweden Emanuel von Swedenborg. Als er sich während einer seiner vielen Reisen im Jahre 1756 gerade in Göteborg aufhielt, hatte er plötzlich eine Vision, die er erregt in allen Einzelheiten beschrieb. Er sah den Brand von Stockholm, 500 Kilometer von Göteborg entfernt. Fernsehen gab es noch nicht. In besonderen Details beschrieb er das brennende Haus eines Freundes. Ganz Europa sprach von dieser merkwürdigen Television. Aber Immanuel Kant nahm diese Nachricht mit größter Skepsis auf. Da sie aber einen namhaften Wissenschaftler und nicht irgendeinen Schwätzer betraf, hielt er es für wert, selbst nachzuforschen und fand unter den zahlreichen Zeugen, welche die Aussage Swedenborgs miterlebt hatten, diese Geschichte immer nur bestätigt.
Im 19. Jahrhundert war es besonders der Schotte Daniel Douglas-Home, der zufällig in die Observation angesehener Persönlichkeiten geriet, von diesen an Wissenschaftler weitergereicht wurde und somit viel Aufsehen erregte. Das Jahr 1868 beschloß Home mit einer Sensation. Es geschah vor den Augen von Lord Adares, Lindsay und Captain Charles Wynne. Lindsay hörte es in seine Ohren flüstern: «Er wird gleich zum einen Fenster hinaus und zum

anderen wieder hereinschweben.» Es war im dritten Stockwerk. Unmöglich! Doch da sahen die drei den Körper Homes draußen vor dem Fenster schweben und mit beiden Beinen voran ins Zimmer zurückkehren. Wie ist das geschehen? Sie sahen, daß das Fenster im Nebenzimmer nur zu einer Spalte von 45 cm hochgeschoben war. «Wie konnte er da hindurchkommen?»

Home war noch im Trancezustand und sagte: «Ich will's Ihnen zeigen». Dann lehnte er sich mit dem Rücken zum Fenster und wurde, Kopf voran, wie von einem Sog durch die schmale Spalte nach draußen gezogen, schwebte stocksteif vor dem Fenster und kehrte langsam wieder ins Zimmer zurück.

1894 veröffentlichte der russische Staatsrat Aksakof mehrere Artikel über eine Seance, der er ein Jahr zuvor in Helsingfors beigewohnt hatte. Höhepunkt war die Dematerialisation eines Mediums Mrs. d'Espérance. Während sie auf einem Stuhl saß und sich meditierend in sich versenkte, wurde sie zu einem nebelhaften Geist. Man konnte durch ihren Körper hindurch an die Lehne des Stuhles fassen. Selbst ihre Knochen gaben keinen Widerstand.

Sowohl Aksakof als auch der Münchner Arzt Schrenk-Notzing berichteten über Phänomene mit einer neu aufgekommenen Technik, der Geisterfotografie. Sie legten überzeugende Dokumente vor. Bei spiritistischen Sitzungen in geschlossenen Gesellschaften erschienen auf Gruppenaufnahmen Personen, die niemand kannte und von denen auch jeder wußte, daß sie nicht zugegen waren. Meistens schwebten sie – eingehüllt in Schleier – über den Köpfen der anderen.

Damals wie heute setzten sich Wissenschaftler dem Gespött ihrer Kollegen aus, wenn sie sich mit so unseriösen Sachen wie Spiritismus, Okkultismus und Parapsychologie befassten. Schrenk-Notzing hatte daher seine Experimentalvorführungen sorgfältig vorbereitet und so abge-

schirmt, daß man ihm keine Täuschungsversuche vorwerfen konnte. Seine bekanntesten Medien waren die Gebrüder Schneider, die seltsamerweise aus Braunau am Inn stammten, einer Stadt, die auffallend viele Medien hervorgebracht hatte. So schrieb man auch dem Braunauer Adolf Hitler magische Kräfte zu, die er dem Braunauer Klima verdanke. Die Gebrüder Schneider besaßen besondere Talente in der Telekinese, der Fernbewegung von Gegenständen durch geistige Konzentrationen sowie in der Levitation. Hunderte von Wissenschaftlern haben die Echtheit dieser paranormalen Geschehnisse bestätigt, aber als Gerüchte laut wurden, die beiden Medien hätten hier und da ein wenig mit faulen Tricks nachgeholfen, hätte man am liebsten auch die Experimente, deren Echtheit man bestätigt hatte, wieder vergessen.
Es sei in diesem Zusammenhang auch noch der deutsche Arzt Meßmer erwähnt. Was in der ganzen Geschichte an Wunderheilungen durch Handauflegen oder dergleichen durchgesickert war, schien Meßmer erforscht zu haben und nun systematisch zu experimentieren. Er nannte es Magnetismus. Geheimnisvolle magnetische Kräfte schienen auf den Patienten einzustrahlen und, dem Willen des Arztes gehorchend, heilend zu wirken. Was sich daraus entwickelte, wurde später als Hypnose bekannt. Meßmer aber war von der magnetischen Ursächlichkeit der Hypnosewirkung überzeugt und benutzte bis zum Schluß magnetische Gegenstände, um seine Patienten in einen hypnotischen Schlaf zu versetzen.
Diese kleine Auswahl an Beispielen sind durch ihre Überlieferungen Bestandteile der Kulturgeschichte geworden. Namhafte Persönlichkeiten waren ihre Urheber oder Zeugen. Was die übrigen unzähligen Namenlosen erlebt haben mögen, davon könnte man hier und da bestenfalls etwas ahnen.

Parapsychische Phänomene sind also keine Auswüchse unserer modernen Zeit oder – wie die Nationalzeitung in der DDR nach der Geller-PSI-Welle behauptet hatte – «Erfindungen kapitalistischer Länder, um von ihren wirtschaftlichen Schwierigkeiten abzulenken», sondern ein Bestandteil unserer Geschichte und Kultur.

Früher waren sie weder unglaubwürdig noch besonders sensationell. Gott, der Schöpfer dieser Welt und Vater aller Dinge, der Ewige, Allmächtige und Allwissende, konnte Wunder vollbringen. Nicht nur Wunder. Er machte auch das Wetter, Krankheit, Genesung und Tod bei Menschen, Tieren und Pflanzen. Nichts konnte sich ereignen, was Gott nicht gewollt oder organisiert hatte – bis auf jene Scharlatanerien, in denen sich der Satan versuchte. Und Gott verlieh dem Menschen Geist und Klugheit, damit er – gottähnlich – auch selbst schöpferisch tätig sein könne.

Und er wurde schöpferisch tätig. Den Geist, den Gott rief, konnte er nun selbst nicht mehr bändigen. In Kopernikus kam es zum ersten großen Bruch, aber es dauerte 100 Jahre, bis es sich durchgesetzt hatte, daß nicht die Erde, sondern die Sonne Mittelpunkt der Welt sei. Galilei beschwor die Mathematik als die einzige Sprache, in der die Natur – die Natur Gottes – richtig beschrieben werden könne, und Isaac Newton demonstrierte deren Perfektion, als er die Mathematik der Gravitationsgesetze vorlegte und damit die Mechanik, Technik, Industrialisierung und die beherrschende Wissenschaft der Physik einleitete.

Der schöpferisch denkende und tätige Mensch entdeckte die Kausalität, das strenge Gesetz der Reihenfolge von Ursache und Wirkung, die Vorausberechenbarkeit der Wirkungen und die Rückrechenbarkeit der Ursachen von beobachteten Wirkungen.

In diesem Kalkül verstießen die Phänomene der Parapsychologie gegen Grundprinzipien der Natur. Sie waren Wirkungen ohne natürliche Ursachen, oder es entstanden sogar – wie bei der Prophetie – Wirkungen, bevor die Ursache da sein konnte.

Hatte man bei allen sonstigen «Wundern» der Natur und Technik noch die Chance, deren Kräfte oder Ursachen früher oder später zu entdecken, so waren die parapsychischen Phänomene ein Dorn im Auge der Wissenschaft, weil sie eben nicht kausal waren.
So ist es bis heute geblieben. Trotz eines in der Geschichte nie dagewesenen Aufwandes für Forschung und Wissenschaft und trotz eines ebenso einmaligen Erkenntnisfortschritts unserer jüngsten Wissenschaftsgeschichte sind wir den Ursachen parapsychischer Phänomene um keinen Schritt näher gekommen. Im Gegenteil: Sie wurden immer unmöglicher.
Früher, wie gesagt, waren es gar keine unmöglichen Wunder. Früher glaubte man.
Früher wußte man, daß man glaubte.
Heute glaubt man, daß man weiß.
Wann sind oder waren wir der Wahrheit näher?

Beweisdenken und Beweisnot

Wer heute über die Ursachen und Hintergründe der parapsychischen Phänomene diskutieren will, würde sich recht weltfremd und rückständig ausnehmen, wenn er mit Gott oder Satan, mit einem «Bios» oder eigens konstruierten Seelenkräften operieren würde. Was ist denn das? Und je mehr er versuchen würde, solche Vorstellungen als Fakten zu beschreiben, desto weiter würde er sich von einer wissenschaftlichen Faktizität entfernen.
Die letzten Jahrhunderte sind nun einmal durch wissenschaftliches Denken geprägt. Daran kommt man nicht vorbei. Hier geht es nicht mehr um Glauben, sondern um Wissen und zwar Wissen durch Beweise. Das ist keine Schikane, keine engstirnige Kompromißlosigkeit und keine weltanschauliche Borniertheit. Es ist ein Grundprinzip sowohl des naturwissenschaftlichen wie auch des

juristischen Denkens. Beim letzteren, wo es um menschliche Schicksale geht, mag auch eine beeidete Zeugenaussage als Beweis dienen.
In der Naturwissenschaft nicht.
Weil gerade die Phänomene der Parapsychologie wegen ihrer Akausalität von großer Tragweite sind, müssen hier doch recht strenge Maßstäbe angelegt werden, besonders da, wo mechanische Kräfte und klassische Energien eine Rolle spielen, beim Spuk und der Telekinese.
Ein Beweis heißt, daß ein solcher Vorgang, wenn er Realität sein sollte, sich jederzeit unter labormäßigen Bedingungen beliebig oft wiederholen lassen muß. Dabei darf bei gleichbleibender Ursächlichkeit auch immer nur dasselbe Resultat herauskommen. Einer solchen strengen Methodik und Systematik verdanken wir schließlich das Erkennen und das Eindringen in die Gesetzmäßigkeiten der Natur und ihrer Kräfte.
Ein einmaliges Vorkommnis ist selbst dann kein Beweis, wenn es von vielen Zeugen gleichlautend bestätigt wird. Man denke an die Ufos! Tausende von Menschen sind überzeugt, Ufos gesehen zu haben. Selbst fotografiert hat man sie. Da man aber Fotos montieren und fälschen kann, haben sie keinen schlüssigen Beweiswert. Ein handfestes Ufo, möglichst mit Besatzung, wäre da schon etwas anderes.
Das Ding müßte also auf den Tisch und gründlich inspiziert und analysiert werden. Das hat es noch nicht gegeben, und darum ist für die Wissenschaft die ganze Ufologie suspekt. Käme ein solches Ufo auf den Tisch, dann würden erst die Schwierigkeiten der wissenschaftlichen Bestimmungen beginnen, denn es ginge darum, zu beweisen, daß es sich um ein irdisches oder extraterrestrisches Produkt handelt. Ist es ein irdisches Produkt, kann es nur die uns bekannten Techniken enthalten. Aber was ist eine außerirdische Konstruktion? Sie würde voraussetzen, daß sie technische Merkmale besäße, die völlig anders als die

unsrigen sind. Wären sie aber mit unserem irdischen Wissen erfaßbar, läge natürlich die Vermutung nahe, daß sie von einer ausländischen Macht mit bisher geheimgehaltenen Entwicklungen stammen. Sind die Techniken aber nicht erfaßbar, könnten wir diese fremde Technik auch nicht als fremde Technik erkennen und begreifen; denn es ist gar nicht möglich, über unser eigenes Wissen hinaus zu denken und fremde Systeme zu erfassen. Es bliebe bestenfalls ein unbekanntes Gebilde unbekannter Herkunft mit unverständlichen Techniken. Es würde die Ufo-Spekulationen neu beleben, aber doch nichts schlüssig beweisen.

In einem gleichen Dilemma stecken die Phänomene der Parapsychologie. Die Telepathie zum Beispiel. Telepathie heißt, daß man Gedanken oder Erlebnisse anderer Personen miterlebt, ohne selbst gegenwärtig zu sein.

Gedanken, also geistige Erlebnisse, lassen sich ohnehin nicht beweisen. Wenn jemand behauptet, dieses oder jenes zu denken, zu träumen oder erlebt zu haben, sind wir auf Glauben angewiesen. Ein Beweis wäre bestenfalls die aufgeschriebene oder auf Tonband aufgezeichnete Tatsache, daß jemand gesagt hat, dieses oder jenes gedacht oder erlebt zu haben. Spitzfindig? Die Wissenschaft kann nicht spitzfindig genug sein, wenn es darum geht, etwas schlüssig zu beweisen. Gottseidank!

Nehmen wir doch einmal ein typisches Beispiel für eine Telepathie, ein Beispiel, welches gewiß Abertausende während des letzten Weltkrieges in ähnlicher Form erlebt haben:* Ein Vater erwacht aus seinem Mittagschlaf, da er träumend, aber doch deutlich sehend, den Absturz seines Sohnes miterlebt. Der Sohn ist Jagdflieger. Der Vater sieht – so erzählt er – das Flugzeug seines Sohnes trudelnd vom Himmel fallen, eine Rauchfahne hinter sich ziehend, dann ein Aufprall, Staubwolke, eine Stichflamme, Rauch.

Entnommen dem Buch «Parapsychologie» von Hans Bender, 1971

Tatsächlich erhält er bald darauf die Nachricht, daß sein Sohn an diesem Tag und um diese Stunde in den Heldentod gestürzt sei. Andere bezeugen, daß es sich so zugetragen habe, wie der Vater es erlebt hatte.
Sagt der Vater. Er hat es versäumt, sogleich nach diesem traumhaften Erlebnis zu einem Notar zu gehen und sich beurkunden zu lassen, daß er dieses telepathische Erlebnis gehabt habe. Und das natürlich, bevor er im positiven oder negativen Sinne Gewißheit erhalten hat.
Aber wer tut das schon! Wenn jeder, der eine gedankliche Eingebung hat, die sich als telepathisches Phänomen auswachsen könnte, sogleich zu einem Notar laufen würde, dann gäbe es eine überlastete Institution, in der sich Berge von Papieren sammeln würden, in die aber nur ein ganz verschwindend kleiner Teil wieder Einblick nehmen dürfte, um die Vision durch eine Verifikation zu bestätigen.
Und wenn der Vater ein ehrlicher und besorgter Vater war, dann muß er zugeben, daß er während des Krieges diese Vision von dem Flugzeugabsturz seines Sohnes wahrscheinlich sehr oft gehabt hat, vielleicht sogar täglich, manchmal intensiver, manchmal fürchtend.
Und die meisten Flugzeugabstürze sehen so aus: ... stürzt trudelnd zur Erde, hinter sich eine Rauchfahne, Aufschlag, Staubwolke, Stichflamme – aus. Wie oft hätte der Vater wirklich zum Notar laufen müssen, um sich seine Angstvisionen als telepathische Erlebnisse bestätigen zu lassen! Und einmal war es dann soweit – wie es bei den meisten Jagdfliegern des letzten Krieges einmal soweit war.
Telepathie?
Eine Frau berichtete von einer immer wiederkehrenden Vision, welche die Heimkehr ihres Mannes aus der Kriegsgefangenschaft betraf: Es ist Mittag, die Sonne scheint, Hühner picken auf dem Hof. Da kommt eine Gestalt in abgerissener Uniformkleidung daher. Ihr Mann.

Auf dem Kopf trägt er eine eigenartige Mütze, die sie in allen Details beschreibt. Später hat sich alles genau dieser Vision entsprechend zugetragen.

Im Gegensatz zu dem abstürzenden Flieger war hierin ein Gegenstand mit unvorhersehbaren Details enthalten. Die Mütze. Hatte die Frau ein echtes Zukunftserlebnis? Vielleicht. Man mag es ihr glauben, aber damit ist nichts bewiesen. Erst nachdem es geschah, fiel ihr die Übereinstimmung mit der Vision auf. Hat das echte Erlebnis die Vision korrigiert?

Geht es nicht vielen so, daß sie in eine unbekannte Landschaft oder in ein unbekanntes Gebäude kommen und plötzlich feststellen: Hier bin ich schon einmal gewesen. Natürlich können sie, da sie zum ersten Mal in ihrem Leben hierher kamen, noch nicht hiergewesen sein. Aber es kommt ihnen alles vertraut vor. Irgendwann und irgendwie war ich schon einmal hier! Vielleicht können sie sogar sagen, daß dort gleich links um die Ecke ein Brunnen sein muß, der dann auch tatsächlich dort ist. Für die, welche es miterleben, für den Ehemann oder die Freunde, die auch zum ersten Mal hier sind, mag es ein Beweis sein – für die Wissenschaft nicht. Mit Glauben und Vertrauen kann sie nichts anfangen.

Vielleicht hat die Person über das Unbekannte doch einmal etwas gelesen oder Abbildungen gesehen, etwas, das ihr längst wieder entfallen ist. Nun erinnert sie sich. Ist das nicht wahrscheinlicher?

Telepathie! Was heißt «Fernempfinden», fern über Räume und Zeiten hinweg? Wie empfindet, erlebt oder denkt man überhaupt? Was sind die Motivationen für den augenblicklichen gedanklichen Erlebensinhalt? Sind es geheimnisvolle Kräfte, die uns mit dem, was wir denken, anwehen? Ist es lediglich eine Reproduktion, eine Reflexion der physikalisch meßbaren Kräfte von Licht, Schall, Wärme, Geruch und so weiter, welche von unseren Sinnesorganen aufgefangen werden und das Denken bestim-

men? Vielleicht, aber mit Sicherheit nicht allein, denn man kann auch alles Geschehen um sich herum gar nicht wahrnehmen, weil man gerade mit seinem Liebeskummer oder einer kniffligen Schulaufgabe beschäftigt ist. Was also bestimmt den Fluß unserer Gedanken, und wie kommen da Ereignisse hinein, die sich in weiter räumlicher oder zeitlicher Ferne abspielen?
Bevor man hierüber nicht einmal ein theoretisches Konzept besitzt, in dem das normale Denken und Erleben erklärt wird, ist man noch weit davon entfernt, Beweise für ein anormales Erleben erklären und anerkennen zu können.
Der Amerikaner J. B. Rhine, der erste Lehrstuhlinhaber und Leiter eines Institutes zur Erforschung parapsychischer Phänomene überhaupt, hat ein System entwickelt, um die Telepathie wissenschaftlich nachzuweisen. Dieses System wird von allen Instituten, die sich mit den PSI-Phänomenen beschäftigen, angewandt. Es handelt sich dabei um Spielkarten mit vier verschiedenen Symbolen, einem Kreis, einem Kreuz, einem Dreieck und einem Stern. Die Karten werden sorgfältig gemischt. Eine Person hebt eine Karte nach der anderen ab, während die Testperson raten muß, welche Karte jeweils abgehoben worden ist. Natürlich sind alle Betrugsmöglichkeiten ausgeschlossen.
Mit Hilfe einer bewährten Wahrscheinlichkeits- und Zufallsrechnung wird ermittelt, ob die Versuchsperson überdurchschnittlich oft richtig rät oder nicht.
Eine Erfahrung hat sich dabei verdichtet: Personen, die auf irgendwelchen Gebieten medial veranlagt sind, haben in der Regel ein überdurchschnittliches Trefferergebnis, so daß man schon in etwa vorsondieren kann, ob einer wirklich das Gras wachsen hört oder nur ein Schwätzer ist.
Aber ist dieses Testexperiment tatsächlich ein Beweis für die Realität von Telepathie? Streng beurteilt sagen solche

Experimente nicht mehr aus als ihre statistischen Fakten: Die eine Person trifft häufiger das Richtige als andere. Auch bei den Schützen beispielsweise trifft der eine das Ziel häufiger als der andere. Manchmal hat – hier wie dort – auch der andere einen besseren Tag und trifft häufiger als der eine. Im Durchschnitt ist aber der eine eben besser als der andere. Nichts mehr als das ist bewiesen. Niemand vermag exakt zu sagen, warum es so ist, aber abwegig wäre es, daraus den Beweis abzuleiten, daß der bessere Schütze eine – gar genbedingte – qualifiziertere Anlage für das Schießen haben müsse als andere. Und ebenso spekulativ wäre die Behauptung, daß derjenige, der überdurchschnittlich oft richtig rät, einen sechsten Sinn haben müsse.

Das Hellsehen in die Zukunft

Mit dem Begriff der Präkognition wird das Hellsehen in die Zukunft, das Weissagen und die Prophetie verwissenschaftlicht. Auch diese Fähigkeiten lassen sich mit den zuvor beschriebenen Symbolkarten testen und «beweisen». Während die Testpersonen bei der Telepathie erst hinterher sagen müssen, welche Karte abgehoben worden ist, müssen sie bei der Prophetie vorher sagen, welche Karte abgehoben werden wird. Erst dann wird die Karte abgehoben und mit der Aussage verglichen.
In keinem Falle aber ist die Versuchsperson so gegenwärtig, daß sie den Kartenstapel unmittelbar beobachten kann. Sie kann also ohnehin nicht wissen, ob eine Karte schon abgehoben ist oder erst noch abgehoben werden wird; also weiß sie auch nicht, ob sie gerade Telepathie oder Präkognition betreibt. Sie rät schlechthin das Unbekannte.
Tatsächlich könnte sich der Begriff der Telepathie sowohl auf räumliche wie auf zeitliche Entfernungen beziehen;

denn spätestens seit der Relativitätstheorie wissen wir, daß Raum und Zeit miteinander ausgetauscht werden können und daß die Zeit neben Länge, Breite und Höhe zur vierten Raumdimension zu zählen ist.
Erklärt man sich die Telepathie als eine Gedankenübertragung, die also von einem Gehirn zum anderen – möglicherweise mit Hilfe von lichtschnellen elektromagnetischen Wellen – erfolgt, so ist diese Art der Kommunikation bei der Präkognition ausgeschlossen. Denn was in der Zukunft erst geschehen wird, kann gegenwärtig weder als bewußtes noch als unbewußtes Erlebnis von einem anderen denkenden Gehirn ausgestrahlt werden.
Da aber bei einer medialen Veranlagung Telepathie und Präkognition kaum voneinander getrennt werden können, hätte zwar der Telepath einen Kommunikationspartner in einem anderen denkenden Gehirn, aber nicht der Prophet. Woher bekommt er seine Informationen?
Die Naturwissenschaft kennt nur Energien, Licht, Schall und dergleichen, welche sich aus einer dinglichen Ereignisquelle mit bestimmten Geschwindigkeiten und individuellen Energieformen ausbreiten, von unseren Sinnesorganen oder irgendwelchen Apparaten aufgefangen werden und dadurch von den Ereignissen Kenntnis geben. Der Telepath mag also noch unbekannte gedankliche oder geistige Kräfte erkennen, aber die Präkognition bleibt das schwierigste aller Phänomene, weil sie das Raum-Zeit-Kontinuum durchbricht.
Arthur Schopenhauer hat einmal gesagt, daß die Ereignisse dieser Welt ein überall gleichzeitiges Immer seien, durch das der Mensch kontinuierlich erlebend hindurchschreitet.
Demnach wäre alles, was geschieht, gleichzeitig, aber der Mensch ordnet sich diese Gleichzeitigkeit in einem Nacheinander. Ein Mensch mit präkognitiven Fähigkeiten wäre dann ein solcher, der die disziplinierte Ordnung des

Raum-Zeit-Kontinuums undiszipliniert durchbricht. Das wär's dann.

Aber Schopenhauer war eben nur Philosoph, und zu seiner Zeit genoß noch der Geist eine gewisse Priorität vor der Materie und Energie. Er stand nicht vor der schwierigen Aufgabe, seine Thesen gegen das experimentelle Beweisdenken der Naturwissenschaft durchsetzen zu müssen.

Mit dem räumlichen und zeitlichen Unbekannten befaßt sich schließlich ein jeder. Man macht sich eine Vorstellung davon, wie der morgige Tag verlaufen wird. Aus der Fülle der täglichen Erfahrungen läßt sich das Morgen zu einem absehbaren Erleben vorausgestalten.

Das Voraussehen der Zukunft läßt sich nach diesem Prinzip auch verwissenschaftlichen. Alles, was wir an bekannten Fakten und Erfahrungen wissen, wird mit einer zuverlässigen Methode mathematisch abstrahiert, gespeichert und zusammen mit unseren Zielen und Absichten hochgerechnet. Das so ermittelte Zukunftsresultat ist mit einem höchstmöglichen Grad an Wahrscheinlichkeit fundiert.

Noch fundierter sind natürlich jene technischen Voraussagen, nach denen wir genau wissen, was passieren wird, wenn wir auf den Knopf drücken und eine automatische Maschinerie in Gang setzen.

Das hebt sich deutlich ab von jenen Weissagungen der Sphinx und Orakel, der Propheten, Wahrsager und Hellseher, die sich auf unkontrollierbare Intuitionen oder Meditationen berufen. Das ist auch fundierter als jene Astrologie, die sich auf eine jahrtausendealte Wissenschaft beruft, die Wissenschaft der Sterndeutung, die immer fragwürdiger wird, je präziser sie die Zusammenhänge zwischen zweifellos richtig beobachteten Sternbewegungen mit dem Schicksal einzelner Menschen erklären soll.

Eine Jahrtausende alte Methodik muß nicht deswegen richtig sein, weil sie schon Jahrtausende alt ist. Wie viele

uralte Sprichworte des Aberglaubens geistern schließlich noch heute durch die Menschheit, welche bei einer kritischen Analyse nicht mehr wert sind als ein schlechter Knüppelreim.
Aber wir sagen: «Da ist was dran!» wenn sich einmal eine Pechsträhne ergeben hat, nachdem ein schwarzer Kater von links nach rechts unseren Weg kreuzte oder wenn die Prophezeiung einer Wahrsagerin in Erfüllung gegangen ist. Natürlich sind wir bei unserem archetypischen Verhältnis zum Glauben und Aberglauben gerne bereit, dem Wunderbaren und dem Wunder einen Vorrang vor allen anderen Erklärungen zu geben, und darum vergessen wir allzu leicht, wie oft sich eine Aberglaubensregel oder eine Prophezeiung nicht erfüllt hat.
Andererseits aber – zugegeben – belastet uns der Glaube an Aberglauben ebenso wie eine Prophezeiung, ein Horoskop oder auch eine statistische Hochrechnung. Belastung heißt, daß unsere Erwartung geprägt wird, ob wir wollen oder nicht. Und es ist eine erfahrungswissenschaftlich begründete Tatsache, daß die Erwartung auch die Erfüllung beeinflußt. Gehen wir aufgrund einer so geprägten Erwartung ängstlich, verunsichert und ohne Hoffnung an eine Aufgabe heran, dann sind wir es, die dabei versagen und damit das erfüllen, was uns prophezeit wurde.
Umgekehrt genauso. Das Schicksal liegt nicht irgendwo in den Sternen, bei einer Vorsehung oder im Kaffeesatz, sondern in unserer Hand. Wir sollten lernen, studieren, üben und uns vorbereiten, damit wir jene Sicherheit erreichen, welche, als positives Element in unsere Zukunftshochrechnung einprogrammiert, unser Schicksal wirkungsvoller beeinflußt als Planetenkonstellationen oder Schäfchen zur Linken.
Die Zukunft ist die große Unbekannte. Sie macht uns neugierig wie der Eingang in eine dunkle Höhle, die uns zu erforschen reizt. Was wir dort durch systematisches

Erarbeiten finden werden, war bereits als Realität festgeschrieben, ob wir es erwartet haben oder nicht.
Und die Zukunft? Enthält auch sie eine festgeschriebene Realität, die unweigerlich auf uns zukommt, ob wir sie erwarten oder nicht? Schauen wir auf die Vergangenheit zurück, die ja einst Zukunft war, dann scheint sich alles aus einer kausalen Kette von Ursache und Wirkung logisch bis zur Gegenwart hin entwickelt zu haben. In ihr fließt die Zeit. Zeit ist Bewegung. Sie fließt und bewegt sich von der Stunde Null der Schöpfung oder des Urknalls an kontinuierlich, Sekunde um Sekunde in die Zukunft hinein fortschreitend. Die Zeit ist jener Faktor, der das Raum-Zeit-Kontinuum zu einem logischen System macht.
Andererseits ist die Zeit auch nur ein Maßsystem für eine Entwicklungsreihe, die ihrerseits aus einer unübersehbar großen Fülle von möglichen Faktoren und Komponenten das Resultat des Augenblicks bestimmt. Wegen ihrer Unvorhersehbarkeit sagen wir «Zufall». Aber Friedrich Engels beispielsweise, der Interpret einer materialistischen Naturphilosophie, bestreitet den Zufall an sich. Er sei nur eine Ausrede dafür, daß wir die Zusammenhänge von Ursache und Wirkung – noch – nicht richtig übersehen und beherrschen. Nichts ist Zufall, alles hat seine eindeutigen Ursachen. In der Technik beispielsweise, der idealen Funktion eines naturgesetzlich geregelten Ordnungssystems, kann und darf es diesen Zufall nicht geben.
Natürlich ist das individuelle Schicksal weit komplizierter als eine anorganische Technik. Hier kommen Gedanken und Ideen, Aufmerksamkeiten, Stimmungen und so weiter hinzu. Das sind unberechenbare Faktoren, welche mit Augenblicksentscheidungen Fakten schaffen, die ihrerseits wieder ursächlich sind für eine Entwicklungskette aus Ereignissen und Entscheidungen.
Letztlich also ist es der Mensch selbst, der jene Überraschungen verursacht, die sich von keiner Gesetzmäßigkeit

und keiner Statistik vorausberechnen lassen. Demnach kann abschließend dazu gesagt werden, daß die Zukunft nicht vorauserlebt werden kann, weil sie noch nicht stattgefunden hat, und sie kann auch nicht vorausberechnet werden, weil es noch kein System gibt, welches die möglichen Unsicherheitsfaktoren auch nur annähernd vollständig und richtig zu berücksichtigen vermag.

Die Herausforderung durch Croiset

Wenn eine Person verschwunden ist, dann gibt es zunächst eine Menge von Wahrscheinlichkeiten, wo sie sich aufhalten könnte: bei Freunden, Verwandten, an häufiger besuchten Lieblings- oder Zufluchtsplätzen. Diese richtig vorherzusagen oder zu raten, wäre sicherlich kein Beweis für besondere übersinnliche Fähigkeiten. Sie sind Resultate logischen Nachdenkens.

Kommen aber alle diese Wahrscheinlichkeiten nicht in Frage, dann erhöhen sich die Aufenthaltsmöglichkeiten bis zu einer unabschätzbaren Zahl von Zufälligkeiten, wohin kein noch so logisches Nachdenken führen kann. Den tatsächlichen Aufenthaltsort weniger durch Überlegungen als intuitiv dann doch richtig angeben zu können, mag unter Millionen vergeblicher Versuche vielleicht einmal gelingen – wie das Tippen von 6 Richtigen beim Zahlenlotto.

Wenn aber ein solcher richtiger Tip bei ein und derselben Person sich häufiger wiederholt, dann ist das zumindest recht bemerkenswert und kann – gerade nach der Wahrscheinlichkeitsmathematik – nicht mit rechten Dingen zugehen.

Um ein solches Phänomen handelt es sich beispielsweise bei dem holländischen Medium Croiset. Die Geschichte, besonders die Polizeigeschichte, kennt mehrere solcher erstaunlicher Personen, die mit einem unerklärlichen In-

stinkt Personenschicksale telepathisch aufzuklären vermochten.
Beim 19. Kongreß der «Parapsychological Association» vom 18. bis 21. August 1976 in Utrecht wurde darüber berichtet, wie Croiset während eines Aufenthaltes in Japan einer Fernseh-Livesendung beiwohnte, in der über das Verschwinden eines jungen Mädchens berichtet wurde. Obwohl er hierdurch zum ersten Mal von diesem Vorfall in Kenntnis gesetzt wurde, machte er noch während der Sendung Angaben über Einzelheiten des vermißten Mädchens und beschrieb auch die Stelle, wo das Mädchen zu finden sein würde: in einem See, den Croiset selbst noch nie gesehen hatte.
Alsbald machte sich ein Kamerateam auf den Weg, um die sogleich eingeleitete Suche zu filmen. Und während der Filmaufnahmen tauchte tatsächlich die Leiche des jungen Mädchens an die Wasseroberfläche. Ein Vorgang also, der damit auch filmisch dokumentiert wurde.
Zufall? Wäre es nicht gerade Croiset gewesen, dann würde jeder Kriminalist ein einwandfreies Indiz dafür sehen, daß er etwas mit dem Verschwinden des Mädchens zu tun gehabt habe. Woher sonst sollte er den Fundort der Leiche kennen!
Das ist kein Einzelfall bei Croiset. In Hunderten anderer Fälle hat er der Kriminalpolizei oder anderen Hilfesuchenden Hinweise gegeben, die zur Aufklärung solcher Vermißtenfälle führten. Natürlich gab es auch Fehlschläge, und die Hinweise zeichneten sich weniger durch eine exakte zeitliche und geographische Zielangabe aus, als vielmehr durch fast kindliche Umschreibungen mit zur Hauptsache erhobenen Nebensächlichkeiten, die oft mit eigenen Erinnerungsbezügen assoziiert waren. So testete der holländische PSI-Professor Tenhaeff einmal sein Experimentiermedium Croiset, indem er ihm das Taschentuch einer Dame überließ, damit er daraus Rückschlüsse über die betreffende Person ziehen sollte.

Croiset war verzweifelt; denn vor seinem geistigen Auge erschienen immer nur Rosinen. Es stellte sich dann heraus, daß er als Kaufmannslehrling sehr viel mit Rosinen zu tun hatte, speziell mit Smyrna-Rosinen. Und die Dame, der das Taschentuch gehörte, stammte aus Smyrna.
Ich erinnere mich an einen Test, den bereits vor 25 Jahren kritische Journalisten mit Croiset angestellt hatten. Es kommt hier nicht darauf an, ob der Fall, der ohnehin von journalistischem Enthusiasmus gefärbt gewesen sein mag, genau richtig wiedergegeben wird. Er ist nicht nur symptomatisch für Croiset, sondern für die Präkognition schlechthin.
Croiset sollte voraussagen, welche Person an einem bestimmten Datum – sagen wir am 12. Mai um 20.00 Uhr – in einem bestimmten Lokal auf einem bestimmten Stuhl mit Nummer 17 sitzen wird. Als einziger Anhaltspunkt wurde ihm der Plan der Bestuhlung dieses Lokals überlassen. Während Croiset seine Aussage niedergeschrieben und in einem verschlossenen Umschlag abgegeben hatte, wurde ein anderes Reporterteam mit der Vorbereitung einer kleinen Versammlung in diesem Lokal beauftragt, ohne daß die Organisatoren über den Zweck dieser Versammlung informiert waren. Sowohl die Auswahl des Personenkreises als auch die Platzverteilung war unmanipulierbar dem Zufall überlassen.
Dann wurde die Person von Platz Nummer 17 aufgerufen und der Umschlag von Croiset geöffnet. Darin war vermerkt: «Es handelt sich um eine Dame . . .»
Das war noch nichts Besonderes, denn die Wahrscheinlichkeit zwischen Dame und Herr liegt bei 50 : 50. Aber dann hieß es weiter: «Sie hat etwas mit Katzen zu tun, und zwar steht das in einem Buch auf Seite 168.»
Nun, die Dame mußte zunächst bekennen, daß sie gar keine Katzen besaß. Aber Katzen kommen bei Croisets Aussagen häufiger vor, weil er selbst besondere Neigun-

gen zu Katzen hat. Diese Dame aber hatte selbst gar keine Katzen, sie nicht, jedoch ihre Tochter. Und da war doch was! Richtig: Neulich rief die Tochter die Mutter an und erzählte ihr beiläufig, daß eine ihrer Katzen krank sei. Und da die Tochter demnächst Geburtstag hatte, fiel der Mutter ein passendes Geschenk ein: ein Buch über Katzen. Das Buch wurde sogleich geholt und nachgeschaut, was es mit der Seite 168 auf sich hatte. Darin war jene Krankheit beschrieben, unter der die Katze gerade litt, als die Mutter mit der Tochter telefonierte.

Unter 60 Millionen Menschen, die hier in Frage gekommen wären, eine ganz bestimmte Person zu erraten und auch noch mit zutreffenden und unverwechselbaren Nebensächlichkeiten richtig zu beschreiben, ergäbe als statistische Wahrscheinlichkeitsgröße eine Zahl, die mit tausend Stellen kaum groß genug wäre. Und dieses Unmögliche mit einer gewissen Wahrscheinlichkeit regelmäßig zu ermöglichen, ist eine unerhörte Herausforderung an unsere Raum-Zeit-Logik. Durch Lernen, Studieren und Üben, so haben wir gesagt, gewinnt man die Sicherheit, seine Zukunft meistern zu können. Wie, was und nach welcher Methodik soll man hier lernen oder üben, um das zu beherrschen?

Und noch eines: Telepathie und Präkognition gehen hier bei Croiset durcheinander. Wäre die Telepathie eine Übertragung von Gedanken mittels jener unbekannten Kräfte, mit denen wir denken, dann kann diese Kraft oder dieses Medium bei der Präkognition keine Rolle spielen. Hier werden Ereignisse erlebt oder empfunden, die sowohl in räumlicher wie auch zeitlicher Entfernung liegen. Das mag dazu anregen, einmal über das Wesen des Raumes und der Zeit nachzudenken.

Das ist sehr unbequem. Einfacher ist es, dieses Phänomen auf unser wissenschaftliches Experimentierdenken zu reduzieren und seine Realität zu bestreiten, wenn es sich auf Knopfdruck nicht jederzeit reproduzieren läßt.

In der «Neuen juristischen Wochenschrift», Jahrgang 1979, schrieb Dr. Wolf Wimmer, vorsitzender Richter am Landgericht in Mannheim und bekannter Kritiker an dem Unsinn der Parapsychologie: «. . . habe es wirklich etwas auf sich mit diesen Hellsehern, Wahrsagern, Telepathen . . . warum hat denn wohl noch kein einziger ‹Paragnost› es bisher geschafft, das große Los in Toto und Lotto durch außersinnliche Wahrnehmungen zu gewinnen oder durch ‹psychokinetische Fernbewegungen› die Roulettekugeln der Spielbanken ins richtige Feld zu dirigieren?»
Tatsächlich sind Lotto und Roulette ausgeklügelte Systeme, in denen der reine Zufall wirkt und keine zuverlässigen Voraussagen möglich sind. In einem ähnlichen Sinne äußerte sich Professor Otto Prokop, eine internationale Kapazität der Gerichtsmedizin, in einem Interview mit DDR-Journalisten: «. . . allerdings versagt diese Kraft dort, wo sie ihren Erfindern doch eigentlich klingende Münzen bringen könnte: beim Toto und Lotto.»
Die Gerichtsmedizin ist jene segensreiche Institution, welche aus mikroskopisch kleinen Partikelchen imponierende Beweise für die Schuld oder Unschuld einer Person zu liefern vermag. Hier ist das analytische Beweisdenken ganz besonders geschult, so daß eine Skepsis gegenüber parapsychischen Phänomenen ein ganz natürliches Folgedenken dieser Disziplin ist. Es ist außerdem ganz sicher der geheime Wunsch aller Lotto- und Glücksspieler, ihr Glück nicht einem unwahrscheinlichen Zufall überlassen zu müssen, sondern es durch ein Vorauswissen absichern zu können. Warum ist Croiset noch kein Lottomillionär geworden?
Das wäre in der Tat sehr unwahrscheinlich. Studiert man nämlich diese Präkognitionen und echten telepathischen Kontakte, dann stellt man fest, daß sie sehr unpräzise sind, sphinxhaft und vieldeutig. Sie sind vermischt mit eigenen, meistens längst verdrängten Erinnerungen und

beziehen sich auf geradezu abwegige Nebensächlichkeiten.

Das ist ein Zeichen dafür, daß hier kein nüchtern denkendes und rechnend kalkulierendes Bewußtsein am Werk ist, sondern unbewußte Intuitionen und spontane Eingebungen.

Uns Normalen geht es ja ebenso. Werden wir durch ein Wort, einen Namen oder eine Geste an eine bestimmte Person erinnert, so tauchen in den ersten spontanen Assoziationen keineswegs die von Amts wegen organisierten technischen Daten dieser Person auf, wie Name, Beruf, Geburtsdatum, Straße und Hausnummer, sondern belanglose Nebensächlichkeiten: die weißroten Ringelsöckchen, eine Warze unter dem linken Auge oder die Erinnerung, daß er sich beim Spaghetti-Essen bekleckert hat; Unbedeutsamkeiten jedenfalls, die wir erst dann, wenn wir uns richtig bewußt werden oder andere über unsere Gedanken verständigen wollen, in eine allgemeine Kommunikationsbasis «technischer» Daten und Begriffe übersetzen müssen: Wie hieß er doch gleich, dieser Herr mit den roten Ringelsocken . . .?

Diese Daten und organisierten Begriffe sind ebenso wie zeitliche und geographische Einordnungen ein mit Bewußtsein gelerntes Pensum, welches wir jederzeit durch gedankliche Konzentration nachzuvollziehen vermögen. In unserem frühkindlichen Unterbewußtsein ist dieses nicht enthalten. Aber aus dieser anderen verdrängten Vorstellungs- und Erlebenswelt schöpfen wir primär unsere Intuitionen und spontanen Eingebungen. Es ist die Welt des emotionalen Erlebens und psychischer Komplexe, die aufzuklären und aufzuhellen der Wissenschaft zwar viele Erfahrungen und Hypothesen, aber keine exakte Methodik in die Hand gibt.

Einen kleinen Einblick in diese Welt des Unterbewußten gewinnen wir durch unsere Träume, welche den fließenden Übergang vom Unbewußten ins Bewußtsein kennzeichnen. Im Gegensatz zur wissenschaftlichen Methodik, Träume durch Messungen der Hirnstromwellen zu erforschen, muß man sich natürlich darin einig sein, daß das Wesen der Träume aus jenen Erlebnisinhalten besteht, welche wir ins Bewußtsein hinübernehmen. An dem aber, was wir – noch – wissen, muß zwangsläufig das Bewußtsein beteiligt gewesen sein. Aber dennoch treten in den Träumen die präzisen Zahlen, die Mathematik, zeitliche Daten oder geographische Zuordnungen hinter symbolhaften Schöpfungen zurück. Diese rekrutieren sich aus unbedeutenden Nebensächlichkeiten, welche einst von der frühkindlichen Geistesentwicklung zur Hauptsache erhoben worden waren.

Aber was heißt schon Bewußtsein oder Unterbewußtsein! Das sind Postulate eines Geistes, mit denen die exakte Naturwissenschaft nichts anzufangen weiß. Hier gilt nur der meßbare Beweis, wie ihn Galilei bereits gefordert hat: Miß, was meßbar ist, und was nicht meßbar ist, das mach meßbar.

Gäbe es jenes Ding oder jene Kraft, mit der man die Zukunft vorhersehen kann, dann müßte sie sich auch in einem Experiment mit unvorhersehbaren Lottozahlen zuverlässig und jederzeit reproduzierbar anwenden lassen.

Und selbst, wenn es das einmal geben sollte, dann würde es die Wissenschaft nicht umwerfen. Sie würde solange suchen und forschen, bis sie dieses Problem in ihrer Methodik, Systematik und ihrer mathematisch erfaßbaren Gesetzmäßigkeiten eingeordnet hätte. Sie würde das mit einem großen Aufwand an neuen Disziplinen und Apparaturen tun – so ähnlich wie bei der – vergeblichen – Suche nach dem Urteilchen der Materie, in dem alle natürlichen Gesetzmäßigkeiten ihren Ursprung haben sollen.

Das materialistische Weltbild

Zwar sollte man der Wissenschaft nicht absprechen, daß sie besten Wissens nach der Wahrheit sucht und forscht, aber die Wissenschaft ist ein Teil unserer Gesellschaft, und in dieser Gesellschaft herrscht eine materialistisch geprägte Weltanschauung. Diese Weltanschauung wiederum wurde von der wissenschaftlichen Systematik und Logik inspiriert. Weltanschauungen sind Resultate geistiger Entwicklungen, aber auch zugleich ihr Motor. Man sollte zwar davon ausgehen, daß Wahrheiten nicht teilbar sind, aber sie sind es manchmal doch. Auch Wahrheiten sind den Wertungen der jeweiligen Weltanschauungen ausgesetzt.

Wenn wir hier immer wieder auf Kritik an der Realität parapsychischer Phänomene aus der Sicht materialistisch geprägter Wissenschaften stoßen, dann scheint es notwendig, die geistige Entwicklung zu diesem Materialismus hin einmal zu beleuchten.

Beginnen wir bei Adam und Eva!

Die ältesten Philosophien erschöpften sich in der Mystik. Sie ist der erste Versuch des zur Intelligenz erwachten Menschen, die Naturbeobachtungen zu erklären. Da es weder ein einheitliches noch überhaupt ein Schulsystem gab, erklärte sich jede kleine Lebensgemeinschaft das Wirken der Natur auf ihre Weise. Und da man ohnehin in Systemen der Unterordnung unter verantwortlich Führenden lebte, lag es nahe, diese Machtverhältnisse nach oben weiter zu spinnen.

Diese höheren Mächte waren menschlich launenhaft, gut und böse und dirigierten dementsprechend die Launen der Natur. Die Mystik tat nichts anderes, als gewisse Erfahrungen mit den Launen ihrer Häuptlinge auf die höheren Mächte zu übertragen und diese mit entsprechenden Regeln und Gebrauchsanweisungen zu beeinflussen. Darüber hinaus glaubte man aus gewissen Zeichen die Stimmung da oben zu erkennen, so, wie man einst die schlechte Laune des Herren daran erkannte, daß er seinen Kater aus dem Hause jagte, so daß dieser von links nach rechts den Weg kreuzte. Hier lag der Ursprung dessen, was wir heute als Aberglauben bezeichnen. Man braucht sich nur in die Mentalität kleiner Kinder hineinzuversetzen, um nachempfinden zu können, wie sehr man in die patriarchalischen Autoritäten alle Macht und alles Können hineinzulegen bereit war.

Diese wilde Vielglauberei wurde in der zweiten Entwicklungsetappe von bereits gut durchdachten Religionen diszipliniert. Die unzähligen Voll- und Halbgötter wurden von einem einzigen Gott aufgesogen. Er war nicht nur der Allmächtige, sondern auch der Schöpfer des Himmels und der Erde und zeichnete verantwortlich für die so wunderbar harmonische Natur. Alles Sein und Geschehen entsprang seinem Geist, der als unerforschlich deklariert wurde.

Auch in der vorchristlichen griechischen Philosophie, der Wiege unserer europäischen Kultur, hatte der Geist einen eindeutigen Vorrang vor allen anderen Absolutheiten und Realitäten. Bis in die Neuzeit hinein galt, daß das Sein vom Denken kommt.

Aber dann entwickelte sich im Mittelalter die Naturwissenschaft. Es ist natürlich nicht richtig, zu behaupten, daß sich die Naturwissenschaft entwickelt habe, richtiger wäre zu sagen, daß die der christlichen Weltanschauung widersprechende Idee des Kopernikus eine andere Weltanschauung eingeleitet hat. Sie wurde aufgegriffen und weiterentwickelt von Galilei, Newton, Euler, Gauß, Faraday, Maxwell, Planck, Einstein und Heisenberg. Eine Fülle namhafter Persönlichkeiten säumten den Weg zu einer neuen Welterkenntnis. Im Gegensatz zur christlichen Lehre waren diese Ideen praktikabel. Sie waren die Wegbereiter einer Mechanik, Technik und Industrialisierung, welche mit ihren sensationellen Wunderwerken

mehr Staunen herausforderten, als es die biblische Phänomenologie je vermocht hatte.
Unter diesem Eindruck forderte Ludwig Feuerbach zu Beginn des neunzehnten Jahrhunderts eine «Reform der Philosophie», die in der Erkenntnis gipfelte: Das Sein kommt nicht vom Denken, sondern umgekehrt: Das Denken kommt vom Sein.
Dieser Grundgedanke entwickelte sich mit dem kommunistischen Manifest von Marx und Engels zu einem Politikum und fand schließlich in Lenins dialektischem Materialismus seinen konsequentesten Niederschlag:
Weder Idee noch Gott noch Geist, sondern die Materie ist die einzig wahre Realität, die Materie und die in ihr ruhenden Gesetzmäßigkeiten der Kräfte und Energien. Sie sind wahr und da, ob wir sie wahrnehmen, empfinden, einen Sinn hineinlegen oder nicht.
Im Gegensatz zu der exklusiven Sprache der Philosophie gelang es, nun auch erstmalig dem einfachen Mann eine leicht begreifbare Philosophie anzubieten: Am Anfang war die Erde. Zunächst noch ein glühender Feuerball, lebensfeindlich, aber dann erkaltete sie, und auf ihr und aus ihr entwickelten sich Pflanzen, Lebewesen, Tiere, Menschen. Sie konnten wachsen, leben und gedeihen, weil in dieser Materie alles vorhanden ist, was das Leben zum Leben braucht. Und auch zum Denken. Und dieses funktionierende Leben entspricht jenen Gesetzmäßigkeiten, welche in der Materie, aus der es entstanden ist, verborgen liegen und auch schon verborgen lagen, als die Erde noch ein glühender Feuerball war.
Also sind auch der Mensch, seine Gesellschaft, Wirtschaft, Kultur und Wissenschaft Resultate dieser natürlichen Gesetzmäßigkeit.
Nicht ein Gott hat den Menschen geschaffen, sondern der Mensch hat sich Gott geschaffen und stets seinen Willen vorgeschoben, wenn er selber andere Menschen verdummen, unterdrücken und ausbeuten wollte.

Ideen und Geist sind das Resultat des Denkens, und das Denken ist die Spitzenleistung einer hochorganisierten Materie, eine Leistung, welche in unserem Gehirn ebenso gesetzmäßig und kausal abläuft wie die Maschinerie eines Chemiekonzerns. Wir sollen daher nicht dem unerforschlichen Willen eines imaginären Gottes nachlaufen, sondern die Materie und ihre natürlichen Gesetze beobachten, studieren und erforschen. Wenn wir alle Zusammenhänge richtig erkennen und diese Erkenntnisse analog auf unser gesellschaftliches Leben, die Ökonomie, anwenden, dann dienen wir uns am besten.
Haben «persönliches Machtstreben und Egoismus der Ausbeuter und Unterdrücker uns bisher daran gehindert, den richtigen Weg auf der Basis der einzig wahren Wissenschaft zu finden, so werden wir die in der idealen harmonischen Natur erkannten Gesetzmäßigkeiten auf unsere Gesellschaft übertragen und ihr folgen. Dann erwartet uns das Paradies der Gerechtigkeit, Wahrheit und Freiheit bereits auf Erden und nicht erst in einem jenseitigen Tod.»*!
Da stehen wir heute. Im gesamten kommunistischen Bereich ist der dialektische Materialismus die bestimmende Staatsphilosophie.
Und wir im Westen? Welche Weltanschauung vertreten wir? Weder eine bessere noch andere. Wir streiten uns mit dem Ostblock lediglich darüber, wer die materiellen Güter dieser Welt gerechter verteilt, der private oder der staatliche Kapitalismus. Aber in der geistigen Auseinandersetzung handelt es sich bestenfalls um unwesentliche Nuancierungen. Und die Regimekritiker, die wir hier mit offenen Armen empfangen, sind keineswegs Zweifler an der Idee des dialektischen Materialismus, sondern Verfechter einer konsequenteren Methodik zur Verwirklichung kommunistisch-materialistischer Ideale. Wir diskutieren über die Freiheit, die der dialektische Materialis-

* Zit. «Mensch, woher, wohin», Berlin (Ost), 1959)

mus erst in der Verwirklichung des Paradieses als totale Freiheit verspricht, während wir sie uns schon vorher kreditieren.
Und die betroffene Kirche? Sie verteidigt zwar heftig ihren Gott und betont, daß es außer Physik und Chemie auch noch etwas anderes gäbe, was das Leben ausmacht, aber sie hat es aufgegeben, den naturwissenschaftlichen Erkenntnissen und Theorien zu widersprechen. Sie vertraut auf das Lippenbekenntnis moderner Naturphilosophen, die da sagen, daß Religion und Naturwissenschaft einander nicht widersprechen, obwohl sie sich doch gegenseitig ausschließen.

Das Wassiliew-Experiment

Das Denken also kommt vom Sein. Genauer: Die hochorganisierte Materie des Gehirns produziert Gedanken. Sie sind das Resultat einer reflexiven Folge komplizierter Energievorgänge.
Der russische, zweifellos sehr verdienstvolle Physiologe Pawlow bestätigte mit seiner Reflextheorie genau diese Thesen: Reflexe sind automatische, maschinenmäßig anmutende Reaktionen auf äußere Einflüsse. Sie sind eine Kausalitätsbrücke zwischen Wahrnehmung und Reaktion.
Das markante Beispiel Pawlows: Gibt man einem Hund Fleisch zum Fressen, so veranlaßt der unmittelbare Kontakt die Reaktion der Speicheldrüsen. Derselbe Reflex wird ausgelöst, wenn der Hund das Fleisch nur riecht. Die Geruchsmoleküle lösen die Funktionen der Speicheldrüse aus. Bei dem materiell noch höher organisierten Menschen genügt der Anblick eines saftigen Bratens, um ihm das Wasser im Munde zusammenlaufen zu lassen. Zweifellos ein Reflex. Aber auch, wenn der Mensch Hunger hat und an dieses saftige Steak nur denkt, dann

reagieren die Speicheldrüsen ebenfalls. Also muß auch dieses Denken als reflexauslösender Mechanismus energetischer Natur sein. Logisch.
Ein Landsmann und Zeitgenosse Pawlows war der russische Arzt Bechterew, ein Mann, der aus eigenem Miterleben von der Realität der Telepathie oder Gedankenübertragung überzeugt war. Gedanken entstehen in einem Gehirn. Und wenn Gedankenübertragung von Gehirn zu Gehirn möglich ist, dann muß es eine Wechselwirkung zwischen den Gehirnen geben.
Zu Bechterews Zeiten waren auch die Maxwellschen Theorien vom elektromagnetischen Feld sehr aktuell. Man wußte schon lange, daß sich Energien wellenförmig ausbreiten und daß sie – wie die Meereswellen – ein Medium brauchen, in dem sie sich fortpflanzen können.
Eine Zeitlang nahm man an, daß das ganze Universum mit einem feinstofflichen Äther angefüllt sei, durch den sich Licht und elektrische Wellen ausbreiten können. Aber diese Äther-Theorie hat sich gegen viele praktische Bedenken nicht aufrecht erhalten lassen. Maxwell hatte eine bessere: Das elektromagnetische Feld.
Es war zwar viel abstrakter als ein Äther, aber es gab keine Erscheinung, Beobachtung oder Messung, welche einem solchen Feld widersprach. Bis heute ist das elektromagnetische Feld einer der Grundpfeiler geblieben, auf dem das moderne physikalische Weltbild ruht. Und bis heute sind viele Wissenschaftler davon überzeugt, daß man früher oder später auch das Denken als eine Wechselwirkung des elektromagnetischen Feldes erklären können wird.
Ein Schüler von Bechterew war der später auch im Westen sehr bekannt gewordene Professor Wassiliew. Er leitete in Leningrad ein Institut, in dem unter anderem auch Phänomene der Parapsychologie erforscht wurden.
Wassiliew hatte die Theorie seines Lehrers keineswegs bezweifelt, aber als Wissenschaftler überprüft man solche

Theorien gerne, wenn man eine geeignete Methode dafür gefunden hat. Das hatte Wassiliew, und zwar bediente er sich der Telehypnose. Mit einem kleinen Team von drei jungen Leuten war Wassiliew so gut eingespielt, daß er sie auch dann in einen hypnotischen Schlaf zu versetzen vermochte, wenn sie gar nicht gegenwärtig waren: Telehypnose.

Diesen Umstand nutzte Wassiliew dazu aus, die Distanz zwischen sich und seinen Medien auf 1700 Kilometer zu vergrößern. Er schickte die Medien nach Odessa, während er selbst in Leningrad blieb. Dort hatten die Medien nichts anderes zu tun, als einen Luftballon in regelmäßigen Pulsen zu drücken. Natürlich waren sie unter Kontrolle, angeschlossen an Meßgeräte, von denen ihre Aktivitäten auf die Sekunde genau registriert wurden. Dann gab Wassiliew von Leningrad aus telephatisch den Einschlafbefehl. Daß dieser telepathische Befehl auch ankam, bewies die registrierte Tatsache, daß die Luftballons nicht mehr gedrückt wurden. Von der Befehlsgebung und Befehlsausführung wurde gemessen, daß dieses etwa gleichzeitig erfolgte, was für die lichtschnelle Befehlsübermittlung sprach. Auf demselben Weg wurden die eingeschlafenen Medien wieder geweckt. Dieser Vorgang wurde 260mal wiederholt, wobei 240 Befehle einwandfrei ausgeführt wurden.

Das entscheidende Experiment bestand aber darin, daß sich sowohl Wassiliew als auch seine Medien in Faradaysche Käfige begaben. Sie bestanden aus der optimalen Konstruktion mit 12 cm dicken Bleiwänden und waren so zusammengesetzt, daß die Fugen mit Quecksilber ausgegossen waren. Es gab also weder Ritzen noch Löcher noch Dünnzonen, durch die elektromagnetische Wellen oder sonstige Energien ein- oder ausdringen konnten.

Alle Beobachter dieses Experimentes, das bereits in den dreißiger Jahren stattfand, waren davon überzeugt, daß die telepathisch gegebenen hypnotischen Rapporte nun keine Wirkung mehr haben könnten. Aber zur großen Überraschung aller verfielen die Medien ebenso prompt in hypnotischen Schlaf und wachten ebenso prompt wieder auf wie zuvor. Der Faradaysche Käfig hatte das Medium der Gedankenübertragung in keiner Weise beeinträchtigt.

Da seinerzeit Stalin angesichts der allgemeinen Unruhe und Spannung in Europa wieder einmal säuberte und eliminierte, wurde dieses Resultat verschwiegen. Es würde das schwerwiegende Eingeständnis enthalten haben, daß es außer Materie und Energie doch noch etwas gäbe, welches der allesbeherrschenden Naturgesetzlichkeit nicht unterliegt. Ein solches Eingeständnis aus einem Land, welches von sich behauptet, auf dem Boden der einzig wahren Wissenschaft zu stehen, wäre geeignet gewesen, doch einige Zweifel an dieser einzig wahren Wahrheit anzumelden und damit auch die Richtigkeit der darauf aufbauenden Gesellschaftsordnung zu beeinträchtigen.

Schauen wir heute auf dieses Resultat zurück, so wissen wir inzwischen, daß es noch sehr gespensterhafte Elementarteilchen gibt, die Neutrinos, welche nicht nur 12 cm Blei, sondern sogar tausendfache Erdmassen durchdringen könnten, ohne mit der Materie in Wechselwirkung zu treten. Wir wissen auch, daß es sehr kurzwellige Gammastrahlen gibt, die 12 cm Blei durchdringen, aber weder diese Strahlen noch die Neutrinos kämen als Träger von Gedankeninhalten in Frage.

Es bliebe dann nur noch eine Kraft, auf die ein Faradayscher Käfig keinen Einfluß hat: die Schwerkraft oder Gravitation. Obwohl wir schon seit dreihundert Jahren durch Newton mathematisch exakte Beschreibungen dieser Kraft und ihrer Gesetzmäßigkeiten haben, ist sie doch nach wie vor ein Rätsel. Sie soll sich, wie auch alle anderen Energien, wellenförmig ausbreiten und auch gequantelt sein, aber trotz eifrigster Suche mit aufwendigen Geräten und Instrumentarien ist es noch nicht gelungen, die

Wellen und Quanten dieser Kraft nachzuweisen. Sollte sie etwas mit der Gedankenübertragung zu tun haben?

Physik als Aufklärer?

Mögen wir einstweilen registrieren, daß der Komplex der Telepathie auf eine Art und Weise zustande kommt, die mit irgendwelchen bekannten Kräften oder Energien nichts zu tun hat, so ist damit aber das Wesen der Parapsychologie keineswegs erschöpft. Was wir unter Spuk, Telekinese oder auch Psychokinese verstehen, bedient sich praktisch der ganzen Skala unserer klassischen Energien: Akustik, Optik, Mechanik, Elektrizität, Schwerkraft, der stofflichen Veränderungen und vieles andere mehr.

Es ist, als ob neben der naturgesetzlich geordneten und zuverlässigen Welt der Physik noch eine andere existieren würde, in der dieselben Kräfte und Energien unartig sind.

Als sich erstmals im Jahre 1882 in England namhafte Wissenschaftler und Persönlichkeiten zusammensetzten, um den Parapsychologie-Komplex abzugrenzen, schufen sie das Kunstwort «PSI» und definierten es als «eine der Elektrizität vergleichbare Kraft, deren Wirkungen eher zu beschreiben sind als deren Ursachen».

Das war vor etwa 100 Jahren, und trotz der gewaltigen Fortschritte, die wir seitdem auf allen Wissensgebieten gemacht haben, wüßten wir keine bessere oder genauere Definition als die von damals. Und gerade die Verfechter, Anhänger und selbst die Erforscher der PSI-Phänomene geben die Hoffnung nicht auf, diese geheimnisvolle Kraft doch eines Tages zu entdecken, sei es als PSI, als Bios, Aura oder Seelenkraft. Sie sagen sich: Vor 100 Jahren kannten wir auch noch keine Kernenergie, kein Radar und keine Laserstrahlen; und wie haben diese Kräfte

nicht nur die Welt, sondern auch das Weltbild verändert! Warum also sollten wir in den nächsten 50 oder 100 Jahren nicht auch noch dieses PSI entdecken!
Aber aus der Physik kommt in dieser Richtung nicht allzu viel Hoffnung. Vor 100 Jahren, so mag man denken, gab es auch noch keine Quantentheorie, und seitdem diese ein gesicherter Bestandteil der Physik geworden ist, sind die Möglichkeiten, PSI-Kräfte zu entdecken, sehr unwahrscheinlich geworden.
Was hat es mit dieser Quantentheorie in dieser Hinsicht auf sich? Da es nur auf das naturphilosophische Wesen und nicht auf die Mathematik dieser Theorie ankommt, müssen wir zu Lasten einer fachlichen Genauigkeit einmal die Fachsprache der Physik verlassen:
In der Schule lernt man das «periodische System der Elemente». Danach baut sich die ganze Materie auf nur zwei Grundbausteinen auf, dem Nukleon und dem Elektron. Das Nukleon bildet den Atomkern, also die eigentliche Masse, die etwas wiegt, während das Elektron um den Massekern kreist und damit das Volumen der Materie kennzeichnet. Das einfachste und leichteste Element ist der Wasserstoff, dessen Atom nur aus einem Nukleon und einem Elektron besteht. Jede mengenmäßige Veränderung dieser beiden Grundbausteine ergibt eine andere Materie mit anderen Eigenschaften. Diese Quantifizierung der beiden Grundbausteine verläuft aber nach bestimmten Regeln und Gesetzmäßigkeiten. Als man diese erkannt hatte, war es möglich, gewissermaßen auf dem Reißbrett Elemente, Atome, die man noch gar nicht entdeckt hatte, vorherzusagen und auch deren Eigenschaften zu bestimmen. Es war also möglich zu prophezeien, was man noch finden wird, was möglich und was unmöglich ist.
Früher waren die Chemie als die Lehre von den Stoffen und die Physik als die Lehre von den Kräften zwei voneinander unabhängige Wissenschaftsgebiete. Heute sind

beide im Atom miteinander verschmolzen. Die Grenze ist fließend, so daß man nicht sagen kann, wo die Chemie anfängt und die Physik aufhört.
Im Gegensatz zu den Stoffen lassen sich die Kräfte nicht unmittelbar beobachten und auch nicht messen. Was wir hier beobachten und messen, ist die Wirkung oder Veränderung, welche die Kräfte an den Stoffen hinterlassen. Und noch eines: Alle Energien haben die Materie als Quelle und als Ziel. Sie sind eine Wechselwirkung zwischen den Stoffen. Was wir von diesen Kräften wissen, sind – streng genommen – nur Theorien.
So wissen wir, daß sich Energien wellenförmig ausbreiten. Nahm Isaac Newton noch an, daß diese Wellen, zum Beispiel die Lichtwellen, kleinste leuchtende Partikelchen transportieren, so stellte bereits sein Zeitgenosse Huygens diese Annahme in Frage, als er die Meereswellen beobachtete, einen Korken treiben ließ und feststellte, daß dieser Korken immer nur auf und ab tanzt. Die Wasserwellen transportieren kein Wasser und die Lichtwellen kein Licht. Es blieb die Frage: Was wellt denn da?
Im Jahre 1900 legte Max Planck eine Arbeit über eine Untersuchung an einem Wärmestrahl vor, in der er feststellte, daß diese Strahlen und ihre Temperaturen keineswegs kontinuierlich fließen und sich verändern, sondern sprunghaft. Sie wirken diskontinuierlich in kleinsten Portionen, den Quanten. Er errechnete die kleinste Energieportion, das Wirkungsquant mit unvorstellbarer Winzigkeit. Das war eine ebenso überraschende wie bedeutsame Entdeckung, zumal es erst mit Hilfe dieser Größe möglich war, das atomare Geschehen zu erkennen, zu beschreiben und zu errechnen.
Dieses Wirkungsquant ist gewissermaßen das Atom oder das Grundelement der Energie. Alles, was als Energie wirkt, wirkt deswegen, weil es in diesen Quantenstößen pulsiert. Rückwirkend betrachtet, ist das sehr einleuchtend, denn eine Wirkung kann nicht aus einem konti-

nuierlichen, sondern nur aus einem pulsierenden Fluß entstehen, wie bei einem Wasserstrahl, in dem eine dichte Folge von Tropfen pulsiert; oder wie bei einer Säge, die nur deswegen wirkt, weil zwischen den einzelnen Zacken *nichts* ist.

Quantentheorie

gequantelte Energiewelle

Die Wirkung einer Energie beruht darauf, daß die Wirkung zwischen den Wirkungsquanten = 0 ist wie auch die Wirkung einer Säge darauf beruht, daß die Wirkung zwischen den Zacken = 0 ist.

So besteht auch eine Energiewelle aus einer Kette von wirkenden Quanten. Wie nun in dem periodischen System der Elemente nur durch eine geregelte Vervielfältigung oder «Quantifizierung» der beiden Grundelemente Nukleon und Elektron jedesmal eine andere Materie-Eigenschaft entsteht, so entsteht auch im Bereich der Energie durch eine geregelte Quantifizierung dieses Wirkungsquants jedesmal eine andere Wirkungsart. Und innerhalb dieses Systems läßt sich ebenfalls vorhersagen, was wir noch erwarten können und was nicht, und es läßt sich ebenso deutlich vorhersehen, was in diesem Bereich möglich ist und was nicht.

Das aber, was im Bereich der Parapsychologie passiert,

ist quantentheoretisch weder beschreibbar noch berechenbar. Es ist nicht möglich.
Es stimmt allerdings, daß mit dem Vordringen in den Mikrokosmos der Physik auch die mit dem Namen Werner Heisenberg verbundene Unschärfebeziehung heraufbeschworen wurde. Sie beschreibt die natürliche Grenze der Genauigkeit, eine Grenze, die nicht durch unsere Meß- und Beobachtungstechnik, sondern durch die Natur selbst gegeben ist. Dieses Wirkungsquant ist zwar einerseits ein Partikelchen, aber andererseits zugleich eine wellenförmige Bewegung. Die Schwierigkeiten seiner Darstellung könnte man mit dem eines Rennautos vergleichen. Stellt man seine rennende Eigenschaft dar, muß man die Konturen verwischen. Das Ding selbst wird also unscharf. Stellt man aber seine Details in scharfen Konturen dar, verliert es die andere Eigenschaft der rasanten Bewegung. Es gibt hier nur ein gewisses Optimum, bei dem beides so genau wie möglich, jedoch das eine immer nur unter Vernachlässigung des anderen darstellbar ist.
Ebenso ist es richtig, daß diese Wirkungsquanten Sprünge machen. Sie bewegen sich wie in einer Matrize, die man sich bildlich als Millimeterpapier vorstellen könnte. Die Wirkungen entstehen immer nur an den Schnittpunkten der Linien. Der Zwischenraum wird einfach übersprungen. Was da geschieht, wissen wir nicht.
Natürlich könnte man mit einer unersättlichen Pedanterie immer weiter forschen und fragen wollen, um alles zu komplettieren und auszufüllen. Aber hier ist es eben nicht mehr sinnvoll. Die Physik – oder wir überhaupt – müssen uns damit abfinden, daß an ihrer mikrokosmischen Grenze Ungenauigkeiten und Leerräume vorhanden sind, welche die einst sehr strenge Raum-Zeit-Logik durch ein statistisches Prinzip ausfüllen muß.
In dieser grenznahen Ungenauigkeit und in den Lücken der Quantensprünge nun aber jenes geheimnisvolle Unbekannte zu suchen, mit dem man Telepathie oder Spuk

betreiben kann, mutet an wie das Greifen nach einem rettenden Strohhalm.
Die Quantentheorie ist der Lösung parapsychischer Phänomene um keinen Schritt näher gekommen. Im Gegenteil. Sie fordert, daß alle Wirkungen gequantelt sind und Wellennatur haben. Sind solche Wirkungen vorhanden, müssen sie sich auch in ihren mikrokosmischen Details nachweisen und jederzeit experimentell reproduzieren lassen. Die Quantentheorie hat auch das Prinzip der Kausalität und des Raum-Zeit-Kontinuums nicht verlassen, selbst wenn sich an dem Grenzursprung das eine wie das andere verwischt, aber die gewellten Quantenketten entspringen atomaren Vorgängen und wirken auf atomare Materie. Man kennt die Bedingungen, unter denen sie von der Materie ausgehen und kennt ebenso die Veränderungen, welche sie in der Materie hervorrufen.
Mögen die Quanten auch kleinste Raum-Zeit-Intervalle überspringen, so bleiben sie doch in ihrer Kette und tanzen nicht aus der Reihe. Sie bewegen sich auch immer nur in einer Vorwärtsrichtung, sie kommen aus der Vergangenheit und wirken über die Gegenwart des augenblicklichen Ereignisses in eine vorausschaubare Zukunft hinein. Sie können also keine Präkognition erfüllen, indem sie in eine Zukunft hineinspringen und von dort gegen die Zeit-Laufrichtung in die Gegenwart zurückwirken.
Die Phänomene der Parapsychologie sind aber deswegen phänomenal, weil hier Wirkungen ohne Ursachen, also Wirkungen aus dem Nichts entstehen. Natürlich könnte man einwenden, daß man die Ursachen noch nicht kennt. Aber wenn man sie suchen will, ist man auf das Energieprinzip angewiesen und deshalb auch bemüht, so lange nach dieser natürlichen Ursache zu suchen, bis das Gegenteil, nämlich die akausale Ursache, bewiesen ist.
Eine akausale Ursache kann sich aber mit Hilfe des Energieprinzips nicht beweisen lassen. Wären aber irgendwel-

che Phänomene der Parapsychologie in diesem Sinne beweisbar, dann wären sie eben keine Phänomene mehr. Deswegen scheiden aus dem Reigen der Parapsychologie alle Vorkommnisse aus, die sich bei gründlicher Untersuchung als Tricks, Täuschungen oder natürliche Ursachen erweisen.

Trotzdem ist gerade die Physik nicht ganz ohne Hoffnung, eines Tages doch die Phänomene der Parapsychologie erklären zu können. Dazu müßte man einmal an die Sprache der Physik, nämlich die Mathematik, erinnern. Mit dem Komplizierterwerden der Physik hat man auch die Mathematik um einige Dimensionen erweitert, so wie ja auch die Quantenmechanik gar nicht an sich beobachtbar ist, sondern sich unter dem Mikroskop der Mathematik abspielt. Für die Ungenauigkeiten und Unvorhersehbarkeiten in diesem kleinsten Bereich entwickelte man eine höhere «Mathematik der Invarianzen». Darin zeigen sich gewisse Paradigmen oder Vergleichswerte zur Parapsychologie.

Aber man darf nicht vergessen, daß auch die Mathematik selbst nur eine Sprache ist, die erst dann zur Anwendung kommt, wenn man zuvor über die Basis eine Vereinbarung getroffen hat. Man nimmt also an, daß dieses und jenes so ist. Ist diese Annahme richtig, dann entwickelt die Mathematik hieraus weitere logische Schlußfolgerungen für jeden abweichenden Wert. Ist aber die Annahme falsch, dann nützt auch die komplizierteste und raffinierteste Mathematik nichts, um sie richtig zu machen.

Andererseits hat die Physik selbst noch eine Fülle von Phänomenen und Grundlagenproblemen. Die tragenden Säulen der Physik sind die Gravitation, die Kernkraft und das elektromagnetische Feld. Es ist aber nicht anzunehmen, daß sich die Physik aus drei verschiedenen Säulen aufbaut. Diese drei Säulen oder Felder unterscheiden sich durch ihre sehr unterschiedlich starken Wechselwirkungen. Man sucht nach einer einheitlichen Theorie für diese

drei Wechselwirkungen. Es mag sein, daß dabei die Physik ihre bisherigen Grenzen erheblich erweitern muß und dann auch in jenen Bereich vorstoßen könnte, aus dem sich die Phänomene der Parapsychologie erklären lassen. Aber dazu bedarf es möglicherweise der Überwindung einiger Hürden, die nicht physikalischer, sondern weltanschaulicher Natur sind.
Bei den Erscheinungsformen parapsychischer Phänomene haben wir es aber mit Ereignissen zu tun, bei denen die Kräfte der klassischen Physik wirksam werden, ohne daß neuartige unbekannte Kräfte bisher aufgetreten sind. Phänomenal ist nur die Ursache. Unbeantwortet ist die Frage, woher diese Kräfte gekommen sind und wer oder was sie so gesteuert hat, daß die Ereignisse in dieser Form auftreten konnten.
Betrachten wir uns doch einmal einige in breiter Öffentlichkeit bekannte Phänomene und versuchen wir, ihre Widersprüchlichkeit zu den klassischen Prinzipien aufzuzeigen!

Der Geller-Effekt

Wir kommen um jenen in der öffentlichen Diskussion bereits sehr abgedroschenen Auftritt des Uri Geller in der 3x9-Sendung des Zweiten Deutschen Fernsehens im Januar 1974 nicht herum.
Uri Geller hat – nicht nur hier – die völlig neue PSI-Variante des Gabelbiegens auf den Markt gebracht. In Kamera-Großaufnahme wurde gezeigt, wie Geller durch leichtes Streicheln am dünnen Hals einer Gabel das Metall zum Erweichen und schließlich zum Abbrechen brachte. In derselben Schau ließ er sich von einem Uhrmacher ein paar irreparable Uhren vorlegen, die er ebenfalls durch telekinetische Kräfte wieder in Gang setzte. Der Uhrmacher staunte.

Überflüssig, an dieser Stelle daran zu erinnern, daß hiernach in allen Publikumsmedien eine langanhaltende, viele Seiten und Stunden füllende Debatte einsetzte, die voll gläubigen Staunens, kritischer Skepsis, Hohn, Spott oder eindringlicher Warnung vor einem Rückfall in mittelalterlichen Hexenglauben und Abhängigkeit von Demagogen eine Ausweitung auf ebenso hochpolitische wie weltanschauliche Aspekte erfuhr.
Immerhin kam hierbei deutlich zum Ausdruck, wie leicht und spontan unser anscheinend so festgefügtes materialistisch orientiertes Weltbild erschüttert werden kann. Diese Anfälligkeit läßt sich kaum dadurch stabilisieren, daß man sie beschimpft, verspottet oder hofft, die Folgen der PSI-Welle durch Totschweigen wieder zum Abklingen zu bringen.
Eine Klärung und Aufklärung steht immer noch aus. Es fehlte zwar nicht an scheinbaren Bemühungen darum, aber diese trugen zum Teil recht deutliche Merkmale emotionalen Engagements. Erst fünf Jahre später, am 30. April 1979, befaßte sich der Wissenschaftspublizist Hoimar v. Dithfurt im Zweiten Deutschen Fernsehen im Rahmen einer Aufklärungskampagne gegen den Aberglauben mit dem Fall Uri Geller. Er ließ einen Zauberkünstler aus USA einfliegen, der nun endlich entlarven sollte, was es mit diesem Geller-Phänomen in Wirklichkeit auf sich hatte.
Um irreparable Uhren wieder in Gang setzen zu können, brachte der Zauberkünstler normale Uhren mit, die er mittels eines in der Hand versteckten Magneten zum Stillstand brachte, um sie als kaputt deklarieren zu können. Dann entfernte er den Magneten und – siehe da: Die irreparablen Uhren liefen wieder. So macht man das! Etwas komplizierter ist es mit dem Gabelbiegen. Man muß sie schon vorher präparieren, indem man sie 200- bis 400mal an ihrer dünnsten Stelle kräftig hin und her biegt, bis sich die ersten feinen Haarrisse zeigen. Dann genügt die De-

monstration mit einem sanften Streicheln, die Gabel verbiegt sich oder bricht gar ab.
«Und auf solche Tricks», warf v. Dithfurt den Millionen Fernsehzuschauern vor, «sind Millionen von Menschen hereingefallen.»
Nun sollten wir uns alle unserer leichtgläubigen Dummheit schämen.
Aber solche halbherzigen Aufklärungen sind eher dazu angetan, dem beabsichtigten Zweck zuwiderzulaufen; denn für die Parapsychologie und die Parapsychologen ist es gar nicht so interessant, ob Uri Geller vor der Fernsehkamera in dieser Weise getrickst hat oder nicht. Das eigentliche Phänomen liegt ganz woanders:
Während des damaligen Geller-Auftritts hat die Bundespost in dem Veranstaltungsort Offenburg registriert, daß etwa 100 000 Anrufer versucht haben, den Veranstalter telefonisch zu erreichen. Nur einige wenige konnten durchkommen, um zu berichten, daß bei ihnen zu Hause ähnliche Spuks und Effekte aufgetreten sind, wie Geller sie demonstriert hat.
Hunderttausend! Mögen wir davon etliche abstreichen, die nur einmal ihren Namen genannt haben oder sich sonstwie wichtig gemacht haben wollten. Dafür gab es sicherlich wiederum etliche, die sich gar nicht gemeldet haben. Die örtliche Presse und größere Zeitungen, selbst Radio und Fernsehen, haben über eine Menge solcher häuslichen Spuks im Zusammenhang mit dem Geller-Auftritt berichtet. Das in Freiburg ansässige Institut für Parapsychologie ist einigen hundert solcher Meldungen nachgegangen. Es war eine Epidemie.
In Karlstadt bei Würzburg wurden zwei Beamte der Landespolizei von einer Familie S. herbeigerufen. Sie sollten protokollieren, was die beiden Beamten mit eigenen Augen vor sich abspielen sahen: 56 Teile eines Silberbestecks haben sich an diesem Abend, eines nach dem anderen, vor den Augen der beiden Beamten und der mehr-

köpfigen Familie, deformiert. Den beiden jungen Beamten war es sehr peinlich, etwas protokollieren zu sollen, was ihnen kein Mensch glaubte und was sie unter ihren Kameraden und auch dienstlich fortan als Spökenkiecker abstempeln würde.
Von einer solchermaßen amtlichen Dokumentation abgesehen, ist natürlich jeder Einzelfall, der lediglich mit einem verbogenen corpus delicti und einer dazu passenden Erzählung belegt ist, sicherlich als zweifelhaft anzusehen; wenn aber Tausende oder gar Hunderttausende solcher Fälle erlebt worden sind, dann ist eine noch so gut gelungene Zaubertrickdemonstration oder eine Abwertung als Hysterie oder Epidemie weder ein Gegenbeweis noch ein Zeugnis von Objektivität, das um so weniger, als in unserem modernen quantitativ-statistischen Beweisdenken viel weniger Vorkommnisse genügen, um einen Tatbestand zu beweisen.
Was hier gewirkt hat, sind weder quantenmechanische Philosophien noch eine Mathematik der Invarianzen, sondern ganz simple kinetische Energie, die einmal mit einem recht erheblichen Kraftaufwand Gabeln und Löffel verbogen und zum anderen mit einer intelligenten Mechanik irreparable Uhren in den Abstellkammern wieder zum Laufen gebracht haben.
Aber alle diese Effekte und Wirkungen wären ohne den Geller-Auftritt gar nicht denkbar und wahrscheinlich auch gar nicht möglich gewesen; denn wer wäre nur so aus heiterem Himmel auf den Gedanken gekommen, seine Bestecke zu verbiegen! Sie müssen also mit diesem Geller-Auftritt in einem mehr oder weniger mittelbaren Zusammenhang gestanden haben. Und sie stehen auch im Zusammenhang damit, daß die getrickste oder tatsächlich phänomenale Geller-Vorführung über die Fernsehtechnik in die Wohnstuben der Zuschauer geleitet worden ist. Und natürlich mußten auch die Geräte auf Empfang geschaltet gewesen sein; denn es ist kein Fall

bekanntgeworden, bei dem sich ein solcher Spuk auch ohne Fernsehbeteiligung eingeschlichen hätte.
Wollte man alle diese Fakten zu einer technischen Erklärung vereinen, dann müßte etwa folgendes geschehen sein: Die von Geller angewandten kinetischen oder telekinetischen Energien müßten – ebenso wie Licht und Schall für Bild und Ton – von der Fernsehkamera eingefangen und in die «Technik» der Studios geleitet worden sein. Dort müßten neben Licht und Schall auch die kinetischen Energien, moduliert als elektromagnetische Wellen, in den Äther geschickt werden, wo sie von den Fernsehantennen auf den Dächern unserer Zivilisation aufgefangen und in die Fernsehgeräte geleitet werden. Die komplizierte Technik des Fernsehgerätes hatte dann die Aufgabe, diese elektromagnetischen Anregungen, verstärkt durch den Haushaltstrom, wieder in Licht, Schall und kinetische Energie zurückzuverwandeln. Diese letzteren müßten dann entweder über den Lautsprecher oder den Bildschirm austreten, um schnurstracks und zielsicher in die Besteckkästen oder Rumpelkammern zu eilen, um dort entweder Bestecke zu verbiegen oder kaputte Uhren zu reparieren.
Phantastisch! Aber weder in den utopischsten Sciencefiction-Geschichten noch bei Aladins Wunderlampe würde man einen solchen Unsinn als künftige oder vergangene Möglichkeit zu publizieren wagen.
Und trotzdem verlangt unser auf Technik geschultes Denken für dieses telekinetische Gabelbiegen eine technische Erklärung, die es selbst mit Hilfe von phantasievollen Wunderkräften gar nicht geben kann. Wer wollte es den Wissenschaftlern oder Wissenschaftspublizisten daher verdenken, wenn sie hier entweder einfach die Augen und Ohren schließen oder eine ernsthafte Frage danach mit der Behauptung plumper Tricks abzubiegen versuchen!

Die Kettenreaktion

Den Nachahmungstrieb hat der Mensch mit seinen anderen Spezies aus der Gruppe der Säugetiere gemeinsam. Er ist schließlich die Triebkraft des Lernens überhaupt. Hat einer eine neue Idee und führt diese vor, gibt es alsbald viele, die es auch tun und können. Davon profitiert nicht nur die Mode und die Spielzeugindustrie, sondern die ganze Wirtschaft schlechthin. Man denke an einige Modespielzeuge, die Jojos, beispielsweise oder die Hula-Reifen! Auch ohne große Werbeaktion spielte plötzlich die ganze Jugend der Welt damit. Ebenso ist es mit den neuesten Witzen, die wie ein explosives Lauffeuer das Tagesgeschehen beherrschen, um dann alsbald sang- und klanglos in die Archive unserer Kulturgeschichte einzugehen.

So ist es aber auch bei den Übungen der transzendentalen Meditation, der Jogis und Fakire: Neben den traditionellen Übungen und Ritualen tauchen plötzlich neue Leistungen auf, die alsbald, und mögen sie noch so phänomenal sein, ihre Schüler und Nachahmer finden.

Erst wenn der Mensch feststellt, daß etwas für unmöglich Gehaltenes doch möglich ist, kann er es auch. Und so ist es auch bei den Phänomenen der Parapsychologie. Schon seit Jahrtausenden haben die Menschen beispielsweise Stimmen aus dem Jenseits vernommen; und als die Tonbandgeräte auf den Markt kamen, hatte einer die Idee, diese Jenseitsstimmen auf Tonbändern aufzuzeichnen. Nun gibt es allein in Deutschland an die dreihundert Klubs, welche die Vergangenheit des Universums nach dem Kauderwelsch munter plappernder Geister abhorchen – und sie auch registrieren.

Und ist es so nicht auch mit den Ufos? Schon immer erschienen den Menschen Geister, Heilige und Götter aus den paradiesischen Tiefen des Alls. Nachdem unsere Technik aber vorgeführt hat, wie man mit Raumschiffen dorthin gelangen kann, wo diese herkommen, erscheinen uns Ufos. Einer hat sie zuerst gesehen, hat die Form und markante Begleiterscheinungen festgelegt, und danach haben Tausende ebenfalls Ufos gesehen, und alle in der ähnlichen Form und unter ähnlichen Begleiterscheinungen. Beweist diese Einheitlichkeit und Übereinstimmung der Ufos-Sichtungen, daß die Ufos tatsächlich so sind und sich immer nur so zeigen? Oder sind diese Ufos nur in der mangelhaften Phantasie unseres Bewußtseins oder Unterbewußtseins so einheitlich fixiert, daß sie immer nur in dieser Form aus unserem geistigen Himmel aufsteigen?

Selbst wenn es so wäre, wenn es also keine echten Ufos, sondern nur unsere eigenen Halluzinationen wären, die wir beobachten und sogar fotografieren, dann wäre es trotzdem ein Phänomen, das uns veranlassen müßte, über die These, ob das Denken vom Sein oder das Sein vom Denken kommt, noch einmal gründlich nachzudenken.

So hat auch das Gabelbiegen einen Boom provoziert. Nachdem Uri Geller diesen ebenso überflüssigen wie seltsamen Trick des Gabelbiegens im Massenmedium Fernsehen in Mode gebracht hatte, tauchten allerorts in Europa Leute auf, die es auch konnten oder zumindest behauptet haben, es zu können. Sie haben es vorgeführt. Einige hat man getestet. Sogar das Max-Planck-Institut für Physik bei München hat einiges an Zeit und Geld aufgewandt, um sich an einem solchen Test zu beteiligen.

Von den meisten hat man behauptet, daß sie mit ziemlicher Sicherheit gemogelt hätten, weil sie in letzter Konsequenz ihre Fähigkeiten doch nicht unter Beweis stellen konnten. Waren diese ausnahmslos jungen Leute tatsächlich nur Mogellanten, Betrüger oder Wichtigtuer, die es gar nicht konnten, sondern nur die Absicht hatten, andere aufs Kreuz zu legen?

Vielleicht. Aber bevor man so urteilt, sollte man eines bedenken: Es ist mit Sicherheit ausgeschlossen, daß dieses phänomenale Echo des Gabelbiegens zum Zeitpunkt der televisionären Uraufführung technisch so abgelaufen sein kann, wie es im vorangegangenen Kapitel beschrieben wurde. Vielmehr haben sich in den vielen Haushalten lauter Minispuks ereignet, und solche Spuks sind erfahrungsgemäß an die Gegenwart von spukauslösenden Medien gebunden. Solche Medien sind sich aber ebenso erfahrungsgemäß ihrer spukauslösenden Ursächlichkeit gar nicht bewußt. Man glaubt zwar, das habe Uri Geller gemacht, aber um das zu beurteilen, sollte man sich fragen, ob der Spuk auch dann eingetreten wäre, wenn das Fernsehgerät zwar eingestellt gewesen wäre, aber niemand zugeschaut hätte. Ein solcher Fall ist nicht bekannt. Dagegen verdichtet sich die Vermutung, daß dieses Spukecho nur dort eingetreten ist, wo Jugendliche zugeschaut haben – wie auch bei der Familie S. in Karlstadt; denn durch alle auch sonst beobachteten und registrierten Spukfälle zeichnet sich die Anwesenheit Jugendlicher als eine Spukvoraussetzung ab. Man kann und muß davon ausgehen, daß sich in den Haushalten, in denen sich der Geller-Spuk wiederholt hat, eine zuschauende Person befunden haben muß, welche diese mediale Funktion übernommen hat. Der Geller-Auftritt hat gewissermaßen einen Schock ausgelöst, bei dem selbst schwache Begabungen zu Spukleistungen inspiriert worden sind. Bei diesen war es ein einmaliger Fall, der ihnen gar nicht ins Bewußtsein gekommen ist.

Nun mag es sehr wohl andere gegeben haben, bei denen sich dieser Spuk wiederholte, ohne daß Geller am Bildschirm war. Also konnte der es nicht gewesen sein, so daß diese Person die Geller-Fähigkeit an sich selbst entdeckt zu haben glaubte.

Alle spukauslösenden Medien haben ein gemeinsames Schicksal: Eines Tages hört es auf. Und da es sich meistens um Jugendliche oder Pubertierende handelt, also solche, welche den Wandel vom Kind zum Erwachsenen

noch durchlaufen, mag diese Fähigkeit spätestens mit Abschluß dieses Wandels aufhören.
Ist nun einer dabei, der mit diesem an sich entdeckten Talent an die Öffentlichkeit geht, setzt er sich natürlich einer kritischen Beurteilung und Beobachtung aus. Es geht ihm wie einem Talentierten, der unter seinen Freunden ein wirklich guter Komiker, Imitator oder Sänger ist; aber unter dem Lampenfieber eines organisierten Testauftritts schwinden sein Selbstvertrauen und seine Sicherheit. Und jeder Zweifel an sich selbst verunsichert das Können. Das um so mehr, wenn dieses Können medialer Natur ist.
Gerät ein solches Talent in eine Testmühle, dann mag es zunächst noch von seiner anfänglichen Sicherheit zehren, so daß ihm das Gabel- oder Schlüsselbiegen gelingt. Aber ständig konfrontiert mit der Unlogik und technischen Unmöglichkeit seines Könnens, nimmt die Verunsicherung zu. Es klappt nicht mehr. Die Tester, welche aus ihrem wissenschaftlichen Experimentierdenken heraus den Menschen auch nur als einen Apparat sehen, sind aus dieser Sicht zu Recht skeptisch. Kommt nun gar ein solches Medium auf den Gedanken, seinen schwindenden Talenten durch kleine Tricks und Mogeleien wieder auf die Beine zu verhelfen, und wird es dabei erwischt, dann ist es natürlich ein Betrüger und schon immer ein Betrüger gewesen.
Urteil und Vorurteil liegen da dicht beisammen.

Die unglaubliche Geschichte mit Silvio

Der Mensch hat eine seltsame Kompromißbereitschaft: Er läßt wohl kleine Wunderchen gelten, fühlt sich aber bei großen Wundern verpflichtet, seinen Unglauben zu äußern, obwohl die Wunderchen und die Wunder auf derselben Akausalität und Unlogik basieren. So auch die

nachfolgende Geschichte mit dem Berner Grafiker Silvio, eine perfektere Ausgabe von Uri Geller. Aber gerade Silvio ist von vielen Fachleuten, Kritikern und Wissenschaftlern so gründlich geprüft worden, daß das Freiburger Institut für Parapsychologie es wagen konnte, diesen Fall, einschließlich aller Prüfmethoden und Kontrollvorrichtungen, in der «Zeitschrift für Parapsychologie und Grenzgebiete der Psychologie» (Heft 4/76 und 1/78) zu veröffentlichen und zu resumieren, daß die Echtheit dieses Phänomens als gesichert angesehen werden kann.
Etwa 14 Tage nach dem Geller-Auftritt im Januar 1974 traf sich Silvio mit einigen Freunden in einem Berner Restaurant, und als er nach dem Essen einen Löffel in die Hand nahm, kam ihm plötzlich die Erleuchtung: «Jetzt mache ich es wie Uri», sagte er. Es dauerte etwa 5 Minuten, bis sich der Löffel unter Silvios Streicheln krümmte und abbrach. Silvio selbst war von diesem Resultat so aufgeregt, daß ihm übel wurde. Seine Freunde wollten es zunächst nicht so recht glauben, daß es ohne Trick vor sich gegangen sei. Doch am selben Abend probierte er es in ihrer Gegenwart noch öfter. Innerhalb von 7 Stunden verbog er nach Geller-Art insgesamt 15 Löffel. 2 davon brachen ab. Die anderen hat er wieder ebenso geradegebogen, wie er sie zuvor verbogen hatte, ohne Kraftaufwand.
Das sprach sich herum. Unter anderem erfuhr davon der Trickexperte und profiliertes Mitglied des «Magischen Zirkels» Rolf Mayr. Gemeinsam mit anderen Trickexperten versuchte Mayr, hinter die Geheimnisse von Silvios Löffelbiegen zu kommen. Einen Trickexperten legt man nicht so leicht aufs Kreuz, aber Mayr und seine Kollegen konnten keinen Trick entdecken. Hiernach informierte Mayr das Freiburger Institut, weil er inzwischen selbst von übersinnlichen Kräften überzeugt war.
Ich möchte an dieser Stelle nicht mit einer vorrangigen Beschreibung der Technik der einzelnen Prüf- und Kon-

trollmethoden, welche von dem Freiburger Institut in Zusammenarbeit mit anderen Wissenschaftlern und Fachleuten angewandt wurden, langweilen. Es ging ja nicht nur darum, selbst zu sehen und zu beobachten und seine eigene Glaubwürdigkeit als Dokument in die Waagschale zu werfen, vielmehr kommt es ja darauf an, die Phänomene mit unbestechlichen Apparaten so aufzuzeichnen, daß man sie jederzeit zu reproduzieren vermag. Es ging hierbei Silvio ähnlich wie vielen anderen Medien, deren Fähigkeiten oder Talente um so mehr beeinträchtigt werden, je intensiver man sie einem augenblicklichen apparativen Erfolgszwang aussetzt, wenn also Kameras laufen, Scheinwerfer eingeschaltet sind und Meßgeräte und Detektoren in Tätigkeit treten und viele Leute darauf warten, daß jetzt das Wunder passiert. Unter solchen Bedingungen können nur geübte Bühnenmagier ihre technisch konzipierten Wunder erscheinen lassen, aber keine Medien.

Aber gerade diese ebenso bekannte wie selbstverständliche Tatsache wird den PSI-Forschern zum Vorwurf gemacht: Wenn es darauf ankommt, versagen diese angeblichen Wundermedien. Die Wochenzeitung «Die Zeit» ist kein Risiko eingegangen, als sie kurz nach dem Geller-Wirbel demjenigen 100 000 Mark versprach, der in der Lage ist, das Gabelbiegen unter den von ihr vorgesehenen Bedingungen zu wiederholen. Es wäre etwa so, als ob man von einem Hochspringer verlangen würde, seine Rekordhöhe mit Bleischuhen zu wiederholen.

Den Fachleuten des Freiburger Instituts ist die Mentalität der Medien natürlich bekannt. Sie haben daher Methoden entwickeln müssen, die einerseits das Medium nicht unter Erfolgszwang setzen, andererseits dennoch beobachten und aufzeichnen. Videokameras sind dazu ein unentbehrliches Hilfsmittel. So haben also nicht nur Wissenschaftler und Zeugen eine Vielzahl von Fällen beobachtet, in denen Silvio Löffel, Schlüssel und Münzen verbog, sondern auch Videokameras. Überflüssig zu erwähnen, daß Silvio in keinem Falle Gelegenheit hatte, die Gegenstände zuvor ein paar hundert Mal zu biegen, bis sie für die Demonstration mürbe genug waren.

Am besten klappte es dann, wenn Silvio unter Freunden in bester Laune war. Dann fühlte er sich kräftig und zu weiteren Steigerungen fähig. Und als man ihn in dieser Laune aufforderte, einen Löffel zu verbiegen, ohne ihn überhaupt zu berühren, gelang ihm auch das. Und es gelang ihm immer häufiger. Daraufhin steckte man einen Löffel senkrecht in eine Styroporplatte und baute ihn vor der Videokamera auf. Würde er mit dem Finger gegen den Löffel drücken, müßte er aus seiner Halterung herausbrechen. Aber die Kamera zeichnete auf, wie sich der Löffel um 180 Grad verbog, ohne daß Silvios Finger näher als 2 cm an den Löffel herangekommen war. Auch in den Tausenden von Haushalten, in denen sich im Zusammenhang mit der Geller-Sendung die Gabeln und Löffel verbogen hatten, lag ja eine echte Telekinese insofern vor, als niemand diese Gegenstände selbst berührt hatte. Hier also wurde das Phänomen erstmals dokumentarisch aufgezeichnet.

In fröhlicher unbeschwerter Runde unter ebenso neugierigen wie interessierten Beobachtern gelang Silvio noch mehr. Gewiß war seine Anwesenheit für die Gastgeber finanziell nicht ohne Interesse, aber wenn fortlaufend Gabeln und Löffel zerbrochen wurden, war es doch ärgerlich. Also wurde Silvio von seinen Freunden aufgefordert, die Löffel genauso wieder zusammenzufügen, wie er sie zerbrochen hatte. Silvio versuchte es, drückte die Bruchstellen gegeneinander, rieb und – welche Überraschung! – sie waren wieder fest. Nichts war mehr zu sehen. Es war phantastisch. Aber diesen geheilten Löffeln konnte man beim besten Willen nicht ansehen, welche telekinetischen Phänomene sie hinter sich hatten.

«Das glaubt uns kein Mensch», sagten seine Freunde.

Einer nahm die beiden Teile eines telekinetisch zerbrochenen Alpaca-Löffels mit Silberauflage, der bereits stark abgenutzt war. Auf der Unterseite des Stiels war der Prägestempel des betreffenden Restaurants angebracht. «Wenn du jetzt den Löffel mit dem Rücken nach oben wieder zusammenfügst, dann muß man es dir glauben!» Silvio versuchte es, und es klappte. An der Bruchstelle ist lediglich eine etwas dunklere Farbnuancierung zu sehen. Dieses Beweisstück konnte man in Freiburg besichtigen.
Wiederholt wurden von Silvio zerbrochene Bestecke im Max-Planck-Institut für Metallforschung in Stuttgart untersucht. Die metallurgischen Strukturen wiesen auf einen langsamen kalten Bruch hin. Eine Manipulation durch Anwendung von chemischen Substanzen konnte mit Sicherheit ausgeschlossen werden.
Silvios Begabungen sind keineswegs einseitig. So machte der Schweizer Physiker Bernhard Wälti mit Silvio Experimente an einem Ohmmeter, dessen Digitalanzeige zugleich laufend mitgeschrieben wurde. Dieser Test stand in einem mittelbaren Zusammenhang mit dem aufsehenerregenden Spukphänomen von 1968 in einer Rosenheimer Anwaltspraxis. Auch dort wurden durch ein Medium, eine junge Praxisangestellte, die Stromstärken und Spannungen in den elektrischen Leitungen des Büros plötzlich verändert. Es herrschten Stromstärken bis zu 50 Ampère, obwohl das öffentliche Netz nicht mehr als 15 hergab. Elektroingenieure hatten alle Faktoren, die solche Veränderungen auf natürlichem Wege hervorrufen konnten, überprüft. Selbst das öffentliche Netz wurde abgeklemmt und ein Generator vorgeschaltet, der nicht mehr als 15 Ampère erzeugen konnte. Trotzdem zeigten die Meßapparate und die Aufzeichnungen wieder dieselben Sprünge. Nicht nur das: Es wackelten Lampen, Glühbirnen platzten, das Telefon klingelte, ohne daß jemand anrief, Bilder kreisten an der Wand um ihre Aufhängevorrichtung. Nachdem das Mädchen – wie bei Spukmedien

üblich – seine Fähigkeiten verloren hatte, warfen Kritiker und Skeptiker den Untersuchenden vor, sie hätten vielleicht doch nicht alle Möglichkeiten für eine natürliche Erklärung ausgeschöpft.
Bei Silvio und Wälti wurde das Phänomen speziell auf die Prüfapparatur konzentriert. Der Festwiderstand zeigte 68 Ohm; selbst eine Differenz von nur 1–2 Ohm wäre technisch bereits phänomenal; aber unter Silvios telekinetischem Einfluß schlug der Zeiger zeitweilig auf 140 und einmal sogar kurzweilig bis auf 244 Ohm aus. Die telekinetische Beeinflußbarkeit der physikalisch-technischen Domäne Elektrotechnik kann also nicht mehr ausgeschlossen werden. Wenn man dahinterkäme, wie man das macht, wäre das vielleicht ein Fingerzeig zur Lösung unserer Energieprobleme!
Da Silvio lange Zeit eine Videokamera zu Hause hatte, kam er auf eine sehr ausgefallene Idee. Er hatte seine Mutter bereits in sehr jungen Jahren verloren, aber sie erschien ihm – nicht nur im Traum – oftmals als ein visionärer Engel. Eines Tages gelang es ihm, diese Vision von der Videokamera auffangen zu lassen.
Der damit hantierende Fernsehexperte bestätigte, daß einwandfreie «Inputs» vorhanden gewesen sind. Allerdings sind diese Resultate dokumentarisch wertlos, denn Silvio hat zwar die Übereinstimmung der Aufzeichnung mit seiner Vision bestätigt, aber nicht vorher aufgezeichnet und angekündigt, was er mit der Kamera einfangen wollte.

Beweisen und Wissenschaft

Was ist selbst in diesem Fall eigentlich bewiesen? Den Fachleuten des Freiburger Institutes, unter denen sich erfahrene Experimentalphysiker befinden, denen man so leicht kein X für ein U vormachen kann, werfen die Kriti-

ker vor, daß sie zur Rechtfertigung ihrer Existenz an diese PSI-Phänomene glauben wollen. Und wenn man etwas finden will, dann findet man auch etwas.
Aber auch umgekehrt: Wenn man etwas ablehnen will, findet man dafür Gründe und Argumente. Ist jemand bei diesen Experimenten dabeigewesen, hat mitgewirkt und zugeschaut, selbst dann könnte er resümieren: Ich habe es zwar gesehen, aber ich glaube es nicht. Ich glaube es nicht, weil es nicht mit rechten Dingen zugehen kann, und wenn es nicht mit rechten Dingen zugehen kann, dann müssen eben irgendwelche Tricks dahinterstecken. Schließlich gibt es genügend Zauberkünstler, die Jungfrauen frei schweben lassen oder sie zersägen, die Dinge aus dem Nichts hervorzaubern und die ganze Skala der PSI-Phänomene gewerblich betreiben. Niemand – bis auf die eingeweihten Zunftmitglieder – könnte sagen, wie es geschieht. Und doch geschieht es mit Tricks.
Wer will dafür die Hand ins Feuer legen, daß die Parapsychologen nicht mit ihren Medien unter einer Decke stecken! Und es ist auch kein Geheimnis, daß man durch gekonnte Spiegeleffekte bei Kameraaufzeichnungen Vorgänge verifizieren kann, die in dem gezeigten Ablauf gar nicht stattgefunden haben.
Es ist nicht schwierig, sich gegen eine wie auch immer geartete Beweisführung zu wehren, um so mehr, als hier offensichtliche Schwächen vorliegen, nämlich die Schwäche des Menschen. Er ist keine Maschine, zugegeben, aber wenn er hier wie im Falle Silvio mechanische Leistungen vollbringt, dann muß diese Mechanik auch unter apparativen Bedingungen reproduzierbar sein.
Eine solche Forderung entspricht der weitverbreiteten Auffassung, daß alles Geschehen dieser Welt nur in dem naturgesetzlichen Rahmen der Chemie und Physik ablaufen kann. Also müssen die Vorgänge in diesem Rahmen erfaßbar, experimentierbar und reproduzierbar sein.
So wie jeder Staat seine Gesetze festlegt und nach diesen

Gesetzen urteilt, was Recht und Unrecht, falsch und richtig ist, so besteht auch eine materialistisch orientierte Wissenschaft darauf, daß das, was Anspruch auf Realität erhebt, sich unter den von ihr festgelegten Bedingungen bewähren muß. Es sind die Bedingungen einer strengen Kausalität.

Aber in dem Kapitel «Physik als Aufklärer?» wurde bereits angedeutet, daß und warum gerade die exakteste Naturwissenschaft Physik ihr klassisches Kausalitätsprinzip verlassen mußte. Es war die Sprunghaftigkeit und Ungenauigkeit des physikalischen Geschehens in seinem mikrokosmischen Grenzgebiet. Mit Hilfe des mathematischen Tricks einer Wahrscheinlichkeitsrechnung, des quantitativ-statistischen Prinzips, bekam man diese Ungenauigkeit, die sich mit zunehmender Wirkungsgröße ohnehin wieder in eine exakte Vorausberechenbarkeit einordnete, in den Griff.

Dem Vorbild der Physik nacheifernd, haben auch alle anderen Wissenschaften sich alsbald dieser Hilfsmethode bedient. Sie haben zu einer Regel der Beweisführung erhoben, was die Physik gegen sehr viele innere Bedenken und Widerstände durchgesetzt hat, um sonst unerklärbare und unberechenbare Erscheinungen und Wirkungen in einer in sich widersprüchlichen Wahrscheinlichkeitskausalität zu beherrschen. «Gott würfelt nicht», lautete Einsteins klassisch gewordene Warnung vor einer Zementierung der Statistik in der Quantenmechanik.

Aber nun würfelt die ganze Wissenschaft. Es wird vorwiegend statistisch denkend geforscht, geurteilt, entdeckt und bewiesen, so daß die Erkenntnisblüten statistisch bestätigter Fakten immer üppiger sprießen. So leiden wir zurzeit unter einer Flut von wissenschaftlich bewiesenen Erkenntnissen, die um so glaubwürdiger werden, je sensationeller sie sind und je mehr sie bisherigen Erfahrungen und Empfindungen und Selbstverständlichkeiten widersprechen.

So hat ein Professor Adam von der Berkeley-Universität in den USA nachgewiesen, daß 98 Prozent aller Personen, die täglich arbeiten, an schweren Gehirnschäden leiden. Dagegen hat man in der Universität von Kalifornien entdeckt, daß diejenigen, welche den Dirigentenberuf haben, die höchste Lebenserwartung besitzen; denn sie leben länger, weil sie bis ins hohe Alter hinein arbeiten – und nehmen dafür natürlich auch den größten Gehirnschaden in Kauf!

Eine von der Deutschen Forschungsgemeinschaft finanzierte Kommission publizierte unlängst den Beweis, daß die Muttermilch kräftige Dosen von Pflanzenschutz- und Umweltgiften enthalte, so daß vor dem Stillen der Kinder mit Muttermilch gewarnt wurde. Dagegen bewies eine andere Kommission, daß man aus psychologischen, ernährungsphysiologischen und immunbiologischen Gründen die Kinder trotz oder gar wegen der vergifteten Muttermilch stillen solle.

Eine Biologin namens Friedmann von der Pennsylvania-Universität hat herausgefunden, daß Herzinfarktpatienten eine viel größere Überlebenschance haben, wenn sie einen Hund, eine Katze oder sonstige Haustiere halten. Die Reihe solcher täglicher Neuerscheinungen ließe sich beliebig fortsetzen.

Mit einem Riesenaufwand an Geld und Organisation, Broschüren und Veranstaltungen wird eine wissenschaftliche Gesundheitsaufklärung betrieben, welche, gemessen an der Quantität der eingesetzten Mittel, endlich ein gesundes Volk auf die Beine gestellt haben müßte. Aber das Gegenteil ist der Fall. Der Anteil dessen, was der einzelne – statistisch! – aus seinem Wohlstand für seine Krankheiten abzweigen muß, hat mit 20 Prozent vom Einkommen bereits den Aufwand für Wohnungsmieten erreicht. Außerdem ist seit Beginn dieser wissenschaftlichen Aufklärungskampagne, etwa seit 1962, die Lebenserwartung bei Männern ständig gesunken.

Unser Baum der Erkenntnis verzweigt und verästelt sich immer mehr. Kamen wir vor hundert Jahren noch mit etwa 2 Dutzend Wissenschaftsdisziplinen aus, welche auch damals schon glaubten, kurz vor der Endlösung aller Rätsel dieser Welt zu stehen, so haben wir heute weit über 2000 Disziplinen, von denen sich jede einzelne zur Aufgabe gemacht hat, ein bestimmtes Problem zu lösen. Kommt man der Lösung näher, tauchen neue Probleme auf, zu deren Lösung neue Disziplinen installiert werden müssen.
Es hat noch keine Disziplin gegeben, die sich nach Lösung ihrer Aufgabe wieder aufgelöst hätte. Alle sind sie noch im Betrieb. Und wenn die Lösung von Fragen und Problemen eine Aufgabe der Wissenschaft sein sollte, dann muß man sich angesichts der Explosion der Probleme die Frage stellen, ob die Methodiken der modernen Wissenschaften nicht viel mehr Probleme schaffen als lösen. Wir bewundern in diesem Zusammenhang die enormen Erkenntnisfortschritte der letzten Jahrzehnte, aber mit diesem Wissen wächst zugleich der Zweifel und die Erkenntnis, wie wenig wir im Grunde eigentlich wirklich wissen.
Bei aller Leichtfertigkeit, mit der man die seltsamsten Behauptungen als bewiesen und wissenschaftlich gesichert deklariert, ist es erstaunlich, mit welcher Hartnäckigkeit die noch so pedantisch untersuchten Phänomene der Parapsychologie als unbewiesen nicht einmal zur Kenntnis genommen werden.
Liegt das vielleicht an der Methodik des statistischen Beweisdenkens? Denn hier zählt die große Zahl der Regelmäßigkeiten, während die Ausnahmen unter den Tisch fallen. Sind es aber nicht gerade diese Ausnahmen, welche des Nachdenkens und Erforschens wert sind?

Fotografierte Gedanken

Eine der ersten bedeutsamen Dokumentationen über eine wissenschaftliche Beschäftigung mit einem Medium und seinen paranormalen Fähigkeiten lieferte vor etwa 100 Jahren der renommierte Astrophysiker Zöllner. Er beschäftigte sich mit einem Medium namens Slade. Dieser besaß unter anderem die Fähigkeit, nahtlos gedrechselte Holzringe um ein Tischbein zu legen. Es handelte sich dabei um einen Tisch mit nur einem Stempel mit am unteren Ende gespreizten Beinen. Es war also gar nicht möglich, die Ringe von oben oder unten um das Tischbein zu legen.

Es handelt sich hierbei um sogenannte «Penetrationen», Durchdringungen, wie sie unter anderem häufig bei Spukerscheinungen vorkommen, wenn beispielsweise Gegenstände aus verschlossenen Räumen plötzlich außerhalb dieser Räume auftauchen. Zöllner folgerte aus diesem Phänomen die physikalische Version von einer vierdimensionalen Behandlung dreidimensionaler Gegenstände.

Zöllner hat sein Medium und diese Fähigkeit häufig einem größeren Kreis interessierter, kritischer und skeptischer Wissenschaftler vorgeführt. Der «Trick», mit dem Slade seine Penetration durchführte, ist niemals entdeckt worden.

Slade beherrschte aber auch die sogenannte Geisterschrift. Noch ehe die modernen Geister ihre Mitteilungen und Antworten aus dem Jenseits auf Tonbandgeräten aufzeichnen ließen, korrespondierten sie mit Tafel und Kreide. Damit sie ungestört schreiben konnten, war die Tafel mit einem Tuch verdeckt. Man stellte irgendeinem angerufenen Geist eine Frage, und dieser schrieb dann auf die Tafel, ohne leibhaftig gegenwärtig zu sein, die Antwort. Zog man nach einer Weile das Tuch fort, konnten alle die Schrift deutlich lesen. Auch dieses seltsame

PSI-Phänomen hatte Zöllner seinen staunenden Kollegen mehrfach demonstriert.
Aber eines Tages war es passiert: Noch ehe die Frage an einen Geist gestellt worden war, riß ein ungläubiger Gast das Abdecktuch von der Tafel und – siehe da: Die Antwort war bereits geschrieben!
Das konnte also nicht mit rechten paranormalen Dingen zugehen; denn wie hätte ein Geist seine Antwort schon wissen und schreiben können, noch ehe ihm die Frage gestellt war! Also war es nicht und niemals der Geist, der da schrieb, sondern Slade, ein Betrüger! Er wurde vor Gericht zitiert. Letztlich konnte man aber auch dort nicht schlüssig nachweisen, daß, wann und wie er die Antwort bereits auf die Tafel geschrieben haben sollte; denn auch das hatte niemand beobachtet. Aber wie anders sonst sollte die Antwort auf die Tafel gekommen sein!
Ist diese Logik nicht inkonsequent? Hatte man sich zuvor schon damit abgefunden, daß es irgendwelche naturgesetzlosen Geister gäbe, die sich aus ihrem Jenseits meldeten, dann muß man einem solchen phänomenalen Wesen auch zubilligen, daß es mit seiner Schreiberei nicht unbedingt so lange warten muß, bis man es offiziell beim Namen ruft und die Frage ausspricht. Ein solcher Geist, wenn es ihn überhaupt gibt, könnte mit Hilfe präkognitiver Fähigkeiten die Frage schon vorher wissen und die Antwort schreiben, ehe man ihn fragt.
Aber damals hatte man ebenso wie heute nur beschränkte Kompromisse mit der Logik geschlossen. Ein bißchen Wunder, ein bißchen Phänomenalität – aber mit Grenzen!
Jedenfalls stand hiernach fest: Slade war ein Betrüger, und der renommierte Professor Zöllner hatte sich von diesem aufs Kreuz legen lassen. Also war auch Zöllner disqualifiziert. Kein Hund nahm mehr ein Stück Brot von ihm, und er starb alsbald nach diesem Reinfall.
Was diese Geschichte unter «Fotografierte Gedanken» zu

suchen hat? Einmal könnte diese Geisterschrift als Vorläufer der später aufgetretenen fotografierten Gedanken zu werten sein, und zum anderen erinnert die Verurteilung des Professors Zöllner ein wenig an die Disqualifizierung des amerikanischen Professors Jules Eisenbud, einem Psychiater, der sich viele Jahre mit dem Medium Ted Serios befaßt hatte. Serios war ein kanadischer Holzfäller, dessen Hobby der Alkohol und die Gedankenfotografie waren. Serios brachte diese Gedankenfotografie zu einer bisher noch nicht dagewesenen Perfektion.

Im Februar 1968 übertrug der Sender Freies Berlin ein aufgezeichnetes Experiment mit Ted Serios. Gegenwärtig waren der Freiburger Parapsychologie-Professor Bender und einige andere Wissenschaftler, ferner Ted Serios, ein Mann mit einer Polaroidkamera, der Moderator dieser Sendung und das technische Personal.

Ted Serios hatte zuvor aufgezeichnet, woran er denken wollte, und dieses in einem verschlossenen Briefumschlag deponiert. Dann wurde in einem feierlichen Zeremoniell ein versiegeltes Päckchen garantiert nicht vorbelichteter Filme geöffnet und in die Polaroid-Kamera eingelegt. Serios setzte sich derweil auf einen Stuhl vor eine weiße Wand und konzentrierte sich auf seine Weise, indem er eine schwarze Papphülse an seine Stirn drückte. Die Kamera war auf ihn gerichtet. Jedesmal wenn Serios «now» sagte, sollte der Kameramann abdrücken, um seinen Gedankenblitz zu erwischen.

Die ersten sogleich fertig entwickelten Bilder zeigten ein paar nette Porträtaufnahmen von Serios, wie man sie nach den äußeren Umständen erwarten konnte. Aber dann waren die Bilder weiß oder schwarz ohne jegliche Aufzeichnungen, obwohl weder an der Kameraeinstellung noch an dem Sitz von Serios etwas verändert worden war. Serios hatte sich aus dem Bild gehext, was schon eine beachtliche Leistung war.

1 Diese Zeichnung fertigte Ted Serios vor Beginn der Experimente an, um zu demonstrieren, was er auf das Negativ zu bannen hoffte.

2 So sieht das Resultat der Anstrengungen aus, die Ted Serios gemacht hat, um seine Vorstellungen eines hockenden Steinzeitmenschen durch Gedankenkraft auf ein Negativ zu übertragen.

3 Und dieses ist das Modell, das sich im Museum of Natural History in Chicago befindet, wo Ted Serios aufwuchs.

Bericht über die Gedankenfotografie aus «Foto-Magazin» Heft 6/1968

1

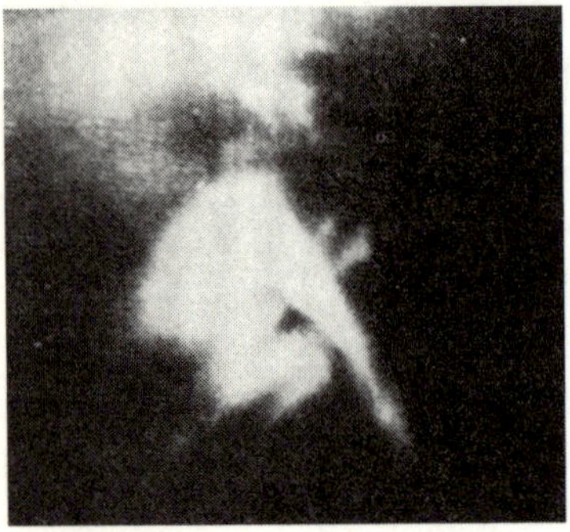

2

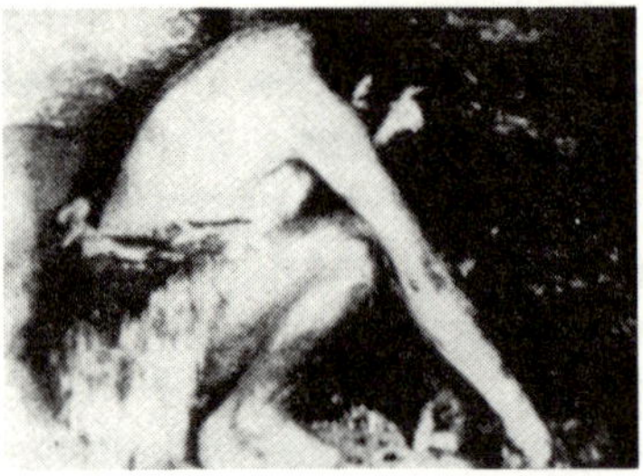

3

Aber dann zeichneten sich fremde schemenhafte Schleier, die nach weiteren Aufnahmen festere Konturen annahmen, und schließlich war es ganz deutlich zu sehen: ein prähistorischer Mensch, der auf einem Baumstamm saß und mit irgendeiner prähistorischen Tätigkeit beschäftigt war.

Dieses Foto wurde nun mit dem verglichen, was Serios aufgezeichnet hatte, und man konnte sagen, daß Foto und Zeichnung sehr wohl dasselbe beinhalteten. Es handelte sich um die Nachbildung eines Steinzeitmenschen aus einem Chicagoer Museum. Verglich man das Original dieser Abbildung mit der Zeichnung und dem Gedanken-

foto, dann stellte sich heraus, daß das Foto mit dem Original genauer übereinstimmte als die Zeichnung. Das bestätigte, daß an dem Gedankenfoto nicht das Bewußtsein, sondern das Unterbewußtsein beteiligt war; denn das Unterbewußtsein registriert solche Erinnerungen genauer.
Serios wollte hier außerdem wiederholen, was ihm einmal vor dem Colorado-Fernsehen in den USA gelungen war: Die Projizierung eines gedanklichen Ereignisses direkt über die Fernsehkamera auf die Bildschirme. Damals handelte es sich um einen Filmablauf, der zeigte, wie sich ein Omnibus an einer Reihe parkender Fahrzeuge vorbeibewegte. Jetzt wollte er an einen miterlebten Unglücksfall denken. Aber diesmal klappte es nicht.
Nun könnte man im Anschluß hieran wieder ähnliche Fragen zu einer technischen Erklärung wie im Anschluß an den Geller-Effekt stellen:
Sehen wir einmal von der in dieser Sendung mißlungenen Fernsehprojizierung eines gedachten Geschehensablaufs ab, so bliebe das phänomenale Bild mit der Polaroidkamera. Es lag gewiß nicht an diesem speziellen Kameratyp, denn hier wie bei allen anderen Kameras reagiert der eingelegte Film auf den Lichteinfall. Licht ätzt die sensible Bromsilberschicht des Films an, so daß sich aus der Art und der Intensität des Lichteinfalls über die Ätzwirkung eine Reproduktion des Objektes ergibt, von dem das Licht in die Kameralinse reflektiert wurde. Ein bekannter Vorgang.
Aber vor der Kamera saß Ted Serios. Allein die Tatsache, daß er plötzlich gar nicht mehr auf dem Film erschien, war phänomenal, vorausgesetzt, daß Belichtung, Blende und so weiter nicht verändert worden sind. Das muß man unterstellen.
Nun aber weiter: Serios hat sich gedanklich auf ein Bild konzentriert, das nur in seiner Erinnerung existierte. Er hat gedacht. Zwar haben wir keine «technische» Vorstellung davon, was Denken ist und wie das vor sich geht,

aber auf keinen Fall hat es etwas mit Licht und den speziellen Lichtwellenfrequenzen zu tun. Auch nicht mit unsichtbarem ultraviolettem oder infrarotem Licht, welches man heute ja auch bei entsprechenden Spezialfilmen auf die Platte bannen kann. Sollten sich Gedanken – wie heute vielfach geglaubt wird – elektromagnetischer Wellen bedienen, so weiß man, daß sich diese nur dann fotografieren lassen, wenn sie im Bereich des sichtbaren Lichtes liegen. Dann müßten wir aber auch mit unseren normalen Augen solche Gedanken sehen können!
Welche Kraft oder welche Energie hat denn nun den chemischen Prozeß auf der Filmschicht ausgelöst? Und mit welcher Methodik läßt sich diese Kraft durch gedankliche Konzentration so dirigieren, daß sie genau jene Konturen hinterläßt, die man sich erdenkt?
Nach dem Stand unseres Wissens und nach Ausschöpfung aller Kombinationen des Möglichen muß man selbst die Wahrscheinlichkeit unbekannter Energien ausschließen, zumal hier die rein gedankliche Führung und Gestaltung einer solchen Energie vorausgesetzt werden müßte.
Betrachtet man sich aber diese Gedankenbilder, muß man als spezielle Eigenschaft erkennen, daß diese im Gegensatz zu normalen Lichtbildern recht unscharf sind. Warum ist es dem Ted Serios trotz seiner jahrelangen Übung nicht gelungen, seine Gedanken genauso scharf aufs Bild zu bringen wie bei einem normalen Lichtbild?
Eine Kamera kann ein Objekt nicht schärfer zeichnen, als dieses von Natur aus ist. Nun gibt es aber keine gegenständlichen Objekte, die von Natur aus unscharfe Konturen haben. Aber wie ist es mit Gedanken? Mit der visionellen Vorstellung von Gegenständen? Man sollte das einmal an sich selbst prüfen, indem man an irgend etwas ganz bestimmtes Gegenständliches denkt. Man wird feststellen, daß es gar nicht möglich ist, irgendeinen Gegenstand gedanklich für einen längeren Augenblick fest-

zuhalten. Man denke einmal an seinen Hund, den man täglich sieht, an den schwarzen Pudel, wie er gerade aus seinem Napf leckt. Man müßte ihn eigentlich ganz genau kennen, aber schon, wenn man ihn jetzt zeichnen sollte, aus dem Kopf, wird man feststellen, wie ungenau doch dieses bewußte Erinnerungsvermögen in seinen Details ist. Die Proportionen schwanken und tanzen vor dem geistigen Auge, sie fließen unaufhaltsam und sind nicht in der Lage, auch nur für einen ganz kurzen Moment stillzustehen. Gewiß, es ist schwierig, seine eigenen Gedanken zu beobachten, aber bei einiger Übung gewinnt man doch eine gewisse Vorstellung davon.
Ted Serios bestand darauf, daß der Fotograf nur auf sein Kommando «now» knipsen sollte. Er befand sich in der Situation eines Denkenden, der aus dem verschwommen fließenden Gedankenfilm einen Augenblick herauspicken soll, der das Objekt, an das er denkt, möglichst scharf zeichnet. Dafür ist das fotografierte Denkprodukt von Ted Serios erstaunlich scharf und naturgetreu. Sehen wir einmal von der technischen Frage des Fotografierens ab, so würde ich mir zum Beispiel trotz vieler Übungen in der Beobachtung meines Denkens nicht zutrauen, einen Moment zu bestimmen, der, fotografisch festgehalten, ein besseres Bild aus meinem bewußten Erinnerungsdenken zustande brächte. Leider besitze ich weder Übungen noch Fähigkeiten in der transzendentalen Meditation, um prüfen zu können, ob dieses Hineinleuchten in die Sphäre des Unterbewußtseins bessere Bilder ergibt.
Würde Ted Serios exakt scharfe Bilder mit allen genauen Einzelheiten in die Kamera projiziert haben, hätte man Grund, hinsichtlich seiner Gedankenfotografie skeptisch zu sein. So kann man gar nicht denken. Aber gerade diese vergeblichen Versuche bestätigen die Übungserfahrungen, wie schwierig es ist, aus einem fließenden, sich ständig bewegend ändernden visuellen Denken, den richtigen Moment für eine Gedankenfotografie zu erreichen und so

zu äußern, daß auch der Kameramann den richtigen Moment erwischt.
Fotos können nicht präziser sein als das Objekt selbst, und visuelle Gedankenabläufe sind nicht nur unscharf, sondern konzentrieren sich auf weniges unter Fortlassung aller Nebensächlichkeiten.
Erinnert das nicht auch an die Fotos von Ufos? Wenn es sich nicht um künstliche Montagen handelt, sind sie unscharf und ohne genau fixierbare Einzelheiten. Selbst die landschaftliche Umgebung, die doch in natura vorhanden und nicht «ufologisch» ist, erscheint ohne Detailschärfen. Würde es diese Ufos in natura geben und würden sie bereits so oft in eine schußbereite Kamera geflogen sein, so hätten sich doch einige Aufnahmen ergeben müssen, bei denen durch entsprechende Vergrößerungen wenigstens einige markante Einzelheiten zu Tage getreten wären. Aber das vorliegende Fotomaterial (soweit es mir bekannt ist) deutet vielmehr darauf hin, daß die fotografierten Objekte auf ähnliche Weise zustande gekommen sind wie Serios' prähistorischer Mensch, wobei lediglich der Denkende seine Gedanken selbst fotografiert haben mag. Man muß dazu nicht seinen eigenen denkenden Kopf ins Visier nehmen; denn dieser Kopf denkt zwar, aber die Gedanken werden in die jeweilige Umgebung projiziert.
Ted Serios hat seine Fähigkeiten nur einige Jahre besessen. Er kann es nicht mehr. Es ging ihm so wie den meisten Experimentiermedien: Es wird immer weniger und eines Tages ist es aus.
Hiernach haben die Kritiker und PSI-Gegner posthum einen Trumpf in der Hand, wenn sie bezweifeln, ob Ted Serios es überhaupt jemals gekonnt hat. Wer weiß, wie seine Bilddokumente in Wirklichkeit zustande gekommen sind. Man kann es jetzt nicht mehr prüfen.
Unglücklicherweise war Serios kein guter Diplomat. In der Zeit, als seine Fähigkeiten nachließen, wurde er von kritischen Reportern aufgefordert, ihnen seine Papphülse

zur Untersuchung zu überlassen. Serios weigerte sich und erregte damit natürlich Verdacht, um so mehr, als ein Zauberkünstler namens David B. Eisendraht angeblich ebenfalls – jedoch mit Hilfe eines technischen Tricks – Bilder aus dem Nichts fotografisch herstellen zu können vorgab.
Vielleicht hat Ted Serios tatsächlich zu mogeln versucht, aber wenn schon, dann recht stümperhaft. Jedenfalls hat er seit dieser Zeit keine Bilder mehr zustande gebracht. Würde er aber zuvor mit seinen Tricks viele Wissenschaftler und Experten getäuscht haben, dann wären sie immerhin so gut, daß er sich darin zu steigern vermochte. Diese Fähigkeit zu eingeübten technischen Tricks verliert man nicht. Phänomenale oder mediale Begabungen aber kann man nicht bewußt trainieren und auch nicht festhalten, am wenigsten dann, wenn man während der Experimente ständig mit der Unlogik seines Könnens konfrontiert wird und damit jene Zweifel heraufbeschwört, die ein jedes Können verunsichern.
Für die Skeptiker allerdings ist Serios als Betrüger überführt, und Professor Eisenbud steht unter dem Verdacht, nur noch krampfhaft an seinem Glauben festzuhalten, um nicht etliche Jahre seines Wissenschaftlerdaseins einem simplen Betrug geopfert zu haben.

Der Bremer Spukskandal

Am 30. Juni 1965 erschien im Bremer «Weserkurier» eine Schlagzeile, welche allerlei Aufsehen erregte und lebhafte Aktivitäten in Gang setzte: «Spuk in der Neuen Vahr ohne Aufklärung». Was geschehen war, las sich in der Zeitung wie folgt:

«In der Neuen Vahr spukt es! Man mag es glauben oder nicht, aber es ist Tatsache: Im Lager eines Geschäftes an der Geschwister-Scholl-Straße fallen seit Freitag Porzellantassen, Kaffeekannen, Vasen und Weckgläser von den Regalen, ohne daß es bisher dafür auch nur die Andeutung einer Erklärung gibt. Teilweise trugen sich die unfaßbaren Erscheinungen vor den Augen ernstzunehmender Zeugen zu. Polizei, Feuerwehr, Bauaufsichtsamt und Vertreter des Gewerbeaufsichtsamtes bemühten sich gestern nachmittag vergeblich, den ‹Geistern› auf die Spur zu kommen, die dem Kaufmann Johann Surowietz bis jetzt für 5000 Mark fabrikneue Waren in Scherben fallen ließen. Das bislang tollste Stück: Vor den Augen eines Lieferwagenfahrers hoben sich gestern nachmittag um 15.30 Uhr zwei aufeinanderstehende Kästen mit je 20 Dreiviertelliterflaschen Apfelsaft wie von Geisterhand um ein Stück von einem großen Kastenstapel ab und kippten dann mit Getöse auf den Zementboden, wo der Inhalt eine kleine Mostüberschwemmung verursachte.»

Hiernach verbreiteten sich diese und etliche weitere Meldungen wie ein Lauffeuer durch den deutschen Blätterwald. Dadurch wurde auch das Freiburger Institut für Parapsychologie auf diese Geschichte aufmerksam, aber als Professor Bender an Ort und Stelle eintraf, war bereits alles vorbei. Man hatte den für die Spukauslösung verdächtigen 14jährigen Kaufmannslehrling Heiner Scholz beurlaubt. Danach war es still geworden. Also war Heiner Scholz offensichtlich das auslösende Medium.
Professor Bender konnte den Fall nur noch durch Zeugenaussagen rekonstruieren, aber er nahm Heiner Scholz mit nach Freiburg, um ihn in der psychiatrischen und Nervenklinik der dortigen Universität untersuchen zu lassen. Von dort kam er zu Pflegeeltern und nahm eine Stelle als Lehrling bei einem Freiburger Elektromeister an.
Aber auch dieser blieb nicht ungeschoren. Ein Jahr nach

dem Bremer Spuk polterte es auch bei dem Elektromeister in ähnlicher Form, wenn auch nicht mit Porzellan. Bei einem Schulneubau hatte der Elektromeister einige Kabelkästen anzubringen, die mit Eisenhaken in der Wand verdübelt wurden. Eine problemlose Routinesache. Aber diese noch nicht einmal belasteten Haken lockerten sich und traten ohne erklärbare Ursache fingerbreit aus der Wand heraus.
Nach solchen Vorkommnissen wechselte Heiner Scholz in eine Schlosserlehre und wurde schließlich Gärtner in Essen. Es war still um ihn geworden.
Aber er blieb unter Beobachtung des Bremer Kriminaldirektors Dr. Schäfer. Dieser hatte bereits im Jahre 1959 eine Dissertation über den «Okkult-Täter» geschrieben, in der er an der Parapsychologie mit dem Resultat herumdokterte, daß Spukfälle eine Sonderform des Schabernacks seien, welche sich des alten trägen Seelenguts des Aberglaubens bedienen. Heiner Scholz sollte ihm den Beweis für seine Theorien liefern. So hielt er mit ihm Kontakt, bis dieser schließlich, 13 Jahre nach dem Bremer Spuk, ein Geständnis darüber ablegte, wie er die Phänomene in Freiburg und Bremen durch Tricks arrangiert und dabei sogar den Freiburger Professor Bender ebenso wie die Bremer Polizei und Feuerwehr aufs Kreuz gelegt hatte.
Eine Lilo Weinsheimer aus Bremen schrieb in der Frankfurter Rundschau am 13. Mai 1978: «. . . vor kurzem gelang ihm (dem Bremer Kriminaldirektor Dr. Schäfer) Spektakuläres: Er präsentierte das Geständnis eines Benderschen Paradefalls aus dem Jahre 1965. Der heute 27 Jahre alte Heiner Scholz erzählte dem Kriminaldirektor, wie er vor 13 Jahren in Bremen und in Freiburg seine Umwelt, an der Spitze Professor Bender, ausgetrickst und genarrt hatte.»
Lilo Weinsheimer hatte das aus einem Fachvortrag von Dr. Schäfer resümiert, und nun verbreitete sich dieses Ge-

ständnis, gewürzt mit Ironie und Schadenfreude, über Presse und Rundfunk. Das Norddeutsche Fernsehen war gar an einer filmischen Rekonstruktion dieser Eulenspiegelei interessiert und finanzierte die Konstruktion eines Simulationskellers, in dem Heiner Scholz zeigte, mit welchen Tricks und Manipulationen er die angeblichen Geschirrspuks herbeigezaubert hatte. Damals war er gerade 14, jetzt 27. Damals hatte er gerade die Kaufmannslehre begonnen und war hernach erst in die Elektriker- und Schlosserlehre gegangen. Er hatte also später allerlei Techniken hinzugelernt, die er nun in seine damalige Kaufmannslehre zurückprojizierte. Ein schlaues Kerlchen!

Als sein Lehrherr einmal abwesend war, installierte er ein Tonbandgerät und zeichnete mit dem ihm anvertrauten Porzellan ein Scherbengericht auf. Als sein Lehrherr zurückgekommen war, saß er unschuldig beim Sortieren von Lieferscheinen, als plötzlich aus dem Keller eine herzzerreißende Porzellan-Orgie ertönte. Der Meister stürzte in den Keller und fand die Bescherung, einen Scherbenhaufen.

Und auch sonst, wenn gerade Kunden sich mit großem Interesse Porzellan anschauten und ihn gar nicht beachteten, schmetterte er einen Hutschenreuther Teller unbemerkt so über die Schulter in Rosenthaler Kaffeekannen, daß diese nach dem Domino-Prinzip eine wohlberechnete, polternde Kettenreaktion auslösten.

Selbst als Polizei und Feuerwehr nach der Ursache fahndeten, lieferte er seine Teller- und Tassentricks ab und zwang sie, in voller Deckung und auf allen vieren den unheimlichen Kampfplatz zu verlassen. Für alle Geschehnisse hatte er eine raffinierte Bubenstreicherklärung.

Am 23. Juni 1978 gewährte dann das Hessische Fernsehen im Rahmen der Sendung «Teletechnikum» den Einblick hinter die Kulissen des Bremer Spuks von 1965; der Kriminaldirektor spielte die Rolle des Verhörenden und Hei-

ner Scholz den reumütigen Schelm. Er hatte es nun auch ohne mediale Fähigkeiten geschafft, wieder in den Mittelpunkt des öffentlichen Interesses zu geraten, während der Bremer Kriminaldirektor Gelegenheit hatte, seine Anti-PSI-Theorien einem großen Publikum zu beweisen.
Allerdings hatte dieses aufklärende Geständnis einen kleinen Schönheitsfehler: Es stimmten weder die Fakten noch die Daten. Die Abläufe der Spukereignisse waren in Wirklichkeit ganz anders, während einiges, was Heiner Scholz gestand, überhaupt niemals geschehen war. Professor Bender, gegen den sich diese Attacke richtete, war bei gar keinem Spukfall zugegen, so daß er auch gar nicht «ausgetrickst» werden konnte.
Dieser Fall ist deswegen erwähnenswert, weil er als Pendant zu den Vorwürfen der Leichtgläubigkeit der PSI-Forscher und deren Oberflächlichkeit bei der Untersuchung von PSI-Fällen auch einmal die Beweisführung der anderen Seite zeigt. Wird schon die unterste Charge der Kriminalbeamten darin geschult, wie und nach welcher Methode und Systematik die Aussagen eines Zeugen zu recherchieren und mit anderen zu vergleichen sind, um ein Optimum an Wahrheit einzukreisen, so hat sich der Kriminaldirektor dieser Sorgfaltspflicht selbst enthoben. Er hätte nur einmal in den Akten seiner eigenen Polizei nachzublättern brauchen, um festzustellen, daß weder ein Polizist noch Feuerwehrmann Anlaß gehabt hatte, ängstlich und auf allen vieren aus dem unheimlichen Keller zu kriechen. In ihrer Gegenwart hatte es nie gespukt.
Was er versäumte, hat das Freiburger Institut für Parapsychologie zu seiner Ehrenrettung nachgeholt. Ein ganzes Jahr an Zeit und Mühen hat es aufwenden müssen, um durch eine exakte Rekonstruktion der Daten und Fakten und durch eine Vielzahl von Zeugenaussagen dieses geschwindelte Geständnis zu widerlegen.*

* Heft 4/1978 der «Zeitschrift für Parapsychologie».

Aber weder die Presse noch das Fernsehen hat von dieser Aufklärung der Aufklärung einen publizistischen Gebrauch gemacht. Unterschwellig bleibt haften, daß man doch allen Berichten über angebliche PSI-Fälle mit größter Skepsis begegnen muß.

Emotionale Hintergründe

Auch in der Wissenschaft wird – wie überall – gestritten. Zwar sind es weniger die Fakten als solche, über die man viel streiten könnte, als vielmehr ihre Interpretationen. Der Stand der Wissenschaft besteht nämlich nur zu einem kleinen Teil aus Fakten und zu einem größeren aus Theorien und Hypothesen.

Theorien haben die Aufgabe, die Fakten in einem widerspruchsfreien und in sich geschlossenen logischen Zusammenhang zu ordnen. Vergleicht man die Fakten mit Mosaiksteinchen, dann ist die Theorie das Bild, das hieraus gestaltet wurde. Ist das Bild einmal entworfen und festgelegt, dann ist es schwierig, dieses wieder zu ändern; denn auch eine kleine Änderung kann eine ganze Kettenreaktion notwendiger Änderungen heraufbeschwören.

Was nun die Parapsychologie an Mosaiksteinchen anzubieten hat, läßt sich in kein Bild einordnen. Wenn man sie überhaupt verwenden wollte, müßte man das ganze Bild zerstören und ein anderes aufbauen. Es gibt zurzeit keine Kompromisse.

Andererseits besteht die Parapsychologie darauf, auch ihre Fakten anzuerkennen und einzuordnen. Dieser Streit ist zurzeit nicht schlichtbar und wird von Emotionen beherrscht, denen die Argumente untergeordnet werden.

Um mir selbst ein Bild von der Meinung und der Argumentation namhafter Natur- und Geisteswissenschaftler zu machen, habe ich etwa 20 Persönlichkeiten mit der Bitte um Stellungnahme angeschrieben. Die meisten haben mit Hinweisen auf Zeitmangel, Krankheit, Arbeitsüberlastung oder Abwesenheit keine Stellungnahme abgegeben. Wer eine Äußerung wagte, tat es sehr zurückhaltend. Eine Ausnahme bildete der in Parapsychologie-Fragen ohnehin stark engagierte Professor Otto Prokop, Direktor des Institutes für Gerichtsmedizin an der Humboldt-Universität in Ost-Berlin. Mit weit über 400 wissenschaftlichen Fachveröffentlichungen und Lehrbüchern ist er eine international anerkannte Fachkapazität. Er schrieb mir:

«Da die Parapsychologie zur Gänze außerhalb der Naturwissenschaften steht und auch *nichts* an spezifischen Leistungen aufzuweisen hat, ist sie noch nicht einmal ein Gesprächspartner. Was die Parapsychologie bisher vorgewiesen hat, gehört entweder in das Gebiet der Bühnenmagie, der Psychiatrie oder der Kriminalistik. Ein eigenes Fach der «Parapsychologie» ist daher überhaupt nicht nötig. So bedarf es auch gar nicht eines Gespräches zwischen Naturwissenschaftlern und den Parapsychologen. Wenn letztere glauben, eine neue Kraft entdeckt zu haben, müssen sie bei den Physikern anklopfen und um Überprüfung bitten. Da sie das nicht tun oder abgewiesen werden, bleiben sie weiter außerhalb und von den Wissenschaften ausgesperrt. Was läge zum Beispiel für die Freiburger Parapsychologen näher, als in *ihrer* Universität die leitenden Physiker zu befragen, wenn für einen Spukfall oder für eine Störung in einem Telefon oder Geigerzähler eine neue unbekannte Kraft vermutet wird! Statt dessen wurde vor kurzem ein Gerichtsmediziner in Berlin zur Zusammenarbeit aufgefordert, obwohl in der eigenen Universität genügend wirkliche Sachkenner vorhanden sind.
Doch keiner hat Interesse, weil die vorgezeigten Ergebnisse noch nicht einmal den Grad an Wahrscheinlichkeit erreicht haben, um wenigstens Neugierde zu wecken. So

kommt von Zeit zu Zeit (da ja auch wild in öffentlichen Presseorganen oder in Rundfunk und Fernsehen Reklame gemacht wird) früher oder später einmal Kritik, sonst nichts. Dies ist beim gegenwärtigen Stand die angemessene Beziehung.»*

Desgleichen habe ich auch einen Besuch im Freiburger Institut für Parapsychologie gemacht, um die dortige Einstellung und Arbeitsweise kennenzulernen. Der Physiker Dr. Walter von Lucadou (er ist übrigens nicht der einzige Freiburger Physiker, der Interesse hat und sich für analytische Arbeiten zur Verfügung stellt) berichtete mir von einem Fall, der für die Problematik dieses Instituts symptomatisch ist:

Er wurde zu einem Mann gerufen, der in der Lage ist, mittels übersinnlicher Kräfte eine Kompaßnadel telekinetisch in verwirrende Bewegungen zu versetzen. Wie für solche Medien typisch, kann er diesen Vorgang nicht auf Kommando herbeizwingen. Er tritt spontan auf: «Jetzt, sehen Sie, jetzt passiert es!» Die Kompaßnadel schlägt aus, ohne daß eine magnetische Beeinflussung festgestellt werden kann. Von Lucadou ist ein erfahrener Experimentalphysiker und weiß, durch welche natürlichen Ursachen eine Magnetnadel abgeleitet werden kann. Eine solche Wahrscheinlichkeit oder Möglichkeit ist aber nicht vorhanden. Nach dem ersten Anschein könnte tatsächlich das Phänomen der Telekinese vorliegen.

Würde zu diesem Zeitpunkt der Untersuchung ein Zeitungsreporter Wind von der Sache bekommen haben, so hätte dieser, überzeugt von dem, was er miterlebt hat, unter sensationell aufgemachten Schlagzeilen von einem neuen PSI-Phänomen berichtet. Aber hier erst beginnt die eigentliche Arbeit des Forschens. Von Lucadou setzt einen Magnetometer ein, der so installiert werden muß, daß er einerseits das Medium in seinen spontanen Eingebungen nicht beeinträchtigt, aber dennoch messend funk-

* Brief Otto Prokop an den Verfasser vom 17. Januar 1979

tioniert, wenn der Spukfall eintritt. Tatsächlich stellt sich heraus, daß in dem Augenblick der Aberration der Kompaßnadel das Magnetfeld gestört ist. Wie kann ein Medium ein Magnetfeld stören?
Es gibt keine festgelegte erlernbare Methodik, wie man in einem solchen Fall weiter zu ermitteln hat. Man muß jeder unbedeutenden Nebensächlichkeit nachgehen, einem kaum vernehmbaren Rumoren beispielsweise, welches während der Aberration zu hören war. Tritt es regelmäßig auf? Mit viel Geduld läßt es sich feststellen. Woher kommt das leise Rumoren?
Es ist der Fahrstuhl. Mit Hilfe des Magnetometers läßt sich feststellen, daß tatsächlich dieser Fahrstuhl – aus welchen technischen Gründen auch immer – beim Vorbeigleiten das Magnetfeld in diesem Raum störte. Das sogenannte Medium konnte es selbst nicht wissen; es war vielmehr davon überzeugt, daß es selbst die Ursache für dieses spontan auftretende Phänomen gewesen ist.
Hätte nun dieser Reporter die unausgegorene Geschichte bereits herausgebracht – woran ihn niemand hätte hindern können – und würde sich später die wahre Ursache herausstellen, dann würde man natürlich das Freiburger Institut für den Irrtum und die oberflächliche Untersuchung und andere für die Aufklärung verantwortlich machen. Das wäre wieder Wasser auf die Mühlen der Skeptiker und Kritiker gewesen: Leichtgläubigkeit, Kritiklosigkeit und Sorglosigkeit. Dabei zielt die Arbeit des Institutes primär darauf ab, erst einmal die natürliche Ursachenaufklärung zu betreiben. Es bleibt dann ein unaufgeklärter Rest, von dem man nur sagen kann, daß dieses und jenes geschehen ist, ohne jemals erklären zu können, was in Wirklichkeit dahinter steckt.
Allen anderen Wissenschaften liegt bereits eine als gesichert anzusehende Theorie zugrunde. Hier ist jede neue Aussage brauchbar, wenn sie der vorgegebenen Theorie nicht widerspricht. Die Parapsychologie hingegen hat gar

keine theoretische Basis, sondern nur – bestrittene oder zweifelhafte – Fakten. Und in welche Theorie man diese auch einzuordnen versuchen würde, so würden sie auf jeden Fall bestehende Gebäude naturwissenschaftlicher Theorien einreißen.

Was hätten wir dann? Eine gesicherte Parapsychologie und eine verunsicherte Naturwissenschaft.

Es ist daher verständlich, daß hier gestritten, gekämpft und gerungen wird. Und das kann gar nicht ohne Emotionen gehen. Den Emotionen aber ist jedes Mittel recht, wenn es nur zum Ziele führt. Unter diesem Gesichtspunkt sollte man auch die Aktion des Bremer Kriminaldirektors sehen. Die Überzeugung, daß jede Tat eine beweisbare Ursache hat und haben muß, ist in der Kriminalistik genauso vorherrschend wie in der Gerichtsmedizin.

Man muß aber auch Verständnis für Heiner Scholz haben. Er ist kein Wissenschaftler. Als 14jähriger war er bereits im Mittelpunkt eines öffentlichen Interesses gestanden. Man kannte Heiner Scholz. Wer das einmal genossen hat, weiß, wie schmerzlich es ist, in der Versenkung zu verschwinden. Da wurde ihm wieder eine Chance geboten, sogar im Fernsehen!

Emotionen sind aber auch die Ursache für mediale Spukfähigkeiten! Durch alle Untersuchungen medialer Spontanphänomene zieht sich wie ein roter Faden die Tatsache, daß es Jugendliche sind, die sie auslösen. Pubertierende. Und typisch für alle diese Spukmedien ist die Tatsache, daß sie nach Überwindung ihres pubertären Klimakteriums diese Fähigkeiten wieder verlieren.

Man sollte daher der Frage nachgehen, warum es gerade und ausschließlich Jugendliche sind, welche diese Spukphänomene heraufbeschwören. Auch in jenem Haushalt in Karlstadt, in dem zwei Polizeibeamte Zeugen der Deformierung von Bestecken waren, ist eine 14jährige Tochter zugegen gewesen, welche als Spukauslöserin in Frage kommt, ohne daß sie es selbst weiß. Keines dieser Medien löst bewußt oder konzentriert die Spuks aus. Sie sind selbst nur Beobachter und Miterleber und zeichnen sich von den anderen nur dadurch aus, daß sie von den Ereignissen weniger überrascht sind.

Diese Jugendlichen kommen aus der Kindheit. Ihre Welt – und damit auch ihre technische Welt – ist eine ganz andere als die der Erwachsenen. In ihr herrschen heute Asterix und Supermann. Ein kleines Mädchen stürzte tief in den Treppenraum eines Hauses, weil es überzeugt war, nur – wie Supermann – die Arme ausbreiten zu müssen, um fliegen zu können.

Für Kinder sind Tischlein-deck-dich, der Goldesel oder Sesam-öffne-dich die erste Begegnung mit der Technik unserer Welt. Es sind keine Märchen; denn ohne Schulung und Schule können sie gar nicht wissen und deshalb auch nicht vergleichen, was wirklich möglich und was nur märchenhafte Phantasie ist. Sie hören und erleben diese Märchen mit einem Engagement, dessen wir Erwachsene gar nicht mehr fähig sind. Mit demselben Engagement spielen sie auch. Nur wir Erwachsene unterscheiden zwischen Spiel und ernsthaftem Tun. Kinder können das gar nicht. Darum *spielen* sie auch nicht Prinz und Prinzessin, sondern sie *sind* es.

Mit der Schule werden sie allmählich aus dieser Welt herausgezogen. Mit der Pubertät werden auch ihre emotionalen Interessen in andere Richtungen gelenkt. Der Ernst des Lebens zeichnet sich ab. Mit Vernunft und gelerntem Wissen sollen sie sich von der Welt ihrer emotional verhafteten Überzeugungen trennen. Das gibt Konflikte, Widerstände, Spannungen, die sich zwischen dem neuen Bewußtsein und den immer mehr verdrängten kindlichen Emotionen abspielen.

Es sind die Erwachsenen, die sie zu diesen Verdrängungen zwingen, die ihre Welt der Märchen verlachen und verspotten. Sie haben ja recht, die Erwachsenen; mit vernünftigen Argumenten kann man ihnen nicht beikom-

men, aber der Wunsch, ihnen zu zeigen, daß diese märchenhafte Wunderwelt doch kein Irrtum ist, kann unbändig werden.
Und dann passiert es. Unmöglich, mit einem technischen Vokabular zu erklären, wie es passiert, aber es passiert: Türen öffnen sich, Schubladen werden wie von Geisterhand herausgezogen, Werkzeugkästen kippen um und verstreuen den Inhalt, aus verschlossenen Nebenräumen dringen die Kaffeekanne, ein paar Stiefel ins Zimmer, ein schwerer Hammer aus dem verschlossenen Keller taucht drohend vor dem Vater auf. Aber niemand wird verletzt.
Es ist keineswegs so, daß diese Medien daumendrückend und konzentriert den Spuk herbeizuzwingen versuchen, nein, sie sind selbst nur Beobachter, sie sind erstaunt, aber keineswegs erschreckt. Nicht das Bewußtsein, sondern das Unterbewußtsein provoziert diese Geschehnisse. Das Unterbewußtsein kann nicht wollen und auch nicht erwarten. Wollen und Erwarten sind bewußtheitliche Resultate. Zwischen diesen und dem Ereignis vergeht eine Zeitspanne. Hier nicht. Hier sind unterbewußte Erwartung, Erlebnis und Ereignis zeitgleich, so daß die auslösenden Medien gar nicht wissen können, daß sie die auslösende Ursache sind.
Wer hat sich schon einmal Gedanken darüber gemacht, ob ein Ereignis primär vorhanden ist und dann ins Bewußtsein dringt oder ob umgekehrt vielleicht eine unbewußte Erwartung die Ereignisse provoziert und in die Umwelt projiziert! Nur unsere Logik zwingt zu der Überzeugung, daß primär ein Ereignis vorhanden sein muß, um sekundär zu einem Erlebnis werden zu können.
Ist diese Logik richtig?
Das alles mag sich recht spekulativ anhören, als wolle man sich eine Erklärung aus Unerklärbarem erzwingen. Und dennoch ist der Mensch die letzte und entscheidende Station aller Ereignisse dieser Welt. Und er ist es auch, der in sich und aus sich diese Ereignisse beweist. Nur was

er erlebt, wird zur Realität, zum Ereignis. Was noch nie ein Mensch erfahren, erlebt oder gehört hat, ist nicht nur unbekannt, sondern auch nicht existent, selbst wenn es in einer räumlichen Ferne oder zeitlichen Zukunft existieren sollte.

Es wird nicht nur das zur Realität, was der Mensch erlebt, sondern es wird auch so zu einer Realität, *wie* er es erlebt. Aber wie erlebt denn der Mensch seine Umwelt und ihre Ereignisse?

II. Der Mensch, die letzte Instanz aller Ereignisse

Timmermann

Welche Rolle der Mensch bei der Gestaltung der Ereignisse spielt, habe ich mit Timmermann erfahren. Wir wurden beide zu Beginn des Zweiten Weltkrieges Soldaten und kamen zufällig in dieselbe Rekrutengruppe. Zu uns kam auch einer, der die Grundzüge des Hypnotisierens gelernt hatte. Wir nannten ihn Döz.

Es war im November 1939 in einer Panzerabwehrkaserne in Schweinfurt. Döz sollte uns hypnotisieren. Wir mußten die Hände falten, Döz blickte uns tiefernst in die Augen, und als er mit seinem Firlefanz magischer Handbewegungen begann, konnten wir nur mühsam unser Grinsen und Feixen beherrschen. Dann behauptete Döz mit pastoraler Betonung, wir würden jetzt unsere gefalteten Hände nicht mehr auseinander ziehen können.

Aber wir konnten es – bis auf einen, Timmermann, ein stämmiger Bierkutscher aus Schleswig-Holstein. Döz war selbst überrascht, denn er hatte, wie er uns später gestand, gar keine praktischen Erfahrungen mit dem Hypnotisieren.

Timmermann entpuppte sich als ein begabtes Medium, und Döz beutete ihn natürlich erst einmal für sich aus, indem er immer dann, wenn er selbst an der Reihe war, Timmermann unter Hypnose setzte und ihm suggerierte, er hätte heute Stubendienst.

Bei «Kaffeeholer raustreten!» flitzte Timmermann mit der großen Blechkanne zum Kaffeeholen, und dann nahm er Besen und Schrubber und steigerte sich in seinem Stubendienst zu einer Perfektion, deren er in einem normalen Zustand gar nicht fähig war. Döz hatte ihm eingeschärft: «tipptopp appellfähig!»

Wir, die wir unseren Stubendienst selbst machen mußten, waren natürlich eifersüchtig und redeten auf Timmermann ein, daß nicht er, sondern Döz an der Reihe sei. Timmermann winkte ab, und als wir ihm den Stuben-

dienstplan unter die Nase hielten, wonach heute Donnerstag und Döz an der Reihe war, verdächtigte uns Timmermann, daß wir es nur darauf anlegten, ihn unangenehm auffallen zu lassen. Er ließ sich nicht «verkackeiern», wie er sagte. Über alles mögliche konnte man sich mit ihm vernünftig unterhalten, nichts war davon zu merken, daß er unter Hypnose stand, nur über den Stubendienst ließ er nicht mit sich reden.
Da kapitulierten wir und forderten Döz auf, mit Timmermann noch ein paar andere Experimente zu machen. Für Döz genügte inzwischen eine bestimmte Handbewegung, um Timmermann sofort in Abhängigkeit zu bringen. Er sagte zu ihm: «Du spürst nichts, es tut nicht weh, es blutet nicht und es bleibt auch keine Narbe.» Dann nahm er ein Taschenmesser, suchte bei Timmermann die Stelle an der Brust, an der wir später Impfspritzen bekamen und ritzte ins Muskelfleisch. Vorsichtig zunächst, dann tiefer. Er machte einen Schnitt von gut zwei Zentimeter Länge und fast einen Zentimeter tief. Timmermann schaute uns dabei an, sah auch Döz auf die Finger, aber er merkte nichts, spürte keinen Schmerz, Blut floß ebenfalls nicht, und wir sahen hernach auch keine Narbe.
Selbst als Döz einmal tief in die hochsensible Zunge stach, amüsierte sich Timmermann höchstens über unsere schmerzverzerrten Gesichter, aber er selbst spürte nichts.
Einmal nahm Döz eine brennende Zigarette, hielt sie Timmermann vor die Augen und sagte: «Eine Exerzierpatrone, siehst du sie?» – «Natürlich kenne ich eine Exerzierpatrone», sagte Timmermann. Döz nahm seinen Unterarm und drückte die brennende Zigarette vorsichtig, dann kräftiger daran aus. «Ein ganz kühles Metall, nicht wahr?» sagte er dazu. Wir sahen die Glut unter dem Druck zerfallen, glaubten es zischen zu hören und dampfen zu sehen, aber nichts geschah. Timmermann schaute zu, ohne zu zucken, als ginge ihn das alles gar nichts an.

Und als Döz die ausgedrückte Zigarette fortnahm, war nicht einmal ein roter Fleck zu sehen.
Wir diskutierten heiß über dieses Erlebnis und trugen zusammen, was wir von jenen Sektierern und Fakiren wußten, die in Indien, Afrika oder Indonesien über glühende Steine gingen oder auf glühender Asche tanzten, ohne sich zu verbrennen.
Aber dann machte Döz es umgekehrt. Er nahm tatsächlich eine Exerzierpatrone, hielt sie Timmermann vor die Augen und sagte: «Eine Eckstein, siehst du sie?» Das war eine damals vielgerauchte Zigarettenmarke. Timmermann nahm sogleich, nichts Gutes ahnend, eine Abwehrstellung ein, wich zurück, aber da hatte Döz ihm bereits die Exerzierpatrone gegen den Oberarm gedrückt. Höchstens eine halbe Sekunde dauerte die Berührung. Timmermann schrie auf, drohte über Döz herzufallen, war dann aber doch zu sehr mit seiner Verbrennung beschäftigt und zeigte uns, was Döz mit ihm gemacht hatte: Verbrannt. Aus dem Fleck entwickelte sich rasch eine Brandblase, eine echte Verbrennung von der Berührung mit einer kühlen Patronenhülse.
Hiernach wurde uns recht mulmig zumute. Auch Döz fürchtete, daß er die Geister, die er rief, einmal nicht mehr beherrschen können würde und gab weitere Experimente auf. Wir wurden bald verlegt, getrennt, und ein Jahr später hatte ich bereits alle aus den Augen verloren.
Die Geschichte ist damit zu Ende, aber mir ging sie nicht mehr aus dem Kopf. Aus meiner Kenntnis der Physik, Chemie und Biologie wußte ich, daß das gar nicht möglich war und versuchte immer wieder eine Rekonstruktion der technischen Vorgänge, um zu einer Erklärung zu kommen. Das ist 40 Jahre her. Eine Erklärung gibt es bis heute nicht.
Gesetzt den Fall, Timmermann würde damals Döz wegen Körperverletzung verklagt haben: Jeder Mediziner hätte ihm begutachtet, daß es sich um eine Verbrennung han-

delt, die sehr wohl, wie Timmermann angegeben hätte, von der Berührung mit einer brennenden Zigarette herrühren könnte.

Zur Feststellung des Tatbestandes hätte der Richter Döz und uns sieben Zeugen vorgeladen. Für das Gericht und auch den Gerichtsmediziner wäre das Gefasel von der Hypnose nur Unfug gewesen, interessiert hätte nur die Frage, wurde Timmermann mit einer brennenden Zigarette verletzt oder nicht. Wir Zeugen hätten beschworen, daß Timmermann mit einer kühlen Patronenhülse berührt worden sei. Wem würde der Richter geglaubt haben? Natürlich Timmermann, denn er hätte alle Beweise auf seiner Seite gehabt, während wir sieben Zeugen möglicherweise wegen Meineids verklagt worden wären, weil wir etwas behauptet hatten, was gar nicht stimmen konnte.

Eine solche Verbrennung ist ja nicht einfach ein Schönheitsfehler der ohnehin recht psychosensiblen Haut, sondern ein chemischer Vorgang, der ganz unten im Atom beginnt. Die Hitzeeinwirkung einer glühenden Zigarette verursacht einen Energiestoß, der die Elektronen zu einer rascher tanzenden Bewegung veranlaßt. Sie springen aus ihrer angestammten Bahn heraus, umkreisen andere Atome und Moleküle und setzen damit genau jene vorausberechenbaren stofflichen Veränderungen in Gang, welche eben diese typischen Merkmale einer Verbrennung tragen.

Das setzt aber voraus, daß tatsächlich dieser Energiestoß durch eine glühende Zigarette erfolgt sein muß. Er war aber nicht erfolgt. Timmermann hatte sich das nur eingebildet beziehungsweise war er einer falschen Information aufgesessen. Timmermann hatte sich verbrannt aufgrund einer Lüge.

Zuvor war es genau umgekehrt. Da wurde tatsächlich eine brennende Zigarette gegen seine Haut gedrückt. Da wurde den Elektronen der Hautmoleküle jener Energie-

stoß erteilt, der sie naturgesetzlich zu der kausalen Reaktion einer stofflichen Veränderung mit dem Zwangsergebnis einer Verbrennung verpflichtet hätte. Aber es geschah nichts.
In jedem Laboratoriumsexperiment hätte man diese chemophysikalische Reaktion unter stets gleichbleibenden Bedingungen mit stets gleichbleibendem Resultat wiederholen können. Immer hätte Hitze zur Verbrennung geführt, und in keinem Falle hätte eine Verbrennung ohne Hitze stattfinden können.
Aber Timmermanns Moleküle und Elektronen reagierten nicht nach diesen selbstverständlichen Gesetzmäßigkeiten, sondern nach seiner Überzeugung. Was ist eine Überzeugung, und wie kann sie Naturgesetze aufheben oder verändern?
Bei Timmermann geschah es unter Hypnose. Seine Überzeugung wurde gar nur befohlen. Hypnose ist ein noch unerforschter geistiger Zustand, ein veränderter Bewußtseinszustand, unter dem viele Sachen möglich sind. Aber daran allein kann es nicht liegen, denn bei den Sektierern und Fakiren ist es keine Hypnose, da ist es religiöser Fanatismus oder auch nur einfach ein Ritual.
Das alles mögen zwar gewisse seelische Zustände sein, die aber, da es in der Naturwissenschaft keine Seele gibt, an der chemotechnischen Ursachen-Wirkungslogik nichts ändern können sollten. Oder doch? Gelten diese Gesetzmäßigkeiten nur unter bestimmten Bedingungen? Und unter welchen Bedingungen könnten sie außer Kraft gesetzt werden?
Das experimentelle Beweisdenken kennt solche außerkraftsetzenden Bedingungen nicht.
Das, was sich bei diesem Vorgang ohne unwissenschaftliche Spekulationen registrieren läßt, ist die Tatsache, daß Timmermann eine den Tatsachen widersprechende Information erhalten hat. Aber was ist eine Information, und welche Folgen kann sie auslösen?

Die Wissenschaft hat auch diese Information verwissenschaftlicht und daraus Vorstellungen entwickelt, die hier gar keine Lösung bringen. Es fing zu Beginn des letzten Weltkrieges damit an, daß amerikanische Wissenschaftler ein System ausknobelten, mit dem sie in wesentlich kürzerer Zeit wesentlich mehr Informationen übermitteln konnten. Man hat eine Fülle neuer Informationssysteme entdeckt oder entwickelt. Inzwischen sehen wir auch Moleküle und atomare Anordnungen wie eine Schrift an, welche Informationen enthält. Da die Natur solche Atome und Moleküle gestaltet, gestaltet sie damit auch die Information. Dieses Denken wurde gekrönt mit der Entschlüsselung der DNS. Es handelt sich um jenes spiralförmige Riesenmolekül, welches als das Lebensmolekül den Kern unserer Ei- und Samenzellen bildet und sich in jeder unserer Körperzellen wiederfindet. Die atomaren Anordnungen dieser DNS wurden so verstanden, daß die Atome als Buchstaben eine Schrift gestalten, welche Informationen enthält. Rein quantitativ wäre die DNS ein umfangreiches Schriftenbuch, in dem die ganze Gebrauchsanweisung für die Entwicklung und das Verhalten eines Lebewesens enthalten ist. Als sei der Mensch, die Sekretärin, der Baggerführer oder Rechtsanwalt, in diesem winzigen DNS-Molekül bereits fertig programmiert. So müßte auch seine Entwicklung programmgemäß oder naturgesetzlich wie ein Zusammenwirken aus Chemie und Physik verlaufen. Lediglich die äußeren Umwelteinwirkungen während der Entwicklung hätten noch einen kleinen Spielraum, um die Erfüllung der programmierten Erwartungen zu beeinflussen.

Und Timmermann hat diesem Programm ein Schnippchen geschlagen. Er hat eine Ursache vorgetäuscht, die gar nicht vorhanden war und eine Wirkung provoziert, die gar nicht eintreten konnte.

Natürlich hat er nicht bewußt getäuscht; denn hinterher, aus der Hypnose geweckt, wußte er von dem, was geschehen war, nichts mehr. Die Information oder Überzeugung ist ihm ohne sein Wissen aufoktroyiert worden. Wäre Timmermann aber nicht zufällig ein Deutscher gewesen, sondern ein Franzose oder Chinese, der die deutsche Sprache nicht kennt, dann hätte er mit ziemlicher Sicherheit (denn auch hier kommen Ausnahmen vor) den hypnotischen Rapport von Döz gar nicht verstanden und sich folglich auch nicht an dieser Information verbrennen können. Auch wenn Timmermann noch ein Kleinstkind gewesen wäre, das weder etwas von Zigaretten noch von Exerzierpatronen versteht, hätte diese (hypnotische) Information keine Wirkung gehabt.

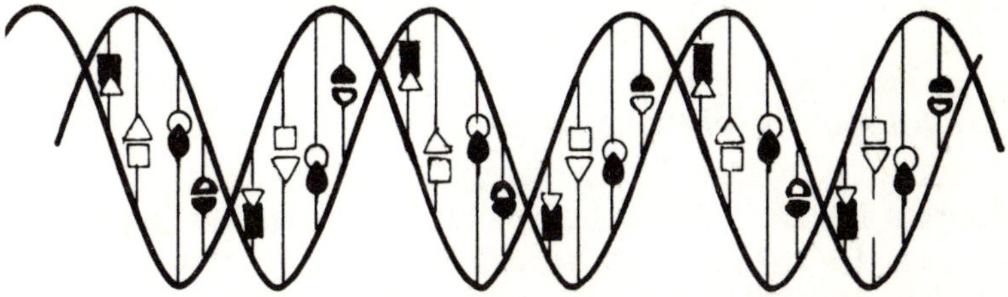

Die Desoxyribonukleinsäure (DNS) befindet sich als doppelspiraliges Riesenmolekül in allen unseren Körperzellen als eigentlicher Zellkern. Die Anordnung der Moleküle wird als codierte Schrift ausgelegt, welche als genetisches Programm unsere Entwicklung und unser Verhalten steuert. Wer schreibt die Schrift und wer liest daraus den «genetischen Befehl»?

Timmermann mußte also erst einmal gelernt haben; die Sprache, um Döz zu verstehen und die hier angesprochenen Begriffe und Techniken. Döz und Timmermann mußten also dasselbe Lernprogramm absolviert haben, um dieses Experiment durchführen zu können.
Wie und womit lernt man? Elektromagnetisch? Oder baut man Gedächtnismoleküle mit atomaren Informationsschriften auf? Und wenn dieses Gelernte der Logik der einzig wahren Wissenschaft entsprechen sollte, wie kommt es dann, daß eine falsche Information, eine be-

wußt angelegte Lüge, sich zur Wahrheit durchsetzt? Schließlich war Timmermann nicht blind. Er konnte sehen, daß Döz gar keine Zigarette, sondern nur eine kalte Exerzierpatrone in der Hand hielt. Bei aller Objektivität, die wir in die Natur hineinlegen, konnte sich dieses Objekt über die Sinnesorgane auch nur in seinem Bewußtsein reproduzieren. Aber alle diese Wahrnehmungen der Wirklichkeit wurden durch den hypnotischen Rapport verändert.

Das veränderte Bewußtsein hat aber nicht nur die Wahrnehmungen, sondern auch die Ereignisse verändert.

Aber wer hat denn nun die wahre Wahrheit erlebt, wir oder Timmermann?

Spekulationsobjekt Gehirn

Einmal hat man damit begonnen, die Selbstverständlichkeiten des Empfindens, Wahrnehmens, Erlebens und Denkens zu verwissenschaftlichen. Man stellte sich die Aufgabe, und bei jeder Aufgabenstellung muß man etwas Gegebenes annehmen. Gegeben ist das Gehirn als zu untersuchendes Objekt und gegeben sind ferner Ereignisse. Zum Beispiel: Da steht eine Flasche Sekt mit vier Gläsern. Sie wird geöffnet, der Inhalt in die Gläser verteilt, und auf das Stichwort «Prosit» erheben vier Männer ihre Gläser und trinken.

Das also sind die Fakten, die primär gegeben sein müssen, um sekundär von uns wahrgenommen werden zu können: Wir sehen die Flasche und erkennen an ihrer Form und ihrem Etikett, daß es sich um Sekt handelt. Das Licht reflektiert an der Flasche, dringt in unser Auge und hinterläßt dort auf der Netzhaut eine Reproduktion des gesehenen Objektes, die dann zum bewußtheitlichen Erkennen ins Gehirninnere geleitet wird.

Wir können die Flasche auch anfassen und ihr kühles

Glas fühlen. Wir hören, wie der Korken einen Knall verursacht und der Inhalt sich perlend in die Gläser ergießt. Wir riechen die Blume des Getränks, wir schmecken es und spüren es wohltuend in uns hineinfließen.
Alle fünf Sinnesorgane sind an der Wahrnehmung des Ereignisses beteiligt. Was die Augen sehen, bestätigen auf ihre Art die Ohren, die peripheren Gefühlsnerven, der Geruch, Geschmack und selbst die Reaktionen des inneren Organismus. Aber nicht nur unsere Sinnesorgane, sondern auch die der anderen Personen bestätigen das Ereignis und erleben es genauso wie wir auch.
Und natürlich wird dieses Ereignis von unserem Bewußtsein registriert. Die beteiligten Sinnesorgane melden die außersinnlichen Rezeptionen über die Nervenleitungen ins Gehirn, wo nun zwar die Weitergabe der Information recht kompliziert und geradezu unübersichtlich wird, aber doch schließlich zum Resultat des Erkennens und bewußtheitlichen Wahrnehmens führt.
Wir wissen auch wo: In der Großhirnrinde, dem «Kortex». Schon seit längerer Zeit hat man eine – mehrmals korrigierte – «Landkarte» von dieser wichtigen Bewußtseinsregion angelegt. Wir wissen, wo die optischen und wo die akustischen Wahrnehmungen entstehen, wir kennen die Regionen des Geruchs, des Geschmacks und die der peripheren Gefühlsempfindungen. Und innerhalb der kortikalen Bewußtseinsregionen werden auch die motorischen Reaktionen gesteuert: Hören wir die Aufforderung «Prosit», so greifen wir zum Glas, bewegen Arme und Hände, führen das Glas zum Mund und trinken. Das alles entspricht einem perfekt durchorganisierten Mechanismus von Ursache, Wirkung, Aktion und Reaktion.
Was sich in dieser Großhirnrinde abspielt, glaubt man recht genau zu wissen. Da sie sich an der äußeren Oberfläche des Gehirns befindet, ist sie auch am leichtesten zugänglich. Diese Rinde hat, wenn man sie auseinanderfalten würde, eine Oberfläche von zwei Quadratmetern.

Bedenkt man, wie viele Schaltungen heutzutage ein Mikroprozessor von nur einem Quadratmillimeter Fläche in sich beherbergt, dann dürften die zwei Quadratmeter Großhirnrinde mit den Milliarden von Nervenzellen, Nervenfasern und Synapsen gewiß ein schier unendlich großes Potential zur Speicherung von Erfahrung und Wissen und zur Steuerung des Denkens und Reagierens ergeben.

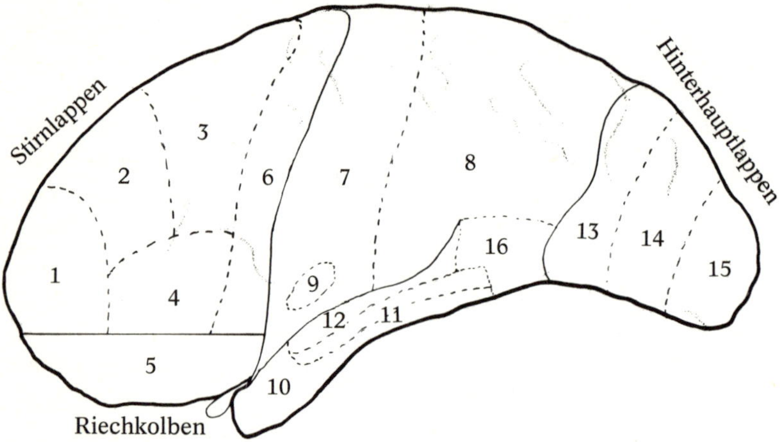

Die «Kortexlandkarte», Funktionsregionen der Großhirnrinde.

1 Motorik
2 Antrieb
3 Bewegungs- und Lageempfindungen
4 motorisches Sprachzentrum
5 Persönlichkeitsempfindungen
6 Bewegung der Glieder
7 Schmerz- und Temperaturempfindungen
8 Tastsinn
9 Hörzentrum (Verständnis)
10/11 Hörempfindungen
12 Sprachverständnis
13/14 optische Empfindungen
15 aktives Sehen
16 Geschmack

Aus Schädigungen der Großhirnrinde durch Krankheiten, Tumore oder gewaltsame Einflüsse in Kriegszeiten, hat man anhand der ausgefallenen Leistungen rückschließen können, welche Funktionen an welchen Stellen abgewickelt werden. Und dank unserer Computertechnik ha-

ben wir auch eine schon fast zum Stand der Wissenschaft gehörende Theorie, nach welchem System die Natur unseres Gehirns das Lernen, Wahrnehmen, Erleben und Verhalten abwickelt.
Der neugeborene Säugling kommt zunächst noch mit einer sozusagen leeren Großhirnrinde auf die Welt. Er weiß ja auch noch nichts, kann nichts und wird erst allmählich in die terrestrischen Daseinstechniken eingeführt. So wird das kortikale Nervennetzwerk bei ihm erst nach der Geburt zusammen mit seinen ersten Eindrücken und Erfahrungen verkabelt und installiert. Nach sechs Wochen ist der wesentlichste Umfang des elektronischen Datenverarbeitungssystems fertig. Dabei müßte man sich das Arbeitsprinzip etwa so vorstellen, daß jeder Erlebniseindruck in Form eines Netzplanbildes ingrammiert wird. Aus einem solchen Grundmuster ergeben sich dann Abwandlungen. Hat der Mensch einen ersten Eindruck von einem nicht menschlichen Lebewesen, einem Hund, dann entsteht dieses Tier als Grundmuster. Alle späteren Erfahrungen wie Katze, Teddy und dergleichen sind gewissermaßen Variationen des Hundes, so daß sich aus diesem einen Grundmuster im Laufe der Zeit die ganze Zoologie festschreibt.
Läuft dann ein Hase in unseren optischen Wahrnehmungsbereich, dann tastet sich diese ins Gehirn geleitete Information an den zoologischen Erfahrungskomplex heran und sucht unter ständiger Rückkopplung, welche die Psychologie «Assoziationen» nennt, unter den vorhandenen Erfahrungen den passendsten Vergleichswert, wonach sich das eigentliche Erkennen oder das Aha-Bewußtsein ergibt. Kennt das Kind bis dahin aber nur Kaninchen, dann wird der Hase fälschlicherweise dort eingeordnet, bis es den Hasen als Hasen zu erkennen gelernt hat. Der Lernprozeß ist ein Programmierungsprozeß.
Wenn man allerdings bedenkt, wie viele Fehlschaltungen

und Irrtümer bei fertig programmierten Erwachsenen auftreten, muß man schließen, daß entweder die Natur hinter unserer technischen Computerentwicklung noch um einige Mutationssprünge hinterherhinkt oder daß das Gehirn vielleicht doch ganz anders arbeitet. Mit Hilfe von Gedächtnismolekülen beispielsweise. Wozu haben wir diese Milliarden grauer Zellen in unserer Großhirnmasse! Sie basieren auf Eiweißmolekülen, und diese zeichnen sich dadurch aus, daß sie eine unbegrenzte Kombinativität mit anderen Molekülen besitzen. Diese Fähigkeit basiert auf dem idealen 6-Elektronen-Atom Kohlenstoff, dessen symmetrische Ausgewogenheit ihm erlaubt, sich jedem anderen Element anzuschließen und damit auch den Anschluß weiterer Elemente zu Molekülverbindungen zu ermöglichen.

Vergleicht man diese Kombinationsmöglichkeiten mit dem Zahlenlotto von 6 Zahlen aus 48 mit etwa 16 Millionen verschiedener Zahlenkombinationen, so haben wir in der Chemie allein 90 Elemente zur Verfügung, die sich dank des Kohlenstoffes und anderer nicht ganz so kombinierfreudiger Elemente zu einer Vielzahl kleiner und größerer Moleküle verbinden können, deren Kombinationsmöglichkeiten sich in viel höheren Potenzdimensionen bewegen. Jede neue Kombination ergibt einen neuen Stoff mit speziellen Eigenschaften.

Mit dem für die belebte Materie so wichtigen Eiweißmolekül beginnt aber erst die Serie der riesigen Molekülketten, und Fachleute haben errechnet, daß sich allein auf diesem Molekül aufbauend Kombinationsmöglichkeiten in der Größenordnung von 10^{1272} ergeben. Das ist eine schier unerschöpfliche Zahl mit 1272 Nullen.

Bei dem Versuch, die menschliche Gedächtnisleistung in Form einer materiellen Speicherung zu erklären, hatten die Theoretiker in quantitativer Hinsicht keinerlei Schwierigkeiten. Sie würde nämlich bedeuten, daß jeder Mensch, der jemals gelebt hat, jeden seiner individuellen

Gedanken auch in einem speziellen Molekül abgelagert haben könnte. Auch das Sich-Erinnern oder Vergessen ließe sich mit Hilfe von Wasserstoffbrücken erklären, die rasch zwischen den Molekülen aufgebaut werden können, aber andererseits auch wieder zerfallen und damit das Vergessen begründen. Diese Gedächtnismoleküle rückten in den Mittelpunkt des Interesses, als ein Forscher damit begann, das Gehirn dressierter Ratten an andere, nichtdressierte, Ratten zu verfüttern, um mit Erstaunen festzustellen, daß diese den Dressurakt ebenfalls «gefressen» hatten und kaum noch langwierig dressiert zu werden brauchten, um das zu können, was der Vorbesitzer des Gehirns konnte. Das Schlagwort von der eßbaren Intelligenz geisterte durch die wissenschaftliche Halbwelt.

Auch hier lag aber die Schwierigkeit vor, daß sich bei Wiederholungen genau gleicher Versuchsordnungen keine gleichen Resultate erzielen ließen. Makaber wurde diese Theorie, als man auch dressierte Regenwürmer halbierte, wonach sich herausstellte, daß der Schwanz das Programm genauso gut beherrschte wie der Kopf und das, obwohl ein Regenwurm eigentlich gar kein Gehirn besitzt. Und noch makaberer wurde diese Theorie des Intelligenzkannibalismus, als ein englischer Professor verblüffende bestätigende Resultate veröffentlichte, die nur auf dem Papier standen, aber bei Experimenten gar nicht erzielt wurden.

Es waren bereits ernsthafte Spekulationen darüber auf den Markt der Wissenschaft gekommen, daß man «intelligente» oder mit einem bestimmten Wissen programmierte Moleküle künstlich zusammenbauen und medikamentös verabreichen könnte. Das kleine Latinum aus der Apotheke! Materialisierte Intelligenz oder – wie Engels und Lenin schon immer gewußt haben: Geist ist denkende Materie.

Großhirnrinde (Kortex)

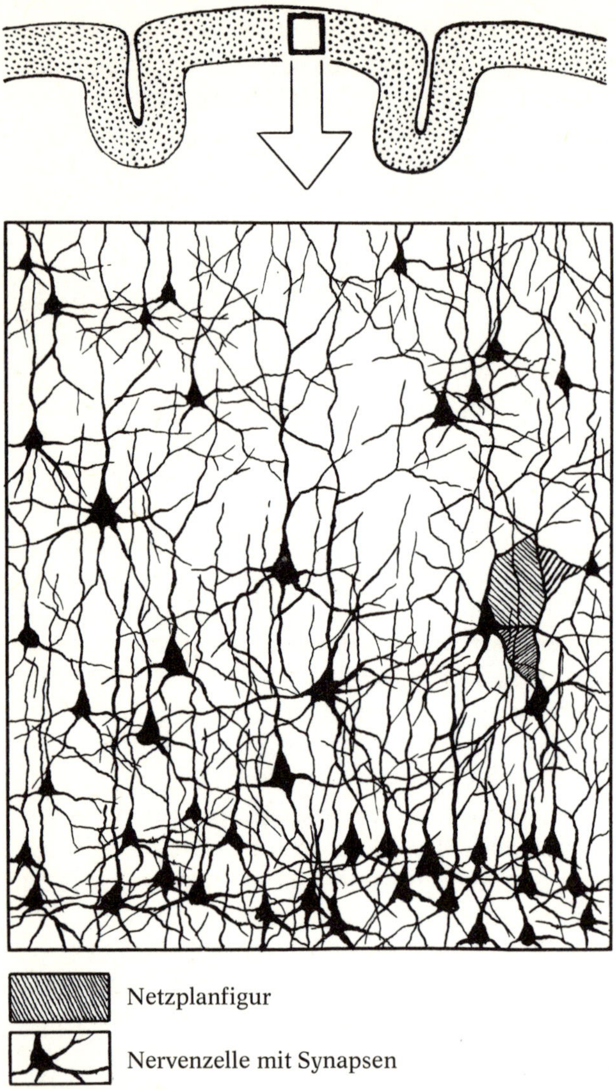

Das Nervengeflecht des Großhirns besitzt in der ca. 1 mm dicken Großhirnrinde seine größte Konzentration. Die Möglichkeit der fast unbegrenzten netzplantechnischen Figurenkombination verführt zu der Annahme, daß auf diesem technischen Wege das Lernen, Denken und Erinnern erklärt werden könnte.

Wären tatsächlich die Grauzellen der Großhirnmasse Träger unserer Gedächtnisinhalte, so müßten auch entsprechende Gedächtnislücken entstehen, wenn in dieser Großhirnmasse durch Tumore oder Schußverletzungen große Molekülgruppen zerstört sind. Aber nach den Erfahrungen des Ersten Weltkrieges hat sich noch einmal deutlich bestätigt, was man vorher auch schon wußte: Sind Teile der Großhirnmasse zerstört, dann benimmt sich der Patient etwa wie ein Betrunkener. Er ist verunsichert, hört schwer, hat einen schwankenden Gang, sieht doppelt und lallt. Diese Symptome sind um so gravierender, je mehr Masse zerstört ist. Die Großhirnmasse macht demnach vielmehr den Eindruck eines Filters, durch den die Zuordnungen der Wahrnehmungen zu den Bewußtseinseindrücken gefiltert werden. Je mehr Filtermasse zerstört ist, desto unsauberer wird die Zuordnung.
Sir John Eccles, Nobelpreisträger und eine markante Autorität auf dem Gebiet der Gehirnforschung, resumierte: «Bewußtsein dirigiert die Gehirnfunktion – wie ein Fachmann den Computer bedient.»
Aber was ist dieses Bewußtsein? Wie kann es eine offensichtlich vorhandene neurophysiologische und sekretorische Funktion dirigieren? Was spielt sich im Großhirn oder präziser: in der Großhirnrinde ab?
Wir haben dort beispielsweise auch ein Schreibzentrum. So haben wir es jedenfalls genannt, weil Menschen, bei denen diese Stelle durch Verletzungen gestört ist, das Schreiben ganz oder teilweise nicht mehr beherrschen. Der in diesem Buch bereits in einem anderen Zusammenhang vorgestellte russische Professor Wassiliew hatte einmal eine solche Patientin, die an Schreibstörungen litt. Sie schrieb ihm einen Brief. Darin stand: «Verehrter Herr Professor, ich wollte Ihnen nur mitteilen, daß ich Ihnen nur mitteilen wollte, daß ich Ihnen nur mitteilen wollte, daß ich Ihnen nur ... und so weiter über insgesamt 4 Seiten.

Wußte die Patientin, was sie ihrem Professor mitteilen wollte? Ja und nein. Die Tatsache, daß sie geschrieben hat, deutet darauf hin, daß sie ein Anliegen hatte, welches sie mitteilen wollte. Da sie aber unter Schreibstörungen des Bewußtseinszentrums litt, konnte sie das Anliegen nicht zu Papier bringen. Es ist kein Defekt der Schreibmotorik, denn diese beherrschte sie ja, vielmehr eine Störung in der Verwirklichung des Gewollten. Und da sie ihr Anliegen nicht schreiben konnte, hat sie auch nie erfahren, was sie eigentlich gewollt hat.
Ein Widerspruch?
Die Unfähigkeit des Schreibens läßt sich dem Komplex der Aphasie zuordnen. Aphasie ist der Sprachverlust, der ebenfalls durch Störungen in der Großhirnrinde eintritt. Man unterscheidet hier die motorische Aphasie als die Fähigkeit, sprechen zu können und die sensorische Aphasie, die Fähigkeit, Sprachen zu verstehen, seien diese gesprochen oder geschrieben.
Leidet ein Mensch sowohl unter motorischer wie sensorischer Aphasie, wirkt er auf uns wie ein Idiot. Er versteht uns nicht und kann sich uns nicht verständlich machen. Aber er ist keineswegs idiotisch. Erst in jüngerer Zeit ist es Professor Baker und anderen in Boston gelungen, ein System von nichtsprachlichen Symbolen zu entwickeln, um damit Erfahrungen, Eigenschaften und Ereignisse darzustellen. In knapp 30 Lernstunden haben seine Patienten diese neue Sprache begriffen. Man unterwarf sie speziellen Intelligenztests, welche sie mit Hilfe dieser Sprache ebenso gut bestanden wie andere normale Menschen auch.
Das bedeutet nichts anderes, als daß die Intelligenz oder die Logik, welche sich ja nur der Sprache als Werkzeug oder Ausdrucksmittel bedient, auch bei einem totalen Verlust der kortikalen Sprachzentren *nicht* ebenfalls verloren geht. Sie bleibt erhalten. Aber wo ist sie zu suchen?
Um klare Definitionen bemühte Wissenschaftler be-

schreiben die Bedeutung der Großhirnrinde dahin, daß hier das Gewollte in die Tat umgesetzt wird. Bei dem Beispiel mit dem Schreibzentrum wird diese Definition deutlich bestätigt: Die Patientin wollte etwas schreiben, konnte es aber inhaltlich nicht verwirklichen. Der Ort des Umsetzens des Gewollten in die Tat war gestört. Die bewußtheitliche Reaktion ist nicht zustande gekommen, folglich auch nicht die Bewußtwerdung selbst.

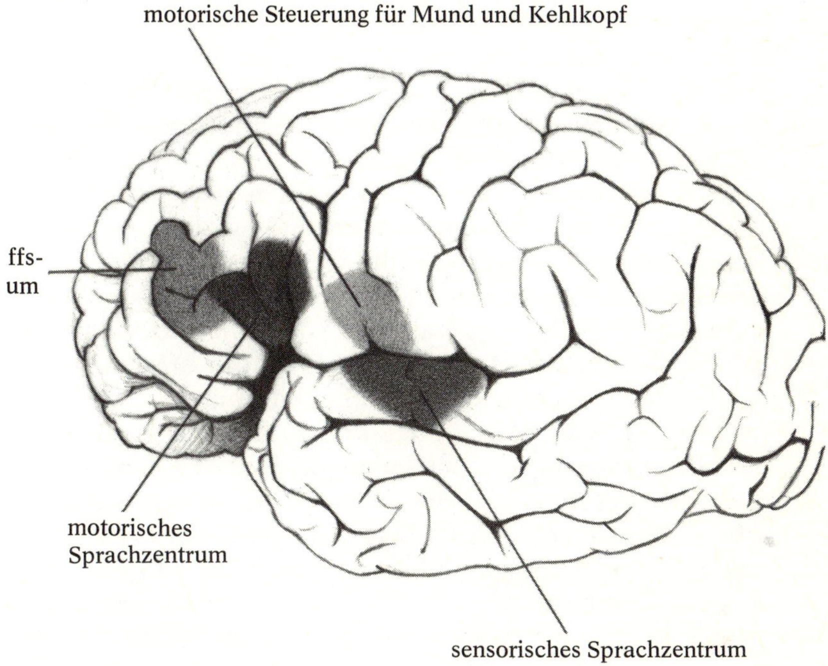

Kortexlandkarte zum Thema Aphasie

Bei dem Beispiel mit der totalen Aphasie geht es aber nur einen Schritt weiter: Auch das Verstehen einer Sprache ist eine kortikale Leistung. Erst wenn wir eine Sprache verstehen, können wir uns dieser Sprache bedienen, um uns auch selbst verständlich zu machen. Obwohl hier

Augen und Ohren zur Wahrnehmung der Sprache ungestört funktionieren, kommt beim Hören oder Lesen der geistige Informationsgehalt nicht an, weil die kortikale Bewußtwerdungsstelle gestört ist. Aber dennoch sind die Fähigkeiten zur Kommunikation, zum Verstehen und Sichverständlichmachen vorhanden. Und mittels eines anderen, nichtsprachlichen Systems läßt sich dann auch irgendwo im Großhirn wieder ein neues sensorisches und motorisches Kommunikationssystem installieren und in ein neues Bewußtsein überführen.
Wir haben also in den neurophysiologischen Zentren und Funktionen der Großhirnrinde zweifellos den Ort unserer Bewußtseinsentstehung, von dem die Gehirnwissenschaft zusammenfaßt, daß hier das «Gewollte in die Tat umgesetzt wird». Da hier aber auch optische, akustische und sonstige passive Sinnesempfindungen bewußt werden, ist der Begriff des Gewollten sehr viel komplexer aufzufassen. Tatsächlich können wir ja auch effektive akustische oder optische Eindrücke einfach gar nicht wahrnehmen, weil das Gewollte sich mit anderen Dingen befaßt.
Wir können zwar im gewissen Sinne tun und lassen, was wir wollen, aber wir können nicht wollen, was wir wollen; denn unser bewußtheitliches Erleben und Tun ist bereits das Resultat des Gewollten. Also müssen wir eine über- oder untergeordnete Funktion oder Hierarchie annehmen, in der dieser Wille entsteht und sowohl das passive Wahrnehmen wie das aktive Reagieren lenkt. Eine solche Funktion können wir bestenfalls ahnen, aber nicht an uns selbst beobachten; denn das allein Beobachtbare sind ja bereits die fertigen Resultate der kortikalen Bewußtseinsregionen.
Verwenden wir für diese Aufgabe einstweilen den Begriff des Unterbewußtseins, dann hätten wir damit die Forderung erfüllt, daß sich dieses Medium unserem Bewußtsein und damit unserer Beobachtbarkeit entzieht. Andererseits haben wir die Überzeugung, daß gewisse

phänomenale Resultate, die wir – berechtigt oder nicht – als Instinkte, Intuitionen, Reflexe, als Träume oder psychische Komplexe bezeichnen, eben nicht aus dem Bewußtsein kommen, weil sie von diesem weder beherrscht noch kontrolliert werden können. Zitieren wir hierzu nochmals John Eccles, wonach das Bewußtsein die Gehirnfunktionen dirigiert wie ein Fachmann den Computer, dann muß man das Unterbewußtsein als jene Instanz anfügen, von der der Fachmann gelernt hat und seine Anweisungen erhält.

Kommen wir aber nun zu der Ausgangssituation zurück, bei der wir einen Tatbestand als gegeben angenommen haben. Vier Personen trinken Sekt. Niemand würde bestreiten, daß dieser Tatbestand primär gegeben sein muß, um sekundär wahrgenommen und erlebt werden zu können.

Aber wie? Von allen Beteiligten gleich? Oder hat jeder der vier eine andere Perspektive, aus der er anders erlebt als die anderen? Gewiß, ein bißchen anders; denn der Herr Kunze hat beispielsweise nicht sich, sondern den Herrn Müller gegenüber. Vielleicht war dieses Prosit veranlaßt durch einen Vertragsabschluß, bei dem sich Herr Kunze als Sieger und Herr Müller als Besiegter fühlt. Durch die Brille der hierzu aufgerufenen Emotionen mag jeder dieses Ereignis recht grundverschieden erleben und auch beschreiben. Aber die Tatsache, daß eine Flasche Sekt geöffnet und ihr Inhalt in vier Gläser verteilt wurde, blieb doch zumindest davon unberührt. Oder?

Bevor man eine Erkenntnis als unumstößlichen Tatbestand deklariert, sollte man sie einer extremen Belastung aussetzen. Dazu mag wieder die Hypnose sehr dienlich sein, diesmal aber in einer Form, wie sie das Deutsche Fernsehen unter dem Titel «Hypnoland» in zwei Fortsetzungen als Unterhaltungsschau ausgestrahlt hat. Ob man eine solche Hypnoseschau als amüsant oder makaber betrachtet, mag jeder selbst werten. Auf keinen Fall handelt es sich dabei um einen Schwindel oder abgekartetes Spiel; denn schon in meiner Pennälerzeit konnte man gegen 10 Pfennig Eintritt in Jahrmarktbuden dasselbe erleben. Für einige Freunde, die sich als freiwillige Medien zur Verfügung gestellt haben, würde ich heute noch die Hand ins Feuer legen, daß sie weder vorher etwas abgesprochen haben noch überhaupt wußten, was auf sie zukam.

In dieser besagten Fernsehschau agierte ein australischer Hypnotiseur beispielsweise mit drei Freiwilligen. Den einen ließ er seinen linken Schuh ausziehen und redete ihm ein, er habe einen Dackel auf dem Schoß, den er streicheln müßte. Dem zweiten Medium gab er eine Gurke und suggerierte ihm, daß es eine gelbe Rose sei. Dem dritten gab er eine Zitrone, von der er behauptete, es sei ein saftiger Pfirsich. Zugleich erklärte er aber jedem die Wahrheit des Tuns seines Nachbarn. So wußte der mit dem Dackel, daß die angebliche gelbe Rose eine Gurke war, und dieser wiederum wußte, daß sein Nachbar eine Zitrone als saftigen Pfirsich ansah. Auf ein Zeichen setzte die hypnotische Wirkung ein.

Nun konnte man sich darüber amüsieren, wie das Medium an seiner gelben Rose roch und sich seinerseits darüber amüsierte, daß sein Nachbar herzhaft in die saure Zitrone biß. Dieser wiederum wollte sich darüber totlachen, daß der andere Nachbar seinen Schuh wie einen Dackel streichelte.

Dem Pfirsichesser schmeckte es wunderbar. Nachdem er die Zitrone verspeist hatte, durfte er sich noch einen Pfirsich wünschen und genoß auch diese Zitrone mit Behagen. Wiederum auf ein einfaches Zeichen setzte die Hypnosewirkung aus. Spontan wurden alle in die andere Wirklichkeit zurückgerufen, und ebenso spontan spuckte der Pfirsichesser seinen Zitronenbissen mit heftigem Widerwillen aus, während der zweite verschämt seine Gurke versteckte und der dritte den Dackelschuh anzog.

Drei Personen, die zwei verschiedene Wirklichkeiten erlebten. Niemand außer dem Hypnotiseur selbst hätte dem Pfirsichesser glaubhaft machen können, daß sein Pfirsich in Wirklichkeit eine Zitrone sei. Obwohl seine Geschmacksnerven die Zitronensäure sehr deutlich hätten spüren und ins Bewußtsein melden müssen, erlebte er in allen seinen Wahrnehmungen, Empfindungen und Reaktionen diese Zitrone als Pfirsich.
Erwähnenswert sei auch noch ein kleines Intermezzo mit einem Ingenieur, dem der Hypnotiseur die Existenz der Zahl sieben ausredete. Nun mochte dieser zählen und rechnen wie er wollte, die Zahl sieben kam nicht vor, und trotz mathematischer Begabungen vermochte er nicht zu erklären, warum er beim Abzählen seiner Finger immer auf die Zahl elf kam.
Das sind keineswegs einfach Täuschungen. Könnte man vielleicht noch mit entsprechenden Tricks optische oder akustische Täuschungen produzieren, so muß doch schon viel mehr geschehen, um eine in der Hand gehaltene und vor sich gesehene Gurke als gelbe Rose zu erleben oder eine saure Zitrone als Pfirsich zu schmecken.
Auf keinen Fall lassen sich diese Phänomene in die Theorie der Gedächtnismoleküle oder der computerhaften Zwangsreaktion des Bewußtseins einordnen. Und auf welchen wackeligen Beinen steht nun die unumstößliche Tatsache des Ereignisses mit der Flasche Sekt!
Es sei hierzu noch anzumerken, daß dieser geübte Hypnotiseur keineswegs umständliche Einschläferungstechniken und suggestive Überzeugungskräfte einsetzen mußte, um die Ereigniswelt seiner Medien zu verändern. Im Gegenteil! Er hat ihnen ganz nüchtern erklärt, welche seltsamen Dinge jetzt passieren würden, und dann genügte ein ganz einfaches Fingerschnippen, um diese andere Realität wirken zu lassen; und mit demselben Fingerschnippen setzte er sie wieder außer Kraft und stellte wieder die andere Realität her.

Nicht nur das Bewußtsein hat bei dem Pfirsichesser spontan auf diese Veränderungen reagiert, sondern auch seine Geschmacksnerven, von denen man annehmen sollte, daß sie unabhängig von anderen Sinnestäuschungen objektiv auf einen chemischen Tatbestand reagieren müßten.

Wie riechen und schmecken wir eigentlich?

Sitzen wir an einem gedeckten Tisch und steigt uns der Bratenduft in die Nase, dann soll dieser nach der Pawlowschen Reflextheorie dafür sorgen, daß uns das Wasser im Munde zusammenläuft. Offensichtlich haben die duftenden Bratengeruchsmoleküle eine Konstitution, welche die Riechzellen der Nase in einer bestimmten Art und Weise so reizen, daß diese eine Information an die Speicheldrüse abgeben, welche daraufhin in Tätigkeit tritt.
Dazu gibt es Rotkohl. Auch dieser läßt bei dem einen das Wasser im Munde zusammenlaufen, während bei dem anderen schon der Rotkohl-Duft den Appetit selbst auf den Braten verdirbt. Bei unserem Kleinstkind oder gar beim Säugling wirken diese Düfte wiederum ganz anders, und wenn wir einen chinesischen Kuli zu Gast hätten, der zeitlebens nur karge Reisgerichte genossen hätte, könnten wir keineswegs voraussagen, welche Wirkung der Duft von Braten und Rotkohl bei ihm hätte.
Die Erlebensqualität des Geschmacks und Geruchs hängt also offensichtlich von der Erfahrung, der Gewohnheit und einer anerzogenen Wertung ab.
Dennoch haben wir, der Säugling und der Chinese, einheitliche und spezielle Geschmackszellen, die den Geschmack vermitteln. Diese befinden sich auf der Zunge und in der Rachenhöhle und sind auf einen direkten Kontakt mit der Materie, die wir schmecken sollen, angewiesen. Dabei gibt es Materialien, die gar nicht schmecken, zum Beispiel Glas oder Metall. Wenn andere Stoffe

schmecken, kann es also nur daran liegen, daß diese Stoffe Moleküle enthalten, auf die unsere Geschmacksnerven reagieren. Und chemische Reaktionen, das wissen wir aus dem Chemieunterricht, sind Experimente, die bei gleichbleibenden Bedingungen und Voraussetzungen auch immer gleichbleibende Resultate erzielen müssen.
Bei den Geschmacksnervenzellen ist das offensichtlich anders. Wir haben vier verschiedene Geschmacksnervenzellen, die vier verschiedene Geschmacksrichtungen unterscheiden, nämlich

salzig, sauer, süß, bitter.

Aus diesen 4 Grundformen mischen wir uns also irgendwo und irgendwie die ganze Palette des Geschmacks zusammen, ähnlich wie in der Maltechnik, wo wir uns ja auch aus einigen wenigen Grundfarben das ganze Farbspektrum zusammenmischen können.
Zumindest dürfen wir annehmen, daß die auf der Zungenspitze liegenden Geschmackszellen für süß auch immer süß reagieren, wenn Süßstoffe mit diesen in Kontakt geraten. Aber so zuverlässig funktioniert die Geschmackschemie keineswegs; denn wenn dieses «süß» eine bestimmte Konzentration überschreitet, dann reagieren die Süßzellen gar nicht mehr, sondern die Bitterzellen.
Die Geschmacksnerven haben übrigens ebenso wie die Geruchsnervenzellen eine sehr enge Verwandtschaft mit den Hormonen. Diese Hormone stehen über den Blutkreislauf in einer Wechselbeziehung mit allen Organismen und Drüsen der inneren Sekretion, und diesem Wechselspiel der Hormone verdanken wir letztlich auch die Wechselwirkung unserer Stimmungen und Launen.
Der Hormonhaushalt wird außerdem durch organisch-psychische Perioden verändert, zum Beispiel durch die Pubertät, die Wechseljahre, während der Schwanger-

schaften und auch beim weiblichen Monatszyklus. Und damit verändern sich auch Geschmacks- und Geruchswertungen. Daß sich da etwas verändert, ist eine Erfahrungstatsache. Wir wissen auch, welche hormonalen Regulationen da – teilweise – auftreten, aber warum der eine seinen heißgeliebten Spinat plötzlich nicht mehr mag und der andere Appetit auf die sonst verschmähte Kochwurst bekommt, das wissen wir nicht, um so weniger, als Spinat, Kochwurst und Geschmackszellen überall gleich, aber die Reaktionen dennoch sehr unterschiedlich sind. Wir wissen nämlich überhaupt nicht, wie, wo und womit Geruch, Geschmack und ihre Wertungen zustande kommen.

Geschmackszellen

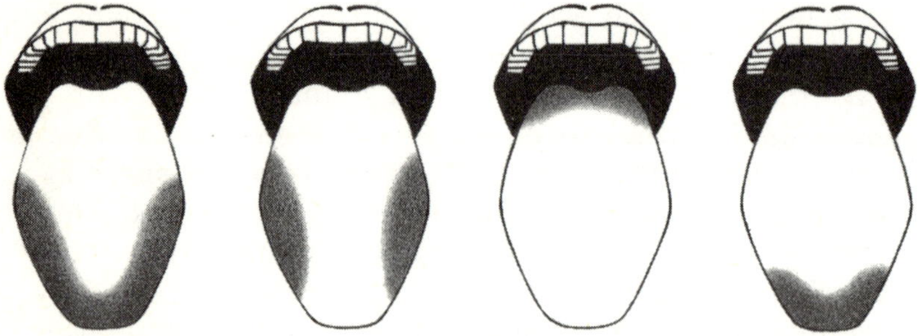

salzig sauer bitter süß

Die Geschmäcker sind jedenfalls sehr verschieden, und unbestreitbar gilt die Tatsache, daß man über Geschmack nicht streiten kann, weil es gar keine naturwissenschaftliche objektive Definition des Geschmacks gibt. Hätten wir nämlich nicht unsere Geschmacksempfindungserfahrung mit auf die Welt gebracht, würde kein noch so findiger Chemiker auf den Gedanken kommen können, daß da überhaupt etwas schmecken könnte.
Dabei sind für den Chemiker Geschmack und insbesondere der Geruch sehr wichtige Analyse-Instrumente.

Dauernd schnüffelt und schmeckt er an den Stoffen herum, um sie zu bestimmen oder festzustellen, welche Reaktionen nach bestimmten Mischungen eingetreten sind.
Unsere Geruchsgrundtabelle ist übrigens etwas umfangreicher als die des Geschmacks. Wir unterscheiden hier 6 Richtungen:

1. würzig, 2. blumig, 3. fruchtig, 4. harzig (Rauch), 5. faulig, 6. brenzlig (Teer).

Aus diesen wenigen Grundtendenzen vermögen wir mehrere tausend Geruchsqualitäten zu unterscheiden. Das ist natürlich gar nichts gegen unseren Hund. Während wir nur über eine bis fünf Millionen Geruchszellen besitzen (in der Kindheit haben wir mehr als später), verfügt der Hund über ein stolzes Potential von bis zu 220 Millionen.
Daß wir uns als Kleinstkinder viel mehr mit der Nase orientieren als später, ist sicherlich darauf zurückzuführen, daß wir uns in den Vorzeiten unserer Evolution überhaupt mehr nach der Nase orientiert haben, während wir zugunsten intelligenterer Systeme inzwischen zu Riechmuffeln geworden sind.
Darum bewundern wir unseren Hund, der noch nach vielen Stunden genau sagen könnte, wer von unseren Verwandten oder Bekannten im Laufe des Tages unsere Türklinke angefaßt hat. Dagegen ist für ihn das Fernsehen ohne Interesse. Mögen da auch Kaninchen, Hasen oder ganze Hammelherden über die Mattscheibe ziehen, den Hund rührt das ohne Geruchsmoleküle gar nicht.
Über noch etwas sollten wir einmal nachdenken: Unser beherrschendes Orientierungsorgan ist das Auge. Alles, was wir denken, und mag es noch so abstrakt sein, müssen wir visuell übersetzen. Für den Hund ist die Nase das wichtigste Orientierungsorgan. Es ist nicht anzunehmen, daß der Hund ebenfalls visuell denkt. Wahrscheinlich

denkt er «nasal» – oder wie sollte man das Geruchsdenken ausdrücken? Für uns ist es ebenso unvorstellbar wie unfaßbar, wie man sich eine Orientierung, ein Gedächtnis, Erfahrungen, Vorstellungen oder gar ein ganzes wissenschaftliches Weltbild aus Geruchsmerkmalen und -empfindungen aufbauen könnte! Und trotzdem scheinen wir den Hund und der Hund uns zu verstehen, obwohl wir beide in unverständlichen Orientierungs- und Weltvorstellungen leben.
Haben wir hochindustrialisierten Nationen eine Fülle von Wunderwerken der Technik vollbracht, so daß wir schon gar nicht mehr wissen, was wir noch alles erfinden sollen, so haben wir doch keine Vorstellung davon, wie man neben Bild und Ton auch den Geruch in elektromagnetische Wellen verwandeln, durch den Äther schicken und über ein Fern(seh)riechgerät wieder in wahrnehmbaren Duft zurückverwandeln könnte. Geruchs- und Geschmacksempfindungen sind jedenfalls Phänomene, die sich jeder tiefergehenden naturwissenschaftlichen Erklärung entziehen.
Dabei ist das Riechen bei dem größten Teil der irdischen Lebewesen ein perfekt funktionierendes Orientierungs-, Informations- und Steuerungssystem. Wie Wissenschaftler in Marburg erst kürzlich herausgefunden haben, wird das hochorganisierte und disziplinierte Staatswesen der Ameisen durch eine Geruchsprache geradezu diktatorisch gesteuert. Was wir mit unserem vernachlässigten Geruch gerade noch ein bißchen ahnen, übt auf die kreatürlichen Nasenwunder eine Erkenntnis- und Reaktionssicherheit aus, von denen sich unsere technischen Systeme noch ein gutes Stück abschneiden könnten.
Zugegeben also, daß unsere riechenden und schmeckenden Sinnesorganismen sehr unter- oder zurückentwickelt sind, so dürften aber zum Ausgleich dafür unsere anderen drei Sinne um so zuverlässiger sein.
Wie zuverlässig?

Nehmen wir zunächst einmal unsere peripheren Gefühlsempfindungen, den Schmerz, Juckreiz, Tastsinn und die Temperaturempfindungen! Für diese vier Umweltkontakte haben wir jeweils spezielle Nervenzellen in der Haut verankert, die auf entsprechende Einflüsse von außen ansprechen.

Was ist es, das diese Sinnesempfindungen auffangen, und wie stellen sie daraus eine originalgetreue Reproduktion der Umweltereignisse in unserem Bewußtsein her?

Um das zu prüfen, nehme man eine extreme Bedingung. Zum Beispiel die Amputation eines Armes oder Beines. Mir selbst war in den letzten Wochen des letzten Krieges noch eine solche Oberschenkelamputation beschieden. Als ich aus der Narkose erwachte und kein Gewicht mehr am linken Bein hatte, war mir diese Tatsache recht deutlich ins Bewußtsein gedrungen. Ins Unterbewußtsein aber noch lange nicht.

Es war kalt in dem mit Verwundeten vollgepfropften Güterwaggon, der uns von der Front gen Westen brachte. Weil es kalt war, fror natürlich auch mein amputierter Fuß. Er konnte gar nicht frieren, aber es war so. Erst wenn ich sorgfältig die Wolldecke dorthin ausbreitete, wo er gelegen hätte, erwärmte er sich. Und wenn er wieder kalt wurde, lag es mit Sicherheit daran, daß er nicht sorgfältig zugedeckt war – wie ich mich jedesmal überzeugen konnte.

Oft genug kam es vor, daß gehfähige Verwundete über die Körper der anderen balancierten und dabei von Lücke zu Lücke traten. Natürlich traten sie auch in meine Beinlücke, guten Gewissens sogar. Woher sollten sie auch etwas von Phantomreflexen wissen, denn ich selbst hatte ja auch keine Empfindungserfahrung mit amputierten Beinen; so zog ich jedesmal mit schmerzverzerrtem Gesicht mein Bein fort. Mein Bewußtsein hatte alle Mühe, meinem Unterbewußtsein einzureden, daß das Bein ja ab war.

Noch viele Jahre später spürte ich die feuchten Spritzer und den durchnäßten Schuh bei Regenwetter, fühlte einen Krampf im großen Zeh oder eine Fliege, die an der Wade krabbelte. Erst wenn ich sie verscheucht hatte, hörte der Kitzel auf.

Wir wissen natürlich, daß bei einer Amputation auch die Nervenbahnen durchtrennt und in die Stumpfnarbe eingebettet werden. Haben wir aber angenommen, daß nur die speziellen Sinneszellen für Juckreiz, Schmerz, Tasten und Temperaturen diese speziellen Einflüsse auffangen und weiterleiten können, dann haben jedenfalls die Amputierten die Erfahrungen gemacht, daß auch die durchtrennten Nervenrudimente ohne ihren Wahrnehmungskopf solche zielgerichteten Empfindungen herzustellen vermögen, ohne daß ein solcher Reiz effektiv einwirkt.

In der Physiologie und Psychologie ist es längst bekannt, daß wir Schmerzen und sonstige Empfindungen erst einmal lernen müssen; wir wissen auch, daß Neugeborene gar keine und Kleinstkinder recht nebelhafte Empfindungen haben. Sie spüren die Fliege an der Wade nicht. Das liegt keineswegs daran, daß ihre Nervenleitungen noch nicht fertig installiert sein sollten, sondern vielmehr daran, daß man ja nicht irgendwo irgend etwas spüren kann. Weil nämlich ein Schmerz oder ein Juckreiz lokalisierbar sein muß. Man muß wissen, wo es wehtut. Das erfordert nicht nur die Fähigkeit einer Raumorientierung, sondern auch die Kenntnis des eigenen Körpers, zumindest die Einteilung seiner Gliedmaßen.

Wenn wir Erwachsenen nämlich irgend etwas empfinden, dann legen wir es zugleich fest: Ein Nadelstich in den rechten Daumen, eine Fliege oder so etwas ähnliches am Ohr, einen kalten Fuß oder was auch immer. Das setzt natürlich voraus, daß man Nadel, Fliege und Fuß kennt. Das sind keineswegs Selbstverständlichkeiten, mit

denen man auf die Welt kommt, sondern recht komplizierte Lernvorgänge, die man noch in der Zeit des kindlichen Unbewußtseins absolviert. Wir haben ja gar keine Ahnung mehr davon, welche Selbstverständlichkeiten wir in dieser Zeit gelernt haben, Selbstverständlichkeiten, die keine noch so gut ausgeklügelte Pädagogik uns beibringen könnte. Bis ein Kind alle diese Lokalisationen und ursächlichen Gegebenheiten gelernt und zu unterscheiden gelernt hat, vergehen etliche Jahre. Man möge einmal seine schon etwas größeren Kinder beobachten, wenn sie besonders dann laut vor Schmerzen schreien, wenn sie Blut sehen, obwohl es dann so gut wie gar nicht schmerzt. Dagegen lassen sie sich über einen tatsächlich stark schmerzenden gequetschten Finger, an dem man nichts sieht, leicht hinwegtrösten. Und wie schwierig ist es, aus den Kindern herauszubekommen, ob der Blinddarm, der Magen oder sonst ein inneres Organ schmerzt; denn was wissen sie schon von inneren Organen und deren Lage! Es ist aber nicht so, daß sie den Schmerz sehr wohl an der richtigen Stelle empfinden, diese aber nur nicht zu beschreiben gelernt haben, vielmehr zeigen sie ihre inneren Krankheiten und Schmerzen durch Übellaunigkeit, Widerspenstigkeit und Appetitlosigkeit an, und das entspricht tatsächlich ihren Empfindungen.
Haben wir dann unsere Kindheit durchlaufen und spüren wir nun zuverlässig den Mückenstich am Kopf, das kalte Wasser am Arm, den Magenschmerz oder Wadenkrampf, dann ist uns dieses so sehr ins Fleisch und Blut des Unterbewußtsein eingegangen, daß wir gar nicht mehr wissen, es jemals gelernt zu haben. Aber dann werden wir diese Empfindungen auch nicht mehr los, auch dann nicht, wenn uns ein Arm oder ein Bein amputiert wird. Die Aktivitäten der Nervenrudimente müssen wir gegen alle Wirklichkeiten empfindungsgemäßig weiterhin so übersetzen, wie es uns in Fleisch und Blut übergegangen ist.
Mögen die Phantomschmerzen auch phänomenal sein, so

sind wir doch davon überzeugt, daß dieses Empfindungslernen gleichbedeutend ist mit einem sich Hineintasten in die Welt der äußeren Einflüsse, so, als würde man die Gegebenheit einer Landschaft Stück für Stück kennenlernen. Kurz: Früher oder später würden wir auf jeden Fall einen Nadelstich als schmerzenden Stich und eine heiße Flamme als schmerzhafte Verbrennung spüren müssen.
Das scheint aber ein Irrtum zu sein. Im Jahre 1955 experimentierte der amerikanische Psychologe Professor Melzack an der McGill-Universität mit jungen Hunden. Einige Exemplare sortierte er gleich aus und ließ sie isoliert von Mutter und Geschwistern so groß werden, daß alle Schmerzempfindungen und rauhe Berührungen von ihnen ferngehalten wurden. Sie hatten also keine Gelegenheit, natürliche Empfindungen natürlich zu lernen. Als man sie dann wieder in ihre Familie zurückgab, verhielten sie sich recht eigenartig: Sie ärgerten die anderen und ließen sich durch kein Beißen von ihrem Tun abschrecken; selbst wenn ihre Wunden schon bluteten, kämpften sie todesmutig weiter. Kam der Tierarzt mit der Spritze, bei deren Anblick – der Geruch – die anderen furchtsam ihren Schwanz einzogen, ließen sich die Isolierhunde pieken, ohne mit der Wimper zu zucken. Und ein besonderes Vergnügen sahen sie darin, ihre Nase in eine Spiritusflamme zu halten. Natürlich schmorte sie darin, aber das war eben das Vergnügen.
Eine solche Fehlerziehung ist aber irreparabel, weil gerade diese allererste Zeit so unendlich wichtig für eine normale Empfindungsentwicklung ist. Was hier einmal geprägt ist, läßt sich durch keine Dressur oder «Aufklärung» mehr wegerziehen. Solchermaßen fehlerzogene Hunde sind lebensunfähig.
Wären aber die Empfindungen, welche wir verspüren, natürliche und zwangsläufige Reflexe, die sich nur so und nicht anders entwickeln können, dann darf es nicht möglich sein, daß sie sich durch eine nur scheinbar unwesent-

liche Veränderung der natürlichen Entwicklungsbedingungen gegen die normale Natur entwickeln.
Nun sind Hunde keine Menschen, gewiß, und man hat auch noch von keinem Menschen gehört, der aufgrund einer Fehlerziehung das Bedürfnis gehabt hätte, seine Nase in einer Spiritusflamme schmoren zu lassen; aber man denke einmal an die rituelle Disziplinierung religiöser Gruppen, an Fakire, Hindupriester oder Woodoos beispielsweise, welche zwar nicht ihre Nase, doch ihre Füße auf glühenden Kohlen tanzend rösten – allerdings mit dem seltsamen Nebeneffekt, daß sie davon nicht einmal Brandblasen bekommen.
Aber es gibt auch noch andere seltsame Empfindungserscheinungen, so beispielsweise bei einigen Amazonas-Indianerstämmen, bei denen die Männer die Kinder kriegen. Natürlich sind es die Frauen, welche ihre Feldarbeit für ein bis zwei Stunden unterbrechen, um das Kind ans Tageslicht zu lassen, aber wann es soweit ist, erfahren sie aus den Wehen der Männer. Sie liegen schon einige Tage vorher mit Wehen im Bett, sie empfinden die Strapazen der Geburt und haben sich dafür das erholsame Wochenbett verdient. Nicht, daß sie im Sinne einer idealen Frauenemanzipation nur so täten, als ob, nein, sie haben tatsächlich diese Schmerzempfindungen mit allen psychischen und neurophysiologischen Nebenerscheinungen.
Wir aber glauben fest, daß die Einwirkung von Außenereignissen in uns zwangsläufige Reflexe hervorrufen muß und daß der Stich mit einer Nadel nicht anders als ein Nadelstich empfunden werden kann. Und wenn wir überhaupt Unterschiede sehen, dann höchstens darin, daß der eine empfindlicher ist als der andere. Denken wir aber an Timmermann, der sich an einer kühlen Patronenhülse verbrennen konnte! Und bei all den geschilderten Extremen, deren Reihe noch beliebig fortgesetzt werden könnte, läßt sich resümieren, daß Schmerzen, deren Art und Intensität, eigentlich nur Einbildungen sind.

Dann wiederum ist es phänomenal, daß wir normalerweise alle so erzogen sind, daß wir uns recht einheitlich einen Nadelstich als Nadelstich und eine Verbrennung als Verbrennung einbilden.

Heiß oder kalt?

Die physikalischen Ursachen von warm und kalt sind sehr eindeutig definiert. Hitze ist schlechthin eine Energie, und jede Energie läßt sich in eine andere Energieform und Leistung umwandeln.
Wirkt Hitze auf Materie ein, bewirkt sie eine Veränderung. Veränderungen sind Bewegungen. Was sich da bewegt, sind die Elektronen, die um die Atomkerne kreisen. Je mehr Hitze einwirkt, desto schneller tanzen die Elektronen. Dadurch wird die Materie aktiver, indem sie sich durch Elektronenaustausch schneller mit anderen Stoffen verbindet – wie beispielsweise in einem Kochtopf. Darum verwendet die Natur die Sonne und der Chemiker den Bunsenbrenner, um die Reaktionsfähigkeit der Atome und Moleküle zu intensivieren. Sie verändern dabei ihren Aggregatzustand: Feste Stoffe werden flüssig, flüssige werden gasförmig und verdampfen. Die Stoffe dehnen sich aus und erzeugen dabei einen Druck.
Folglich kann man auch durch Druck Wärme erzeugen. Wir kennen das von der Luftpumpe, in der wir Luft komprimieren. Dabei wird das Pumpengehäuse warm oder sogar heiß. Das liegt daran, daß die Gase ja deswegen gasförmig sind, weil die Moleküle sich bewegen, tanzen. Sperrt man sie in einen Behälter ein und setzt sie dabei unter Druck, dann rempeln sie sich beim Tanzen gegenseitig an und trommeln gegen die Behälterwände. Jedesmal ergibt es einen Molekülstoß. Ein einzelnes Molekül kann in einer Sekunde etwa 1 Milliarde solcher Stöße austeilen oder empfangen. Durch dieses

Aufeinanderherumtrommeln entsteht der physische und physikalische Eindruck von Wärme. Deswegen spricht man hier von *Thermodynamik.* Ein thermodynamischer Vorgang spielt sich auch ab, wo man durch Reibungen wie beim Schleifen oder Bohren Hitze erzeugt.

Soweit also Wärme und Hitze in der Physik. Wenn wir nun aber angenommen haben, daß die Wärmetemperaturleitungen unseres Nervensystems dieses physikalische Prinzip der Thermodynamik übernommen hätten, dann befinden wir uns in einem Irrtum. Zunächst mag es beinahe so aussehen, ist aber doch ganz anders.

Wir haben für die Temperaturempfindungen zwei verschiedene Leitsysteme, das eine meldet Wärme, das andere Kälte. Das mag bereits verblüffen, denn unsere physikalischen Temperaturmelder, die Thermometer, melden in einem einheitlichen stufenlosen System Wärme oder Kälte.

Wenn es nach dem Thermometer kühl ist, schickt die kältemeldende Nervenfaser Klopfzeichen ins Gehirn, vielleicht eine Art von Morse-Code, der aber desto schneller klopft, je kälter es wird. Das wäre bereits im Gegensatz zur Physik keine Thermo- sondern Kältedynamik.

Steigt das Thermometer in die wärmeren Temperaturbereiche, werden die Kälteklopfzeichen langsamer, obwohl die Moleküle schneller tanzen. Bei etwa 25 Grad Celsius sind die Kälteklopfzeichen nur noch ganz schwach, dafür setzen jetzt die Impulse der wärmemeldenden Nervenfasern ein. Sie senden etwa einen Impuls pro Sekunde. Erst bei Erreichen unserer Körpertemperatur schweigen die Kältemelder ganz, während nur noch die Wärmemelder aktiv sind.

Bis hierhin könnte man annehmen, daß sich neben Celsius, Fahrenheit, Reaumur und Kelvin noch eine weitere Firma mit eigenem Temperaturmeldesystem etabliert habe; aber das System der Natur in uns beginnt jetzt recht verwirrend zu werden: Steigen nämlich nach dem Thermometer die Temperaturen über 45 Grad Celsius an, schweigen plötzlich die Impulse des Wärmemelders, obwohl es doch jetzt erst eigentlich richtig warm zu werden beginnt. Dafür setzen nun wieder die Morsezeichen der kältemeldenden Nervenfasern ein.

Das ist offensichtlich eine Fehldisposition der Natur. Es ist deshalb kein Wunder, daß wir naturwissenschaftlich gebildeten Menschen doch lieber auf ein richtiges Thermometer schauen, um zu wissen, ob wir frieren oder schwitzen sollen.

Aber diese Fehldisposition der Natur scheint doch Methode zu haben. Steigert sich nämlich die Hitzemeldung der Kältefaser, dann kommen wir in eine Zone, wo wir entweder Verbrennungen oder Erfrierungen erleiden. Und wer sowohl das eine wie das andere einmal erlitten hat, weiß, wie jeder Mediziner, daß Verbrennungen oder Erfrierungen pathophysiologisch dasselbe sind. In beiden Fällen entstehen dieselben Gifte, welche die eigentliche Todesursache nach zu starken Verbrennungen oder zu starken Erfrierungen sind. Im Gegensatz zur objektivierenden Physik hat die Natur ein recht vernünftiges subjektives Meldesystem entwickelt. Sie betrachtet unsere Körpertemperatur als Norm und meldet über eine Warnfaser die schädlichen Abweichungen sowohl nach unten wie nach oben, ohne Rücksicht darauf, ob diese Schäden durch Hitze oder Kälte eintreten.

Auf keinen Fall läßt sich erkennen, daß unser körperliches Temperaturempfindungssystem die Thermodynamik oder irgendein anderes physikalisches Temperaturmeßsystem übernommen hat, aber dennoch scheint unsere Regulation recht zuverlässig zu sein. Noch ehe wir eine Kälte richtig empfinden, haben wir bereits eine Gänsehaut angelegt, um mit dieser plötzlich vergrößerten Oberfläche noch mehr Wärme einzufangen. Andererseits merken wir erst an unserem Schwitzen, daß es warm ist. Auch das ist eine reflexive Abwehrmaßnahme gegen

Hitze, denn die Feuchtigkeit verdampft und entzieht dem Körper Wärme, was als Abkühlung empfunden wird.
Andererseits sind diese Hitze- und Kältereflexe nicht unbedingt auf Hitze und Kälte zurückzuführen. Wenn wir uns einem bissigen zähnefletschenden Hund gegenübersehen, kann das ebenso wie ein ekelerregender Anblick zur Bildung einer Gänsehaut führen, während uns eine Angst oder aufregende Erwartung Schweißperlen auf die Stirn treibt.
Aber diese psychosensiblen Reflexe sind nicht unbedingt auf äußere Anlässe zurückzuführen, obwohl Reflexe ja automatische, maschinenmäßig anmutende Reaktionen auf bestimmte Einflüsse darstellen. Diese sind abhängig von gegebenen Bewußtseinszuständen. Man stelle sich eine furchterregende Gefahrensituation vor, in die drei Personen geraten! Die eine Person schwitzt vor Angst, die andere nicht, weil sie sich dieser Situation gewachsen fühlt und die dritte auch nicht, weil sie die Gefährlichkeit der Situation gar nicht erkannt hat.
Überhaupt soll man die Rolle unseres Bewußtseins bei diesen Empfindungen in Betracht ziehen; dadurch werden ja die Empfindungen erst zu einem realen Erlebnis. Manchmal haben wir ja kalte Füße und einen heißen Kopf, so daß im Gehirn einander widersprechende Temperaturmeldungen eintreffen. Hier läuft aber auch alles andere zusammen, die optischen und akustischen Wahrnehmungen, Geruch, Geschmack, Hunger und Durst, Juckreiz, Zahnschmerz und die seelischen Empfindungen wie Kummer, Freude, Depressionen und so weiter.
Was sollen wir denn von allen diesen Ereignissen zuerst ins Bewußtsein übernehmen? Das, was am lautesten schreit? Kann sich überhaupt das eine intensiver melden als das andere? Schließlich müssen wir mit demselben Apparat ja auch noch denken, unsere Aufgaben bewältigen, uns vorbereiten. Welch ein Streß!
Und dann sind da noch diese unverständlichen Extreme

wie im Falle Timmermann, der sich ohne Rücksicht auf die nervalen Impulse an einer kühlen Patronenhülse aufgrund einer falschen Information verbrennen konnte. Und da sind auch noch die Fakire und Hindus, die trotz nervalen Alarms für Verbrennungsstufe III unverbrannt über glühende Steine schreiten!
Was nützt die hochorganisierte Pyro- und Neurotechnik, wenn sich im entscheidenden Moment jenes undefinierbare Bewußtsein oder Unterbewußtsein einschaltet, sich gar nicht um die Fakten kümmert, sondern sich seine eigenen umweltunabhängigen Temperaturverhältnisse schafft!

Was haben Schallwellen mit dem Hören zu tun?

Im masse- und luftleeren freien Weltraum würde sich eine wortreiche Unterhaltung wie in einem Stummfilm ausnehmen. Selbst wenn man seinem Partner ins Ohr brüllte, würde er nichts hören, weil in einem luftleeren Raum sich keine Schallwellen ausbreiten. Unser Sprechen ist aber so ausgelegt, daß wir Luft an unseren Stimmbändern so vorbeistreichen lasssen, daß diese ihrerseits die Luft wellenförmig schwingend präparieren. Ein in vielen Jahren eintrainiertes Zusammenspiel von Zunge, Zähnen und Lippen formiert diese Schwingungen dann so, daß sie den Text von Schillers Glocke in eine für alle wahrnehmbare harmonische Folge von Schallfrequenzen übersetzen.
Diese breiten sich durch das Medium Luft aus, so daß wir auch ohne Mikrofon und Telefon eine natürliche Kommunikation zu betreiben vermögen. Der Rückwandler dieser Luftschallfrequenzen wird durch das Ohr dargestellt. Es besitzt ein Trommelfell, gegen das die vibrierende Luft trommelt und das dabei wie eine Lautsprechermembran selbst in Schwingungen gerät.

In der Rundfunktechnik wäre diese Lautsprechermembran das Kernstück des Klingens. Es sind allerdings nicht Schallwellen, welche die Lautsprechermembrane in Schwingungen versetzen, sondern elektromagnetische Wellen, während die Membran ihrerseits die Luft in Schwingungen versetzt, so daß wir den verursachten Lärm hören können.

Aber die Natur hat sich einer ungleich komplizierteren Hörtechnik bedient, in der es unmöglich ist, festzustellen, wo denn das eigentliche Hören stattfindet. Mit unserem Trommelfell allein ist es nicht gemacht. Es fängt mit seinen Schwingungsreaktionen lediglich die Schallwellen auf und überträgt diese über einen mit ihm verbundenen Hammer auf einen Hörknochen. Dabei werden die Originalschallwellen verändert; denn der Hammer reduziert über einen Muskel und Ausgleichsmechanismus den Frequenzbereich von groben Luftschwingungen auf die feineren Materieschwingungen der Knochenstruktur.

Aber auch dieser Hörknochen ist noch nicht die Endstation unseres Hörens; vielmehr wird die Knochenschwingung auf die Flüssigkeit eines im Hörknochen eingebetteten Tümpels, dessen Oberfläche im Gegensatz zu den 85 mm^2 des Trommelfells auf nur noch 3,5 mm^2 reduziert ist. Vielleicht haben wir diese Flüssigkeit noch aus jener Zeit zurückbehalten, da wir gleichfalls als Fisch im Wasser schwammen und für die viel bessere Schallübertragung im Wasser auch nur einen kleinen Apparat benötigten.

Hier beginnt wieder eine neue Phase der Schallübermittlung, denn über diesem Flüssigkeitstümpel wölbt sich die sogenannte Hörschnecke, die mit feinen Härchen besetzt ist. Die winzig kleinen Wellen des Tümpels verursachen nämlich wiederum Luftbewegungen in der Hörschnecke, welche von den feinen Härchen registriert werden. Auf einer Länge von insgesamt 35 mm werden zunächst die kurzwelligen Helltöne von den Härchen aufgefangen, während die dunkeln Langwellen bis ins hinterste Ende der Hörschnecke vordringen. Während der Physiker Helmholtz, beeindruckt von der wunderbaren Technik dieses Hörapparates, im Jahre 1867 behauptete, daß hierin auch das eigentliche Hören stattfindet, war später der Physiker Rutherford davon überzeugt, daß nicht hier, sondern im Gehirn das eigentliche Hören erfolgt.

Tatsächlich hören wir auch mit diesen feinen Härchen immer noch nicht; denn am Ende der Schnecke geht ein Bündel von etwa 10 000 Nervenfasern ins Gehirn. Was diese allerdings weiterleiten, hat weder in seinen Energieformen noch in seinen Rhythmen irgend etwas mit dem Schall, geschweige denn mit dem Inhalt des Gehörten zu tun.

Was Helmholtz nicht gründlich genug überlegt hat, ist etwa folgendes: Bei einer kleinen Hausparty mit nur zwölf Gästen reden in fortgeschrittener Stimmung zwölf Personen gleichzeitig durcheinander. Dazwischen klappert Geschirr, pfeift der Teekessel, bellt der Hund und ertönt aus den vier Lautsprechern der Musikanlage gerade der Boléro von Ravel in seiner letzten Phase, gespielt von einem 120-Mann-Orchester. Jedes dieser Instrumente, der Hund, der pfeifende Teekessel, jeder klappernde Teller und jede der zwölf Personen schicken ihre spezielle Schallfrequenzfolge gegen die Trommelfelle der Anwesenden. Dortselbst entsteht ein infernalischer Wellensalat, aus dem weder der Hörknochen, der Tümpel noch die vielen Härchen eine zusammenhängende sinnvolle Folge heraushören könnten.

Das leiseste und unscheinbarste Geräusch innerhalb dieses Frequenzgetümmels stammt von der schmachtend hauchenden Stimme des Fräuleins Isolde. Sie müßte eigentlich unhörbar überlagert sein, aber da sie ihrem Nachbarn gerade eine süße Schmeichelei zuflüstert, ist es das einzige, das dieser hört und versteht. Alles andere wird von ihm gar nicht wahrgenommen.

Wer oder was findet sich in der Akustik so gut zurecht, daß er eine Fülle von Schallwellen einfach herauszublenden vermag, um nur noch das übrig zu lassen, was er hören will? Ist es das Interesse, die Konzentration, die Erwartung, das Hörenwollen? Was auch immer hiervon, es wäre kein Etwas, das sich technisch beschreiben ließe.

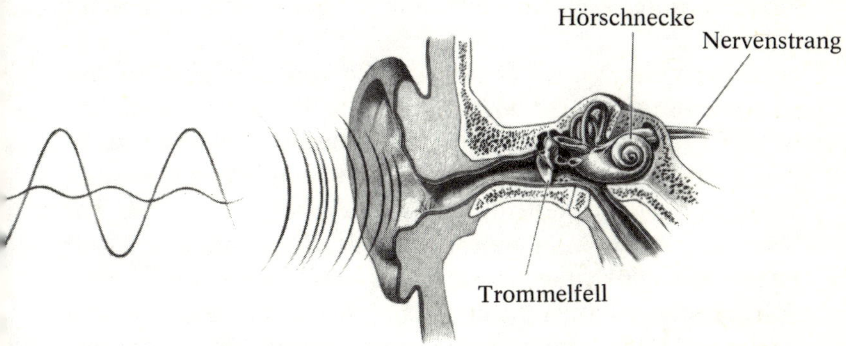

Beim Party-Effekt dringen aus vielen Quellen gleichzeitig Schallwellen unterschiedlichster Frequenzen gegen das Trommelfell und werden in dem komplizierten Hörgehäuse deformiert. Trotzdem hören wir nur das, worauf wir uns konzentrieren.

Geht es uns nicht so, daß wir nach den ersten Takten einer Melodie diese bereits erkannt haben und nun schon voraushören, auch wenn nicht genauso gespielt wird, wie wir es erwarten! Wieviel moderne Musik spielt und variiert über den eigentlichen Melodienreigen einfach hinweg und lässt nur noch Fragmente und Rhythmen übrig, und dennoch hören wir das, was gar nicht gespielt wird.
Ebenso ist es aber auch, wenn wir einem Gespräch oder einer Diskussion lauschen. Schon nach den ersten Anfängen eines Satzes hören oder wissen wir voraus, was kommen wird; wir überhören die verschluckten Silben und Endungen, die Fehler; denn wir haben das Gehörte be-

reits in unserem Bewußtsein übernommen, ehe wir es richtig gehört haben.
Würde es eine geeignete Meßtechnik geben, könnte diese ermitteln, daß wir mit dem Hören des Hörbaren bereits um eine gewisse Zeitspanne voraus sind und – bei einer Diskussion beispielsweise – diese erwirtschaftete Zeitspanne dazu benutzen, um uns unsere Antwort zurechtzulegen oder diese bereits äußern, ehe der Vorredner geendet hat.
Und dann ist da noch etwas sehr Eigenartiges: In der Landkarte, die wir von unserer Großhirnrinde angelegt haben, befindet sich auch eine Region der Gehörsempfindungen. Wir wissen das, weil wir nämlich taub sind, wenn diese Region durch eine Verletzung oder einen Tumor gestört ist. Man nennt das «Rindentaubheit». Zwar haben wir trotz unserer hervorragenden Meß- und Beobachtungstechniken immer noch nicht entdeckt, daß und wie die von der Ohrschnecke abgehenden Nervenbahnen in diesen Großhirnrindenteil gelangen, aber die akustischen Wahrnehmungen müssen ja dorthin kommen, sonst könnte der nachgewiesene Zusammenhang zwischen Hörreiz und Gehörsempfindung gar nicht zustande kommen.
Wenn man nun bei Versuchspersonen einzelne Nervenzellen dieser Großhirnregion mit gezielten 60 Mikrovolt anreizt, dann – hört die Person im Ohr Musik oder Sprechen. Nicht etwa nur ein undefinierbares Rauschen und Knistern, sondern recht sinnvolle akustische Ereignisse, von denen die Versuchsperson sogar genau zu sagen vermag, wer ihr da gerade was erzählt oder welche Melodie mit welchen Instrumenten gespielt wird.
Natürlich findet das, was die Versuchsperson auf diese Weise hört, gar nicht statt. Niemand erzählt oder spielt ihr was. Sie hört auch in absoluter Stille, wenn gar kein Geräusch an ihr Ohr dringt, welches man als akustische Täuschung auslegen könnte. Geisterstimmen?

Ein Wunder der Technik sind die Augen jedenfalls nicht. Würde sich ein Kamerakonstrukteur einfallen lassen, die Technik des Auges auf die Kameralinse zu übertragen, würde er bald die Pleite anmelden können. Die damit fotografierten Bilder hätten bestenfalls in der Mitte ein kleines scharfes Bild, aber dann würden die Konturen krumm und schief werden und zum Rand hin in einem regenbogenfarbigen Nirwana verlaufen.

Trotzdem sehen wir ja alles scharf und klar beziehungsweise glauben wir das. Man prüfe sich aber einmal selbst, indem man beispielsweise aus zwei Meter Entfernung auf einen Lichtschalter starrt, ohne die Augen nach rechts oder links abschweifen zu lassen. Dieser Lichtschalter aus zwei Metern Entfernung entspricht etwa unserem Scharfsichtkreis. Wenn man nun versucht, die Umgebung des Lichtschalters zu erfassen, ohne die Augen zu bewegen, wird man etwa ahnen können, wie unscharf alles außerhalb dieses Scharfsichtpunktes ist.

Daß wir trotzdem alles scharf zu sehen glauben, liegt daran, daß wir mit raschen Augenbewegungen lauter Scharfsichtpunkte einsammeln und diese mosaikhaft zu einem Scharfsichtkomplex zusammentragen. Dazu brauchen wir selbstverständlich nicht alle Regionen genau zu erfassen, denn unser Bewußtsein macht auch das alles scharf, was wir gar nicht abgeleuchtet haben.

Diese Art zu sehen haben wir gelernt. Natürlich wissen wir nichts mehr davon, jemals das Sehen gelernt zu haben; denn es spielte sich in unserer Kindheit ab, als unser Bewußtsein noch gar nicht erwacht war.

Man sollte sich einmal einen Säugling anschauen und beobachten, wie dieser seine Umwelt optisch zu erfassen versucht. Mit dem linken Auge schaut er nach rechts oben, während er mit dem rechten seinen linken Bettpfosten zu erhaschen versucht. Seine Augenbewegungen

sind noch gar nicht koordiniert. Wie soll er damit überhaupt etwas sehen, geschweige denn erkennen! Aber im Laufe der nächsten Wochen und Monate lernt er das, worauf wir uns später natürlich nicht mehr besinnen können, es jemals gelernt zu haben.
Wird ein Kind aber blind geboren, verpaßt es diese Lehre. Heute kann man blindgeborene Kinder im späteren Erwachsenenalter unter bestimmten Voraussetzungen durch Operationen sehend machen. Wenn sie dann zum ersten Mal sehen können, stellt sich heraus, was sie in ihrer Säuglingszeit versäumt haben und nie mehr richtig nachholen können.
Sie sehen nämlich «technisch» richtig. Betreten sie beispielsweise einen unbekannten Raum, dann ist es so, als ob sie mit dem Punktlicht einer Taschenlampe diesen Raum ausleuchten. Haben sie damit den Pendelkasten einer Standuhr erfaßt und leuchten nun hinauf bis zum Zifferblatt, dann haben sie den Pendelkasten schon wieder vergessen und können den komplexen Zusammenhang von Pendelkasten und Zifferblatt zu einer Standuhr nicht herstellen.
Im Laufe der Zeit lernen sie schließlich doch, ruhende Gegenstände als Gesamtheit zu erfassen, aber sie lernen es nie mehr richtig, Bewegungsabläufe in ihrem ganzen Zusammenhang zu erkennen.
Was der Mensch in seiner Kindheit alles lernen mußte und gelernt hat, ist für Erwachsene kaum vorstellbar. Wahrscheinlich ist das ganze spätere Schul- und Studienpensum sowohl quantitativ als auch qualitativ viel geringer zu bewerten als das Kindheitspensum.
Es sind besonders jene Selbstverständlichkeiten, für die uns nicht einmal eine Lehrmethode einfallen würde und von denen wir gar nicht wissen, daß man das überhaupt einmal lernen mußte.
Ist denn aber das, was wir dann zu sehen gelernt haben, die wirkliche Natur?

Da stehen zum Beispiel die durch die Augenlinse eingefangenen Bilder hinten auf der Netzhaut auf dem Kopf. Das ist hier ebenso üblich wie bei den Kameras. Trotzdem sehen wir die Bilder senkrecht stehen. Wie und wo wir die Bilder umdrehen, wissen wir nicht.
Dr. Hajo vom Innsbrucker Institut für Psychologie wollte das einmal erforschen. Zu diesem Zweck verpaßte er einer Gruppe von Studenten Umkehrbrillen, durch die sie die Welt auf dem Kopf stehen sahen. Kein vernünftiger Student kann durch eine so unvernünftige Welt marschieren, aber es dauerte etwa 14 Tage, bis die Studenten die auf dem Kopf stehende Welt trotz Umkehrbrille wieder so auf den Kopf gestellt hatten, daß sie sie senkrecht sahen. Irgendwie und irgendwomit haben sie sich ihre Welt wieder zurechtgerückt.
Danach durften sie die Umkehrbrillen abnehmen, aber o Schreck! Jetzt sahen sie die Welt ohne Umkehrbrille auf dem Kopf stehen, obwohl ja das Bild auf der Netzhaut so auf dem Kopf stand, daß sie es hätten richtig sehen müssen. Abermals brauchten sie etwa 14 Tage, um das kopfstehende Bild wieder ins rechte Lot zu bringen. Aber das Wo und Wie ist nach wie vor ein Geheimnis geblieben.
Wo sehen wir überhaupt? Selbstverständlich im Auge – aber nachdem wir wissen, daß wir mit ziemlicher Sicherheit auch im Ohr selbst gar nicht hören, dürften wir uns auch hier unserer Sache gar nicht mehr so sicher sein. Ähnlich kompliziert wie die Ohren sind auch die Augen, vielleicht noch etwas komplizierter. Der wichtigste Teil ist offensichtlich die Netzhaut. Sie ist der Filmhintergrund, auf den die Bilder projiziert und auch zugleich entwickelt werden.
Ist die Bromsilberschicht eines lichtempfindlichen Films noch recht einfach, so ist die Netzhaut doch so kompliziert, daß wir bis heute noch nicht alle Funktionen restlos geklärt haben.
Etwa so dick wie eine Postkarte, besteht sie aus sechs ver-

schiedenen Schichten von Körnern, Körperchen, Zellen, Zapfen, Fasern und Pigmentträgern. Diese letzteren reagieren auf drei Grundfarben, aus denen sie alle anderen in unserer Farbenlehre vorkommenden Farben zurechtmischen können. Die Pigmenttypen für rot und grün hat man bereits erkannt, doch die Analyse des Blauträgers bereitet noch Schwierigkeiten.

Warum müssen wir uns überhaupt die Farben erst in der Netzhaut zusammenmischen? Ist es denn nicht so, daß eine farbenprächtige Natur vorhanden ist, welche sich uns nur mitzuteilen braucht? Oder sind es die Augen, die mit Hilfe eines Farblabors einer öden Natur erst einen ansehnlichen Anstrich verleihen?

Schließlich weiß man ja noch aus der Physik, daß die Farbgebung oder Farbwirkung abhängig ist von der Wellenlänge innerhalb des sichtbaren Lichtes. Aber wir dürfen – streng genommen – das Licht nicht als etwas Selbstverständliches und Naturgegebenes betrachten. Es ist nur ein winzig kleines Spektrum innerhalb der lichtschnellen elektromagnetischen Wellen, das sich uns als Licht offenbart oder richtiger: das wir als Licht empfinden. Es beginnt mit den vielen Kilometer langen Radiolangwellen, die sich dann beim Kürzerwerden über die Mittel- und Kurzwelle bis zu den Ultrakurzwellen des Radiobereiches verjüngen. Danach entschwindet die Radioeigenschaft der noch kürzer gewordenen UKW-Wellen, und sie wirken als Wärmestrahlen, die ihrerseits beim Eintreten in den Bereich von tausend Schwingungen pro Zentimeter als sichtbare Wärme, nämlich Infrarot, auftauchen; wärmendes und zunächst noch kaum sichtbares Licht, das mit kürzer werdenden Wellen heller, sichtbarer, aber auch zugleich kälter wird und über grün, blau und violett ins unsichtbare Ultraviolett entschwindet.

Hiernach tauchen die elektromagnetischen Wellen als Röntgenstrahlungen wieder auf und verbleiben im Bereich der immer kurzwelliger und härter werdenden

Dimensionstabelle

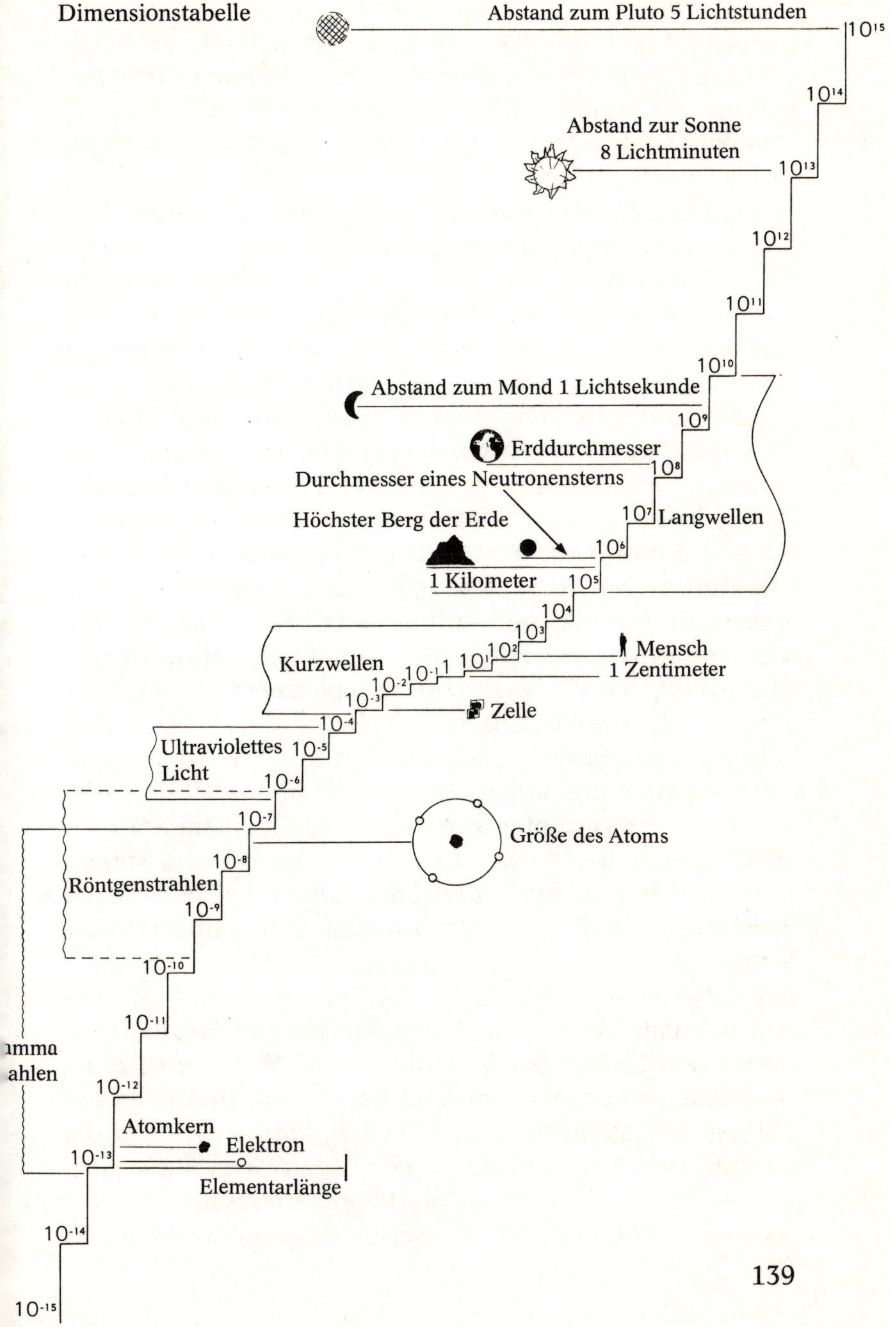

radioaktiven Strahlungen. Was dann jenseits der Elementarlänge von 10^{-13} cm, also etwa zehn Billionen Schwingungen auf einen cm Länge, mit diesen Wellen und Strahlungen geschieht, wissen wir nicht. Hier jedenfalls ist die Physik zu Ende.

Es existiert also eine unvorstellbar große Bandbreite elektromagnetischer Funktionen, aus der sich uns nur ein ganz kleiner Ausschnitt als Licht offenbart. Hätten wir aber keine Augen, wären wir nie auf den Gedanken gekommen, daß es ein Licht geben könnte. Licht ist primär eine Empfindung, die zu unserem wichtigsten Orientierungsinstrumentarium geworden ist. Für den blinden Olm existiert hingegen gar kein Licht, und es gibt auch andere Lebewesen, die nur über einige lichtempfindliche Zellen in der Haut verfügen, mit denen sie sich wahrscheinlich nur nach hell und dunkel orientieren. Auch Pflanzen recken sich nach dem Licht, verarbeiten dieses aber nicht optisch, sondern in einem chemischen Prozeß der «Fotosynthese». Hingegen versteht der Nilhecht beispielsweise den für uns unerklärlichen organischen Umgang mit elektromagnetischen Wellen zum Zwecke räumlicher Orientierungen. Mit einer für uns Menschen wohl fremdartigsten und unbegreiflichsten Sinneswelt baut dieser Gymnarchus niloticus um sich wie bei einem Stabmagneten ein Feld auf und schließt aus der Art der Linienstörung, die sich aus unterschiedlichen Leitfähigkeiten der Objekte ergibt, auf die Ereignisse in seiner Umgebung.

Möglicherweise wird also dieser kleine Ausschnitt des elektrogmagnetischen Spektrums in unserer Netzhaut zu sichtbarem Licht, aber wie und wo die Sichtbarwerdung geschieht, ist nach wie vor rätselhaft. Vielleicht in den 130 Millionen lichtempfindlichen Zellen, von denen sich die meisten um den «blinden Fleck», den Nervenausgang, konzentrieren. Es ist dieses der kleine Ausschnitt, den wir als Scharfsichtpunkt sehen. Hiernach laufen die Anregungen durch das komplizierte System der Netzhaut, deren Funktion den Eindruck einer technisch-chemischen Zerlegung und Analyse des Lichtes macht. Aber dieser hochkomplizierte Aufwand bekommt gar keinen rechten Sinn, wenn man bedenkt, daß das Resultat dieser Lichtanalyse von den Nervenfasern ins Gehirninnere geleitet wird und hier weder chemisch noch technisch irgend etwas mit Licht oder einer geometrischen Bildanordnung zu tun hat. Die nervalen Impulse des Lichtes unterscheiden sich kaum von denen der Akustik, die von der Ohrschnecke ins Gehirn geleitet werden.

Auf den ersten Blick könnte man glauben, daß diese 130 Millionen lichtempfindlicher Zellen ähnlich wie in der Fernsehtechnik ein Bild in lauter Lichtpunkte zerlegen und über das nervale Kabelsystem ins Gehirn leiten, wo das Bild wieder rekonstruiert wird. Es gehen aber nur eine Million Nervenfasern vom Auge ab, so daß entweder 129 von 130 Lichtzellen für nichts gucken oder schon im Auge zu großen Bildkomplexen zusammengefaßt werden. Es wird aber immer rätselhafter. Der Verlauf dieser einen Million Nervenfasern läßt sich nur ein kurzes Stück verfolgen, bis kurz hinter die Sehnervenkreuzung, wo sie dann im Thalamus enden. Hier ist die Endstation aller sinnesorganischen Eindrücke. Aber hier findet das Sehen offensichtlich nicht statt, sondern in eben jener Großhirnrinde, in der ja alle unsere bewußtheitlichen Wahrnehmungen abgewickelt werden.

Unser optisches Bewußtseinszentrum liegt im Hinterkopf, im Bereich des Hinterhauptlappens. Wie die nervalen Impulse von Thalamus in diesen Hinterhauptlappen gelangen, wissen wir nicht, aber wir wissen, daß sie dort ankommen. Ist nämlich diese Region durch Verletzungen zerstört, sind wir blind, rindenblind. Wir können nicht mehr sehen, obwohl die Augen einwandfrei funktionieren.

Also muß auch ein Zusammenhang zwischen dem Auge

und diesem Hinterhauptlappen bestehen. Ein Team unter dem Neurophysiologen David Hubel an der Harvard Medical School hat die Zusammenhänge etwas näher untersucht und dabei recht eigenartige Phänomene entdeckt.

Querschnitt des Auges

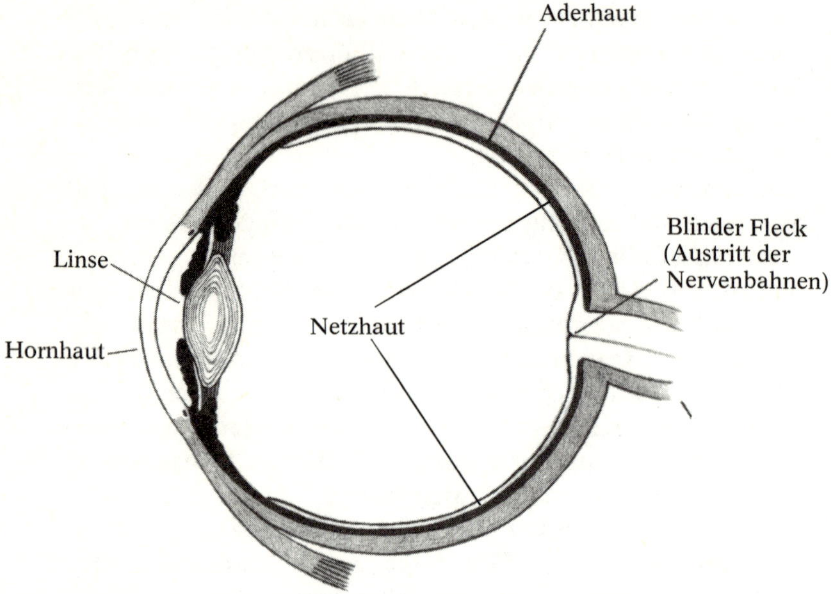

Reizt man nämlich nur einige wenige dieser 130 Millionen lichtempfindlicher Zellen, müßte man eigentlich schon Glück haben, gerade eine solche Zelle zu erwischen, die auch einen direkten Draht ins Gehirn hat. Es geschieht aber etwas ganz anderes: Zehntausende von Nervenzellen des Hinterhauptlappens reagieren daraufhin. Das würde einem Bild entsprechen, das etwa so groß ist wie die Handfläche am ausgestreckten Arm, obwohl wir vorne am Auge einen solchen winzigen Lichtpunkt nicht einmal sehen würden.

Dasselbe geht aber auch umgekehrt. In rauher Gesellschaft würde man erleben können, daß man vorne Sterne sieht, wenn man einen Schlag auf den Hinterkopf bekommt. Das ist natürlich eine unfeine Versuchsmethode, aber wenn man diese verfeinert, indem man im Hinterhauptlappen einige wenige Nervenzellen gezielt mit 60 Mikrovolt anregt, dann sind es nicht nur sinnlose Sterne, die vorne im Auge auftauchen, sondern recht sinnvolle optische Ereignisse und Dinge. Die Versuchspersonen sehen und erleben etwas Leibhaftiges vor sich, das in Wirklichkeit weder passiert noch vorhanden ist.

Gleiches wurde ja bereits bei den Gehörsfunktionen entdeckt. Aber diese Phänomene sind keineswegs nur auf die Optik und Akustik beschränkt, sondern betreffen auch alle anderen Sinneswahrnehmungen: Die Versuchspersonen riechen etwas, das gar nicht vorhanden ist, sie schmecken etwas, das sie gar nicht im Mund haben, sie fühlen Phantomschmerzen oder reagieren ohne Anlaß reflexiv mit den Händen oder Füßen.

Manipuliert man etwas tiefer im Zentralhirn mit Mikro-Impulsen oder auch mit Psychopharmaka, also speziellen chemischen Präparaten, so gerät man in die psychische Gefühlswelt, erzeugt Freude, Glücksgefühle, Ängste, Hunger, Liebeskummer, sexuelle Reize und was sonst noch dazu gehört.

Es läßt sich also ein komplettes Erleben einer imaginären Welt mit allen Wahrnehmungen und Gefühlsregungen erzeugen, welche die Versuchspersonen nicht etwa wie eine halluzinatorische Fata Morgana erleben, sondern absolut real und realistisch – wie unter Hypnose. Diese Erkenntnisse haben bekanntlich eine weltweite Diskussion über die Manipulierbarkeit des Menschen ausgelöst.

Aber ganz so einfach ist es mit dieser technischen Manipulierbarkeit auch wieder nicht. Zwar ist es möglich, die Sinnesempfindungen durch Induzieren von Mikroimpulsen anzuregen und damit Erlebnisse zu provozieren, aber es läßt sich mit diesen Impulsen nicht dirigieren,

dosieren oder bestimmen, welches optische oder akustische Erlebnis in Erscheinung treten soll. Es wird also nur eine motorische Anregung geliefert, die der Mensch dann nach seinen eigenen spontanen Intuitionen in Sinnvolles umwandelt. Der Mensch hat allerdings nicht die Wahl, die Anregungen zu verwandeln oder zu unterschlagen. Er *muß* sie in Sinnvolles umwandeln.
Das Sehen und Hören, das Erleben, ist also, wie man eigentlich als selbstverständlich annehmen müßte, keine Einbahnstraße, die ein äußeres Geschehen voraussetzt, um danach von den Sinnesorganen nach innen geleitet und dort reproduziert zu werden, sondern es kann auch umgekehrt verlaufen.
Erinnern wir an das Ausgangsbeispiel mit der Flasche Sekt, die von vier Personen getrunken wird! Da hatten wir doch gefordert, daß dieses Ereignis unbedingt gegeben sein muß, um sekundär wahrgenommen und erlebt werden zu können. Diese Forderung verliert nun aber immer mehr an Priorität.
Es gibt inzwischen drei verschiedene Möglichkeiten, um Erlebnisse und damit auch Ereignisse zu gestalten. Das Normale ist, daß vor uns etwas passiert, welches dann alle, die daran beteiligt sind, in etwa gleichartig erleben.
Die andere Möglichkeit ist die hypnotische Manipulation, bei der die Versuchspersonen alle äußeren Umweltereignisse ohne Rücksicht auf deren Realität ganz gezielt dem Inhalt des hypnotischen Rapportes unterordnen.
Die dritte Möglichkeit ist die gezielte Anregung von Nerven oder Nervengruppen im kortikalen Bewußtseinssystem, um damit die Versuchsperson zu Erlebnissen zu zwingen, welche sie dann inhaltlich nach eigenen spontanen Intuitionen selbst gestaltet.
Bedenkt man hierzu, daß es ja eigentlich gar kein Licht, keinen Schall, Schmerz und so weiter an sich gibt, sondern daß, genaugenommen, primär Energien unterschiedlicher Frequenzen auf die Sinnesorgane einwirken,

die wir sekundär als Licht, Schall und dergleichen irgendwo und irgendwie empfinden, dann bestätigt sich diese Annahme sehr überraschend: Wir brauchen nicht einmal diese speziellen Schall- und Lichtfrequenzen, sondern wir verwandeln auch einheitliche elektrische Impulse, gezielt auf kortikale Nervenzellen, in Licht- und Schallempfindungen und projizieren diese in die Umwelt, wo wir sie als Ereignisse zu erleben glauben. Das würde bedeuten, daß wir nicht nur Schmerzen, sondern auch akustische und optische Eindrücke im Sinne von Licht und Schall lernen müssen. Und wenn die von Wissenschaftlern wiederholt betonte Äußerung richtig ist, daß Schmerzen nur Einbildungen seien, warum sollten dann auch Licht und Schall und alle übrigen Sinnesempfindungen nicht nur Einbildungen sein?

Das erinnert an die alte indische Philosophie des Wedanta, welche behauptet, daß die ganze Welt nur eine Einbildung sei. Und viele religiöse Praktiken zielen darauf ab, mit vielfach variierten Techniken der transzendentalen Meditation die Einbildungen zu ändern, um damit auch die Umwelt zu ändern.

Da gibt es aber noch eine andere merkwürdige Erscheinung, die mit einer selbstverständlichen Annahme aufräumt: Wer ist nicht davon überzeugt, daß er mit seinen Augenbewegungen die Ereignisse verfolgt, bei einem Fußballspiel beispielsweise dem Ball mit den Augen nachläuft! Aber es ist genau umgekehrt: Unsere Augenbewegungen sind bereits im Tor, noch ehe der Ball dort ist. Sie laufen den Ereignissen voraus. Zwar nur um sechs Millisekunden, aber immerhin um die entscheidende Nasenlänge, welche darüber befindet, ob zuerst das Ereignis und dann die Wahrnehmung oder zuerst die Wahrnehmung und dann das Ereignis da war.

Sollte man darauf gleich solche haarsträubenden Konsequenzen ziehen? Soldaten und Jäger kennen beispielsweise das Vorhaltemaß beim Schießen auf bewegliche

Ziele. Man schätzt die Geschwindigkeit eines Fahrzeugs oder flüchtenden Tieres, verbindet sie mit der Geschoßgeschwindigkeit und eilt mit diesem Resultat den Bewegungen des Objektes voraus. Die Augenbewegungen eilen also dorthin voraus, wo sie das Objekt erwarten. Und erst recht beim Fußball!

Optische Impulsleitwege

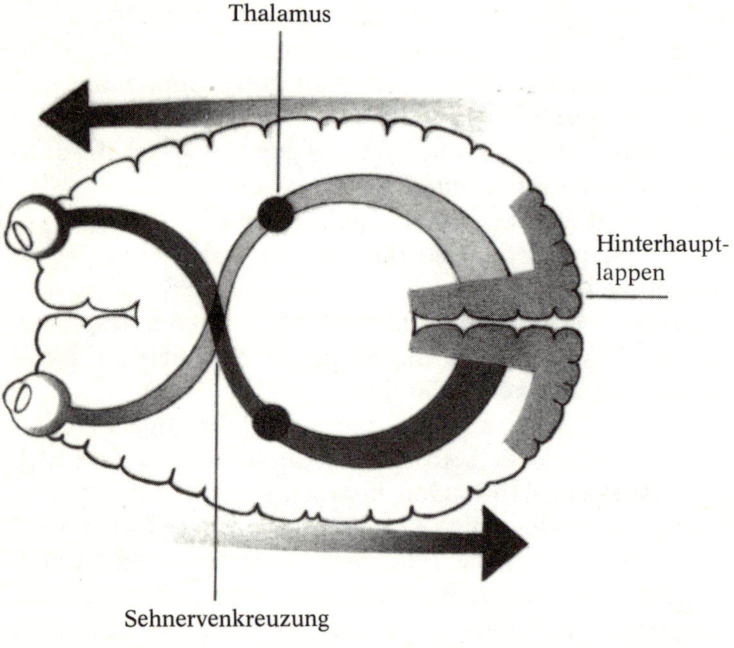

Das Sehen ist keine Einbahnstraße, die nur von außen nach innen verläuft. Bei gezielter Anregung kortikaler Nervenzellen im Sehzentrum erscheinen im Auge optische Ereignisse, die in «Wirklichkeit» gar nicht da sind.

Aber Professor Derek Fender vom Institut für Biologie und Elektrotechnik der Technischen Hochschule Kaliforniens hat diesen Eindruck nicht. Seine Untersuchungen sagen etwas anderes aus. So hat er seinen Versuchspersonen Haftschalen auf die Augen gesetzt, an die kleine Spiegel geschweißt waren. Ein auf diesen Spiegel gerichteter Lichtpunkt wurde dadurch auf eine Tafel projiziert, auf der man somit die Augenbewegungen genau verfolgen konnte. Auf dieselbe Tafel ließ er einen anderen Lichtpunkt werfen, dessen Bewegungen die Versuchsperson verfolgen sollte. Diese Bewegungen liefen so ab, daß die Versuchsperson auf keinen Fall – wie beim Fußball – Richtung und Geschwindigkeit vorausahnen konnte. Sie verliefen in unvorhersehbaren Bahnen, Bahnänderungen und Geschwindigkeiten. Aber trotzdem «wußten» die Augenbewegungen, die man ja anhand des reflektierenden Lichtpunktes messend verfolgen konnte, immer schon um diese sechs Millisekunden im voraus, wohin sich der zu beobachtende Lichtpunkt wenden würde.

Wer da glaubt, wir würden unsere Augenbewegungen mit vollem Bewußtsein so steuern wie einen Suchscheinwerfer, der sollte einmal versuchen, mit der Taschenlampe in Dunkelheit einen flüchtenden Hasen zu verfolgen. Er würde sein blaues Wunder erleben, wie oft diese bewußt gesteuerten Bewegungen über das Ziel hinausschießen oder den Hasen noch da suchen, wo er längst nicht mehr ist. Selbst das Haftenbleiben der Augenbewegungen an einem rasch bewegten Objekt würde ja schon eine Vorausberechnung der zu erwartenden Bewegungen erfordern, eine Berechnung, die so rasch kein noch so perfekter Computer erstellen könnte. Rein technisch also wäre die Gleichzeitigkeit der Augenbewegungen ebenso phänomenal wie das Vorauswissen um diese sechs Millisekunden.

Zieht man von den drei zuvor geschilderten Erlebensgestaltungen den Normfall der Beobachtung effektiven Geschehens ab, dann bliebe in den beiden übrigen Fällen auch nichts, das wir mit den Augenbewegungen verfolgen könnten. Die erlebten Ereignisse existieren ja nur im Gehirn, während die Augenbewegungen sie durch das Hineinprojizieren in Raum und Zeit verifizieren.

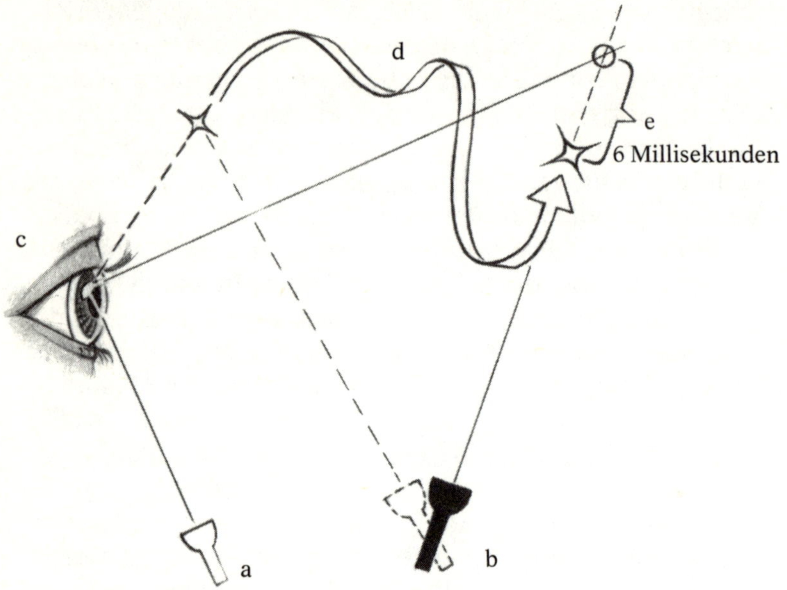

Modell der Versuchsanordnung zur Messung der Augenbewegungen bei der Verfolgung eines Lichtpunktes

a Feststehende Lichtquelle zum Auge
b Lichtquelle, die den Weg eines Lichtpunktes beschreibt
c Auge mit Haftschale und aufgeschweißtem Spiegel
d Willkürlich beschriebener Weg des Lichtpunktes
e Gemessene Differenz, um die die Augenbewegung dem Lichtweg vorauseilt (6 Millisekunden)

Aber auch an sich selbst läßt sich beobachten, daß wir mit den Augenbewegungen Ereignisse verfolgen, die gar nicht geschehen. Man versuche einmal, sich nach einem aufregenden Fußballspiel an einige markante Szenen zu erinnern! Dabei schließt man die Augen und läßt das Geschehen vor sich ablaufen. Drückt man dann mit den Fingerspitzen leicht gegen die Augenlider, kann man direkt fühlen, wie die Augen das Gedachte verfolgen. Gleiches geschieht ja auch im Traum. Die Traumforscher schließen sogar aus dem beobachtbaren Augenrollen der Versuchspersonen, daß sie träumen.

Läßt sich hier überhaupt die Frage stellen, ob die Augenbewegungen den Ereignissen nach- oder vorauslaufen? Es finden gar keine Ereignisse statt, und trotzdem plaziert der Mensch seine Erlebnisse mit Hilfe der Augen und der Augenbewegungen in die Umwelt.

Hatten wir nicht auch schon beim Hören Anlaß anzunehmen, daß wir die akustischen Ereignisse voraushören? Hier gibt es aber wohl kaum ein Meßsystem, um das genau feststellen zu können.

Professor Fender, der dieses Vorauseilen der Augenbewegungen nachgewiesen hat, macht mit Hilfe desselben Systems noch eine andere bemerkenswerte Feststellung. Es wurde ja bereits erwähnt, daß wir mit raschen Augenbewegungen aus lauter Scharfsichtpunkten einen Scharfsichtkomplex zusammentragen. Die Augen vollführen darüber hinaus aber noch eine andere Bewegung, von der wir weder etwas wußten noch bemerkten: Sie zittern in kurzen, raschen Bewegungen. Wozu?

Um das festzustellen, hat man diese unbewußten reflexiven Zitterbewegungen mit Hilfe der Haftschalen und des darauf geschweißten Spiegels angehalten. Dabei stellte sich heraus, daß die angestarrten Objekte rasch verschwammen und sich in ein lichtloses Schwarz verzogen. Von dort tauchten sie dann zwar wieder auf, aber recht unvollständig. Betrachtete die Versuchsperson ein aus Großbuchstaben geschriebenes Wort, so fehlte dann ein Buchstabe oder das große E kam nur als F oder als L wieder zum Vorschein.

Das erinnert an die bekannte Tatsache, daß ein Frosch beispielsweise nur das sieht, was sich bewegt. Das still Ruhende ist für ihn unsichtbar, schwarz. Eine feine Einrichtung; denn seine wichtigsten Beobachtungsobjekte sind seine Feinde und seine Beute. Beide müssen sich bewegen, und dann sieht er sie um so deutlicher, weil nichts Ruhendes da ist, das ihn von seiner konzentrierten Aufmerksamkeit ablenkt.

Um diese hervorragende Freund-Feind-Beobachtung zu bewerkstelligen, hat die Natur dem Frosch Augen verliehen, die nicht zittern, sondern ganz still stehen. Wir Menschen müssen hingegen unsere Augen ganz fein zittern lassen, um das, was stillstehend ruht, zu erkennen.

Das ist aber nur eine Notlösung der Natur; denn die Netzhautanregungen werden ja über Nervenbahnen ins Gehirninnere geleitet. Diese Nervenbahnen arbeiten nach einem bestimmten Prinzip, das zu beschreiben ebenfalls von recht großem Interesse ist. Sie müßten jedenfalls beim Beobachten eines ruhenden Gegenstandes pausenlos Signale ins Gehirn leiten. Dabei ermüden sie natürlich. Das Maximum von 1000 Signalen während einer Sekunde halten sie nicht lange durch. Die Signale werden schwächer. Jeder Signalgebung einer Nervenbahn folgt ein Erholungs- oder «Refraktärstadium». Sie tanken wieder auf. Aber auch diese Reserven sind bald erschöpft. Also müssen sich die Nervenzellen ablösen, und das geschieht eben dadurch, daß die Augen ganz rasch hin- und herzittern. Wir selbst können dieses Zittern weder wollen noch anhalten – es sei denn gewaltsam mit Hilfe aufgesetzter Haftschalen.

Also müßten eigentlich ruhende Gegenstände in unserem Blickfeld ganz fein zittern, aber es zittern nur unsere Augen und versetzen die ruhenden Gegenstände in feine Schwingungen, damit wir sie als ruhend erkennen können. So hören wir nicht nur, sondern sehen uns auch unsere Umgebung zurecht.

Der Mensch und die Natur

In wie vielen Büchern, philosophischen, theologischen und naturphilosophischen Arbeiten und Vorträgen ist dieses Thema nicht schon abgehandelt worden! Es geht und ging stets darum, dem Menschen ein bestimmtes Verhältnis zur Natur zu unterstellen. Dabei wurde die Natur an sich noch niemals in Frage gestellt, vielmehr geht es darum, ihre Entstehung und Entwicklung aus verschiedener Sicht zu schildern und dazu den eigentlichen Motor der Ontologie und Evolution darzustellen. Diese Szene wird vorwiegend beherrscht von einer göttlichen Schöpfung und Steuerung, von einer naturgesetzlich geregelten Kausalkette aus Ursache und Wirkung oder von der modernen Interpretation der Natur als ein Spiel von Zufällen und Statistik.

Und da auch der Mensch ein Produkt dieser Natur ist, wird der Sinn seines Daseins und seine Aufgabe ebenso unterschiedlich beurteilt, wie die Entwicklung dieser Natur dargestellt wird.

Die Natur, das sind der Wald, die Berge und Gewässer, Sonne, Wind und Regen, die Fauna und Flora, andere Menschen, Völker und ihre Geschichte. Diese Natur haben wir mit dem, was wir Wissenschaft nennen, objektiv und erhaben über alle Spekulationen und subjektive Wertungen erforscht und ergründet.

«Objektiv» heißt, daß wir uns dabei nur an dem Objekt, aber nicht an dem Beobachter selbst orientieren. Die solchermaßen von dem beobachtenden Subjekt abstrahierten Beobachtungen, diese entdeckten Zusammenhänge, sind das Resultat wissenschaftlich fundierter und respektierter Gesetzmäßigkeiten.

Der Mensch steht als Krone der Schöpfung und Spätling der Evolution dabei ganz am Schluß dieser Geschichte. Er mußte hinnehmen, was vor ihm schon da war. Hineingeboren in diese fertige Welt, hat er seine ganze

Anpassungs- und Lernfähigkeit darauf konzentriert, diese ebenso selbstverständliche wie komplizierte Natur zu erfahren und zu erfassen, die Berge, die Bäume und das Wetter, die Biologie und Physik sowie den Raum und die Zeit.

Sie zu erleben, besitzt er seine fünf Sinnesorgane, sie zu erfassen, seinen Geist. Nun haben wir aber gerade erfahren, daß diese Sinnesorgane keineswegs nur und ausschließlich die Gegebenheiten der Natur auffangen und in uns reproduzieren, sondern daß wir auf verschiedenen Wegen auch etwas gar nicht Vorhandenes ebenfalls mit unseren Sinnesorganen aufnehmen und in uns als Realität bewußt werden lassen können.

Die in den vorhergehenden Kapiteln dargestellten Beobachtungen, Fakten und Erkenntnisse gehören aber auch zum Stand der Wissenschaft. Sie spielen darin allerdings die Rolle von Seltsamkeiten, Kuriositäten und Phänomenen. Sie sind Randerscheinungen, und zwar deswegen, weil sie mit dem angenommenen und vorgegebenen Verhältnis zwischen Mensch und Natur nicht vereinbar sind. Hier sind sie nur einmal zusammengefaßt, unter weitgehendem Verzicht auf wissenschaftliche Fachvokabularien verständlich gemacht und auch bewußt in den Vordergrund gestellt. Hier wurde nur einmal aufgewertet, was die Wissenschaft gerne abwerten würde, wenn sie auf dem Objektivierungsprinzip bestehen sollte. Es zeigt sich dabei, daß das Verhältnis Natur – Menschen keineswegs diese Einbahnstraße sein kann, die wir bisher als selbstverständlich angenommen haben.

Man sollte sich daran erinnern, daß der Stand der Wissenschaft ja nur zu einem kleinen Teil aus Fakten und zu einem größeren Teil aus Theorien besteht. Unter den Theorien sollen die Fakten zu einem geschlossenen und in sich widerspruchsfreien Gesamtbild geordnet werden. Dabei fiel ja schon im Zusammenhang mit den extremen Phänomenen der Parapsychologie auf, daß und wie man

Fakten ignoriert, bestreitet oder als unbewiesen erklärt, wenn diese im Widerspruch zu Theorien stehen, die zum aktuellen Stand der Wissenschaft gehören.
Dieses Buch hat sich zur Aufgabe gemacht, diese unbequemen Fakten zu sammeln, ihre Widersprüchlichkeiten zu bestehenden Theorien, Annahmen und Selbstverständlichkeiten aufzuzeigen, um dann ein Bild zu entwickeln, unter dem sich alle Fakten und Phänomene widerspruchsfrei ordnen lassen.
Wenn auch der Spätling Mensch ein Bestandteil dieser Natur ist, dann sind es auch die schon viel früher dagewesenen Krokodile, Spinnen und Kuckucks. Aber diese dummen Tiere müssen nicht langwierig und mühselig lernen, die Natur richtig zu erleben und zu erfassen. Wenn sie auf die Welt kommen, dann wissen und beherrschen sie fast alles, was sie zum Leben brauchen. Und sie erleben die Welt, jedes auf seine Weise, sicherlich ganz anders als wir.
Aber wir müssen lernen. So, wie wir bei unserem Sehen lauter einzelne Scharfsichtpunkte zu einem Komplex zusammentragen, von dem wir dann glauben, daß wir ihn auch komplex scharf sehen, so lernen wir auch alles andere mosaikhaft, Stück für Stück, und machen aus lauter kleinen Teilchen ein Ganzes. So lernen wir einzelne Zahlen und spielen mit diesen Addition und Subtraktion bis hoch hinauf in komplizierte mathematische Stratosphären, die, unübersetzbar, nur noch von Mathematikern verstanden werden. Wir lernen Buchstabe für Buchstabe, setzen daraus mosaikhaft Worte und Sprachen zusammen. Diese Sprache und diese Mathematik sind die Voraussetzungen dafür, die Natur richtig erleben und begreifen zu können.
Unvorstellbar, daß es auch ein ganz anderes System geben könnte, mit dem man auf einem ganz anderen Weg die Natur ganz anders, aber ebenso richtig erleben und begreifen könnte!

Wie beim Neuseeländischen Glanzkuckuck beispielsweise. Dieser legt – wie bei Kuckucks üblich – seine Eier in fremde Nester, heimlich, und stiehlt sich davon, dieweil er das mühselige Geschäft des Ausbrütens und Fütterns anderen überläßt. Er, die geborene Landratte, reist indessen 2000 Kilometer über das offene Meer bis an die Küste Australiens, wendet sich dann nach Norden und findet nach insgesamt 6000 Kilometern seine kleine Insel im Bismarck-Archipel, wo er sein dolce vita genießt. Von seinen Eiern hat er sich nicht einmal durch Klopfzeichen verabschiedet.
Diese Eier werden unterdessen von pflichtbewußten Rabeneltern ausgebrütet, die natürlich, da sie ja nicht zählen können, keine Ahnung von der untergeschobenen Brut haben. So können sie den ausgeschlüpften Parasiten auch nichts von ihren Eltern und dem Bismarck-Archipel erzählen. Das erweist sich auch als überflüssig, denn sobald sie fliegen können und sich kräftig fühlen, begeben sie sich ebenfalls auf Reisen, fliegen 2000 Kilometer über das offene Meer bis an die Küste Australiens, drehen dann nach Norden ab und finden ebenfalls nach insgesamt 6000 Kilometern jene kleine Insel im Bismarck-Archipel, wo die sorglosen Eltern es als selbstverständlich angenommen haben, daß ihre ausgesetzten Kinder sie finden werden.
Das sollte der ob seiner Intelligenzkrone so stolze Mensch einmal nachmachen! Bevor er überhaupt in der Lage wäre, irgend etwas systematisch zu erlernen, müßte er viele Jahre seines Lebens damit verbringen, sich in die unerläßlichen Orientierungssysteme von räumlichen und zeitlichen Dimensionen und materiellen Formen hineinzuspielen. Er müßte das richtige Sehen, Hören und Fühlen lernen, um dann allmählich damit zu beginnen, aus einzelnen Buchstaben Worte und aus Worten Sätze zu machen; denn ohne Beherrschung einer Sprache lernt er nur durch Nachahmungen, ohne jemals in die Tiefe der

natürlichen Gesetzmäßigkeiten eindringen zu können. Mindestens acht Jahre vergehen, um einigermaßen mit räumlichen und zeitlichen Orientierungen fertig zu werden und mit der Geographie der nächsten Umgebung etwas anfangen zu können. Was gar 6000 Kilometer entfernt ist, kommt erst kurz vor dem Abitur.

Aber das Abitur reicht noch keineswegs aus, um 2000 Kilometer über das offene Meer fliegen zu können, ohne sich dabei völlig zu verirren. Er müßte noch diverse Spezialausbildungen absolvieren, das Umgehen mit Karte und Kompaß, mit dem Sextanten, die Orientierung nach Sonne, Mond und Sternen. Aber vollgepfropft mit Wissen und Theorien und ohne Praxis wäre es dennoch riskant, ihn ohne Lehrmeister allein auf die Suche nach der Insel im Bismarck-Archipel zu schicken. Und selbst sein Lehrmeister käme ohne technische Orientierungshilfsmittel nicht aus.

Der Kuckuck hat zwar keine Ahnung von Sprachen und Mathematik, von Geographie, Kompaß und Sextant, weiß nichts über den Lauf von Sonne Mond und Sternen und hat nicht einmal eine Information über den Aufenthaltsort seiner Eltern, aber er weiß trotzdem, wie man von Neuseeland zum Bismarck-Archipel kommt und auf welcher kleinen Insel seine Eltern zu finden sind, von deren Existenz er nie etwas erfahren hat, da er ja nur seine Brutеltern kennt.

Wie macht er das?

Wir sagen «Instinkt», und damit weiß jeder, wie hoffnungslos es ist, dem Kuckuck jemals auf seine Lernschliche zu kommen. Zumindest ist eines sicher: Von der Methode, sich aus Zahlen, Buchstaben und Teilchen stückweise lernend und mosaikhaft zusammensetzend ein Weltbild zu machen, davon hält er nichts. Er kommt mit einer unnachahmlichen Ganzheitsmethode auf die Welt und weiß alles, was er braucht, ohne es jemals gelernt zu haben. Dafür kennt er natürlich nicht Goethe, kann keine Mathematik und versteht nichts von Elektromotoren.

Damit soll nicht gesagt sein, daß das Welterleben des Kuckucks richtiger oder besser ist als das unsrige, sondern nur, daß unser Welterlernen und Welterkennen weder das einzig mögliche noch das einzig richtige sein kann. Außer dem Kuckuck und dem Menschen gibt es noch eine Unmenge anderer Kreaturen und Arten, die alle ein ganz individuelles und ganz anderes Verhältnis zur Natur und auch eine ganz individuelle Lebensmechanik besitzen.

Wir Menschen sind aber trotz oder wegen unserer stolzen Wissenschaften unfähig, die nichtmenschlichen Kreaturen aus deren eigenen Instinkt- oder Geisteswelt wirklich zu begreifen, sondern sind weiterhin bemüht, unsere immer noch weiter zu perfektionierenden technischen Maßstäbe und Begriffe den anderen Lebewesen aufzuoktroyieren. Damit wird das, was für die einfachen Kreaturen selbstverständlich ist, für uns immer komplizierter, wird wunderbar, phänomenal oder gar telepathisch.

Dabei stehen wir nur vor einer anderen «Geistes»welt, die wir ja im Verlaufe unserer Evolution als instinktgeführte Zwischenstadien ebenfalls durchlaufen haben. Vor einer vergleichbar ebenso unverständlichen Geisteswelt stehen wir bei den Phänomenen der Parapsychologie, die im Grunde nur deswegen phänomenal und unbegreiflich sind, weil wir uns mit unserem naturwissenschaftlichen Meß- und Experimentierdenken aus dieser anderen natürlichen Realität herausentwickelt haben und nun Schwierigkeiten sehen, das zu begreifen, was für uns noch im Altertum keine Wunder, sondern alltägliche Selbstverständlichkeiten waren.

Zwischen den Sinnesorganen und dem Gehirninneren bestehen Nervenverbindungen, welche Signale leiten. Unter einer solchen Signalleitung versteht man schlechthin, daß damit Informationen oder Meldungen von einem Punkt zum anderen geleitet werden. Vielbändige Lehrbücher der Sinnes- und Neurophysiologie beschreiben die Funktionsweise dieses Informationssystems.

Was man aber darin lehrt und lernt, gibt keinerlei Aufschlüsse über die Information an sich oder deren geheimnisvollen Code, der durch diese Nervenleitungen pulsiert. Man erfährt lediglich die recht komplizierten physikalischen und chemischen Wechselwirkungen des Nervensystems. Es sind die beobachtbaren Begleiterscheinungen einer Funktion, der man als selbstverständlich unterstellt, daß sie Signale übermittelt. Eines der bedeutendsten Standardwerke hierüber von Muralt trägt den Titel «Die Signalübermittlung im Nervensystem».

Welche Aufgabe sonst sollte das Nervensystem haben, wenn nicht die Übermittlung von Signalen und Informationen! Es muß ja so sein:

Da steht eine Sektflasche, deren Lichtreflexe vom Auge aufgefangen werden, so daß im kortikalen Bewußtsein das Erkennen dieser Flasche ausgelöst wird. Also muß über das Nervensystem auch der gegenständliche Inhalt dieser optischen Wahrnehmung ins Bewußtsein geleitet werden. Also können die nervalen Aktivitäten auch nichts anderes beinhalten, als ein technisiertes und codiertes Informationssystem. Das ist zwar, weil die Information an sich nicht beobachtet werden kann, nur eine Theorie, aber diese Theorie ist Stand der Wissenschaft.

Man geht eben davon aus, daß das so ist. Und wer während des Studiums der Neurophysiologie dieses wunderbare automatische Zusammenspiel von Impulsen und Stoffwechsel, von Ursache und Wirkung, erfährt und dieses mit einem hochorganisierten Chemiekonzern vergleicht, der ist von dieser Materie so fasziniert, daß er weder Grund noch Anlaß hat, an der vorausgeschickten Annahme zu zweifeln, daß hier sinnvolle Informationsinhalte von einer «denkenden» Energiematerie geleitet und verarbeitet werden.

Auf der Suche nach dem allesorganisierenden Urelement stieß man auf jene bereits erwähnte DNS, das doppelspiralige Riesenmolekül der Desoxyribonukleinsäure, welches durch seine automatische Wachstumsteilung das Prinzip des Lebens an sich beinhaltet. In jeder Zelle unseres Körpers – auch in der Nervenzelle – bildet diese DNS den Kern. Noch bevor der Mensch oder irgendeine andere Kreatur geboren oder gar gezeugt wird, liegt sein genetisches Programm bereits in der weiblichen Eizelle wie der männlichen Samenzelle fest. Nur der Zeitpunkt ist noch zu bestimmen, alles andere, die Farbe der Augen, Form der Nase, die Funktion der Organe und des Nervensystems, liegt potentiell bereits fest.

Die Desoxyribonukleinsäure (DNS)

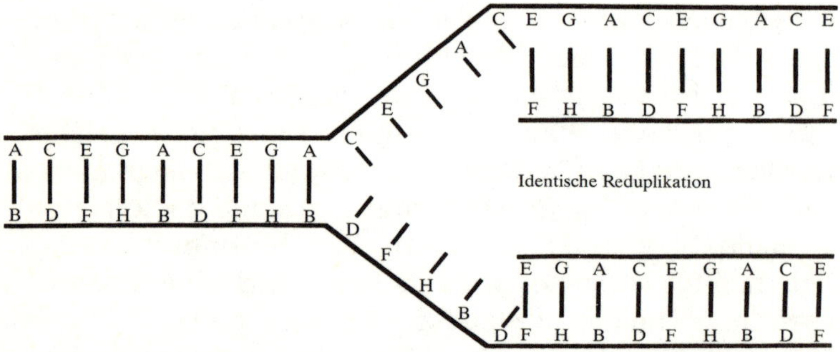

Bei der Wachstumsteilung des doppelspiraligen Riesenmoleküls ergänzen sich die abgetrennten Molekülgruppen wieder aus der Nährmasse

Die beiden Biologen Watson und Crick haben den Nobelpreis für die Entdeckung der DNS erhalten. Korrekterweise muß man sagen, daß sie die DNS nicht entdeckt, sondern nur entziffert haben, indem sie ihre Zusammensetzung rekonstruierten. Da sich aus diesem winzigen Molekül Ameisen, Frösche und Menschen entwickeln, muß die Frosch-DNS etwas anders sein als die des Menschen. Dieser Unterschied besteht in einer scheinbar geringfügigen Änderung in der Anordnung der Molekül- und Atomgruppen.
Was liegt näher, als den atomaren und molekularen Aufbau der DNS mit einer Schrift zu vergleichen, die ja auch nur durch scheinbar unwesentliche Änderungen in der Anordnung der Buchstaben doch sehr entscheidende Änderungen der Informationsinhalte wiedergibt. Seitdem ist der Begriff der DNS untrennbar verbunden mit Leben, Programm und Information. Die DNS enthält ein Produktions- und Entwicklungsprogramm, dessen Prinzip sich sogar die Hausfrau an ihrer modernen Waschmaschine verständlich machen könnte: Auf Knopfdruck läuft ein gesteuertes Arbeitsprogramm automatisch und unveränderbar ab.
Daß diese DNS auch sehr intelligenter Leistungen fähig ist, bewies ein Experiment des amerikanischen Biologen Gordon im Jahre 1966: Er tötete die DNS eines Froscheis mit ultravioletten Strahlen ab, entfernte die DNS aus einer Kaulquappendarmzelle und pflanzte sie in das Froschei. Der Kern der Darmzelle hatte seine neue Aufgabe sofort begriffen, spielte fortan nicht mehr Darm, sondern produzierte als Eizelle eine Kaulquappe, die ja zur Froschwerdung bereits in der Eizelle vorprogrammiert war.
Für den Techniker mag sich der Vergleich aufdrängen, daß diese DNS ein Schaltelement sei, welches, in einen der vorbestimmten Apparate eingebaut, darin sogleich die Führung und Steuerung übernimmt. Dieses winzigste al-

ler jemals erfundenen Programmelemente beherrscht alle zum Werden, Wachsen und Leben gehörenden Details. Sie vergißt keinen Knochen und kein Hormon, sie weiß, wie man sieht, riecht und nachdenkt, denn sie baut den Apparat. Sie führt durch das Leben, stoppt rechtzeitig das Wachstum des Zwölffingerdarms und der Kniescheibe. Hat man sich verletzt, dann organisiert ein perfekt funktionierendes Notrufsystem die Desinfektionsmechanismen, die Filtrierung eingedrungener Fremdstoffe, und läßt das gestoppte Wachstum an den Wundrändern sogleich wieder einsetzen, um die Wunde zu schließen.

Manchmal allerdings pfuscht irgend etwas in dieses programmierte System hinein, beispielsweise dann, wenn völlig grundlos der Wachstumsstopp an der Gebärmutter oder Brust, dem Magen, Darm, an der Leber oder Lunge wieder aufgehoben wird und die Zellen sinnlos wuchernd als Krebs außer Rand und Band geraten. Und seit Jahrzehnten forschen wir nach diesem geheimnisvollen Mechanismus, der nur eine materielle Ursache haben kann, da ja auch das ganze Wesen der DNS in der Form seiner atomaren Programmierungsanordnungen eine denkende Materie darstellt. Und so haben wir – statistisch bewiesen – auch schon eine ganze Fülle von Stoffen entdeckt, deren molekulare Wortschöpfungen offensichtlich eine ganz bestimmte Textstelle des DNS-Programms verwirren und damit die Aufhebung des Stoppbefehls für das Wachstum heraufbeschwören.

Daß aber diese DNS letztlich nur eine Konstruktion sein könnte, die ein Konstrukteur entworfen hat, so daß also eine Idee nicht nur hinter dem Aufbau, sondern auch der funktionsweise der DNS steht, diese Möglichkeit wird ausgeschlossen, weil in der Wissenschaft, die ja selbst eine geistige Idee ist, eine Idee nicht vorkommt. Den Begriff der Idee mögen wir hier einstweilen mit dem des «Lebens» ersetzen. Wie das Leben da hineinkommt, wis-

sen wir nicht, aber wir wissen, wann es zu Ende ist: durch den Tod. Aber in der materiellen Substanz hat sich durch den Tod nichts verändert. Sie ist eben nur tot.
Was ist Tod, was ist Leben? Mag die Naturwissenschaft sich bemühen, das Leben aus einem molekularen Programm der Materie zu erklären, so reicht doch die Summe allen Wissens nicht aus, um ein Leben künstlich herzustellen oder den Tod künstlich anders als durch Zerstörung herbeizuführen. Es ist ein Grundsatz der modernen Naturwissenschaft, daß das, was in einem Experiment nicht hervorgebracht oder reproduziert werden kann, außerhalb des Erkenntnisbereiches liegt. Die materialistische Welt- und Wissenschaftsauffassung geht sogar – wie im Falle der Parapsychologie – soweit, eine Realität zu bestreiten, wenn sie experimentell nicht reproduzierbar ist.
So haben denn namhafte Biologen wie die Nobelpreisträger Monod und Eigen das lebenerzeugende Experiment in die Natur zurückverlegt. Die Erde ein Experimentierlabor! Der Erdrhythmus von Erwärmung und Abkühlung, von hell und dunkel lieferte dazu den Motor für Bewegungen, Veränderungen und Entwicklungen.
Entwicklungen – wohin? Eine Zielidee konnte der zunächst noch toten Materie nicht zuerkannt werden, also experimentierte die Natur mit sinnlosen Zufällen, etwa so, als ob in einem riesigen Labor ungebildete Kinder sinnlos irgend etwas mixen, um die Resultate dann sich selbst zu überlassen. Irgendwann und irgendwie mußte dabei zwangsläufig das Eiweißmolekül und dann die DNS herauskommen.
Wäre diese Art des Theoretisierens noch zu Beginn dieses Jahrhunderts als unwissenschaftlich verworfen worden, so ist sie heute mit Hilfe statistischer Zahlenlogiken sogar nobelpreisfähig, besonders dann, wenn die in sich richtige Mathematik mit großen Zahlen von über 100 Stellen imponiert.

Damit hätte sich die Wissenschaft scheinbar elegant aus der Affäre gezogen; denn die Schöpfung als ein Kausalprodukt aus Ursache und Wirkung müßte sich ja jederzeit experimentell reproduzieren lassen. Diese Zufallsstatistik verneint diese Kausalität zwar nicht, transferiert sie jedoch quantitativ in derart hohe Dimensionen, daß ihr Nachempfinden nicht mehr zumutbar ist. Sollte sich die Schöpfung aber einem Zufall verdanken, dann würde ihr, weil Zufälle sinnlos sind, gerade jener Sinn fehlen, der das Wesen der Schöpfung ausmacht.
Was als Zufall begonnen hat, setzt sich in der neodarwinistischen Evolutionstheorie auch mit jenen Zufällen fort, die unter dem Begriff der Mutationen als sprunghafte Änderungen des molekularen Organisationsschemas den Motor der Evolution stellen. Es ist die Manifestierung des Experimentierdenkens, denn in jedem Einzelfall sind Mutationen ebenso sinnlose wie unberechenbare Experimente, von denen sich erst später herausstellt, ob sie sich in der Natur bewähren und durchsetzen. Erst wiederum in der statistisch großen Zahl kann aus sinnlosen Streuungen mit einer sinnvollen Entwicklung gerechnet werden.
Ein solches Zufallsprodukt sind beispielsweise die Bienen und der Bienenwolf. Dieser letztere lebt nur von Bienen, und diese haben in ihrer schützenden Hornhaut eine kleine verwundbare Weichstelle zwischen den Vorderbeinen. Der Bienenwolf ist nun zufällig so konstruiert, daß sich sein Stachel beim Anflug auf eine Biene haargenau in diese Weichstelle drückt. Ein Konstruktionsfehler um den Bruchteil eines Millimeters würde ihn lebensunfähig gemacht haben, aber es scheint, daß man sich auf den Zufall bedingungslos verlassen kann.
Während wir einerseits also die Evolution auf dem Zufall der ebenso unvorhersehbaren wie unberechenbaren Mutationen aufbauen, rekonstruieren wir andererseits die Entwicklung als eine sinnvolle Kette kleinster Schritte, in der von der Urzelle bis zum Menschen die Logik einer

sinnvollen Kontinuität gewahrt ist. Und wo noch ein Glied fehlt, forschen wir solange, bis diese Lücke geschlossen ist. Wir wissen sogar, wie das, was da fehlt, aussehen muß, und somit vermögen wir vorherzusagen, was die Natur mit ihren sinnlosen Mutationen hier und jetzt Sinnvolles konstruieren mußte, um die logische Kontinuität zu wahren.

Aber hier wie da fehlt das sinnvoll steuernde und sinngebende Medium. Es fehlt aber auch bei allen bisher analysierten Funktionen der Sinnesorgane, der Wahrnehmung und des Erlebens. Haben wir dieses Medium gefunden, dann kennen wir auch den Motor der Evolution. Vielleicht gelingt es, jenen geheimnisvollen Informationscode zu entschlüsseln, mit dem die Augen, Ohren und Nasen, die peripheren Gefühlsnerven und die innerorganischen Funktionen ihre Wahrnehmungen in die Steuerungszentrale des Gehirns leiten!

Was melden die Nervenleitungen?

Die Fragestellung ist natürlich unkorrekt, weil die Leitungen selbst nichts melden, sondern nur Meldungen leiten oder transportieren. Wir müßten also fragen: Was melden die Augen oder Ohren über das Nervensystem. Dabei wollen wir wissen, welcher Informationsart sie sich bedienen.

Wendet man diese Frage auf das alte Telegrammverfahren an, dann wird das Morse-Alphabet in Erinnerung gerufen. Die Buchstaben unserer Schriftsprache waren darin übersetzt in Punkte und Striche, die man als kurze oder lange Impulse über elektrische Leitungen schicken konnte. Es war Onkel Gustav, der eine Information telegrafisch übermitteln ließ, während die Beamten die Übersetzungs- und Leitfunktionen übernahmen.

Wir haben noch andere Meldesysteme entwickelt: das

Morse-Alphabet als optische Blinkzeichen, die Wink- und Flaggensprache der Marine, die Rauchzeichen der Indianer. Aber wer auch immer als Sender oder Empfänger mit diesen Signalen etwas anfangen will, muß zuvor das System lernen.

Aber es gibt Signale, die wir Menschen nicht gelernt haben, die Mimik und Gestik beispielsweise. Es gibt dafür weder Schulen noch Ausbildungen. Auch Tiere verständigen sich mit Mimik und Gestik, mit Drohgebärden, Ergebenheitsbezeugungen oder sexueller Werbungssymbolik in Form von Bewegungen, Tänzen oder farbig untermaltem Eitelkeitsgehabe. Endlos ließe sich die Aufzählung natürlicher oder kreatürlicher Informationssysteme durch Gerüche, Laute, Mimik und Bewegung fortsetzen. Solche Systeme werden ganz gewiß nicht systematisch erlernt, sondern sind Empfindungen und Erfahrungen, mit denen die Kreaturen auf die Welt kommen.

Auch das menschliche Verhalten ist nicht frei von solchen untechnisierbaren, nicht gelernten, sondern intuitiv oder instinktiv erfaßten Kommunikationssystemen, die Kleinstkinder mit Lachen und Weinen, Mimik, Gestik und Verhaltensweisen anwenden. Die Eltern lesen diese untrüglichen Signale, die zuverlässiger als Sprachen sind, weil man mit ihnen nicht lügen kann.

Immerhin haben diese Meldesysteme etwas Gemeinsames: Jeder wahrnehmbare Ausdruck hat eine übersetzbare Bedeutung. Ein Zähnefletschen ist eine Drohgebärde und kann nicht irrtümlich als Liebeswerben verstanden werden. Je detaillierter ein Informationssystem ist, desto vielfältiger müssen die Symboliken sein. Nun gehören aber nicht nur Verhaltensweisen der selben Art zu den lebensnotwendigen Informationen, sondern auch das Verhalten anderer Arten und der Natur schlechthin. Bedenkt man die Vielfalt an optischen, akustischen und sonstigen Eindrücken, die wir außen auffangen und nach innen melden, dann müßte dieses nervale Meldesystem auch über eine entsprechende vielfältige Differenzierungsmöglichkeit verfügen, um den schier unerschöpflichen Umfang außensinnlicher Wahrnehmungen zu gestalten und zu reproduzieren. Die durch den Nerven«draht» geschickte Information müßte zwischen einer roten und einer blauen Nelke ebenso unterscheiden wie zwischen einem Geigen- und Flötenton, einem Mücken- oder Bienenstich.

Aber von einer solchen Schrift oder einem Code wissen wir nichts. Was die Wissenschaft der Neurophysiologie beschreibt, beinhaltet nicht, *was* die Nervenbahnen leiten, sondern nur, *wie* sie leiten. Überträgt man dieses Wissen auf die Telegrafentechnik, dann würde uns der Fernmeldetechniker in seinem Fernmeldedeutsch lediglich die Apparate, die Elektrizität und die Techniken der Telegrammübermittlung erklären, ohne etwas vom Morse-Alphabet zu wissen.

Wenn auch unser Nervensystem gerne mit den elektrischen Informationsübermittlungen verglichen wird, so hat es doch mit dieser Elektrotechnik nichts zu tun. Zwar läßt sich noch der Aufbau der Nervenleitungen mit Kabelbündeln und Abzweigungen eines Telefonnetzes vergleichen, doch arbeiten die Nerven nicht mit den blitzschnellen Elektronen, sondern den viel langsameren Ionen, deren Leitgeschwindigkeit maximal 120 Meter in der Sekunde erreicht. Das Nervensystem arbeitet mit Energien chemischen Ursprungs, auch wenn wir für die meßbaren Werte Vergleichsdaten aus der Elektrotechnik anwenden.

Der Leser mag spätestens hier fragen, was die Detailkenntnis der Nervenfunktionen mit der Aufklärung der Ursachen parapsychischer Phänomene zu tun haben soll. Dennoch befindet sich gerade hier eine entscheidende Brücke zwischen den von den Sinnesorganen aufgefangenen Außenereignissen und den normalen oder anormalen Reaktionen des Körpers und des Bewußtseins. Man denke an Timmermann, der sich an einer kühlen Metallhülse aufgrund einer falschen Information verbrannt hat. Die wahrnehmbare Ursache und die materielle Reaktion wird durch das nervale Leitsystem miteinander verbunden. Diese Leitungen haben aber nicht den objektiven Tatbestand, sondern eine bewußt angelegte falsche Information nicht nur vermittelt, sondern auch zur Auswirkung gebracht.

Vergleichen wir das Nervensystem mit einer Telefonleitung, so würde in einem vergleichbaren Fall unser Gesprächspartner nicht unsere gesprochene Einladung zu einer Party, sondern unsere Gedanken hören, welche besagen: Hoffentlich hat er keine Zeit, denn mit seinen albernen Witzen stört er doch nur unseren Kreis.

Welchen Sinn sollte also ein Nervensystem haben, auf dessen objektive und unbeeinträchtigte Eindrucksübermittlung wir uns nicht verlassen können! Die Gehirnforschung gesteht ein, daß mit jedem Erkenntnisfortschritt die Arbeitsweise des Gehirns rätselhafter wird. Das mag daran liegen, daß diese Wissenschaft von der Annahme ausgeht, daß objektive Ereignisse wahrgenommen und ins Gehirninnere geleitet werden – müssen. Wir aber gehen hier von einer ganz anderen Fragestellung aus, weil wir wissen wollen, wie der Mensch etwas mit allen Konsequenzen erleben kann, was nicht objektiv, sondern nur in seiner Einbildung geschieht. Wenn das Gehirn und seine Zulieferer die Objektivitätstheorie bestätigen, können die Phänomene nicht möglich sein. Aber diese Objektivitätstheorie stößt auf immer größere Schwierigkeiten, während die bisherige Analyse der Sinnesfunktionen den Phänomenen der Parapsychologie kein Unmöglich entgegengesetzt hat. Es scheint in der Tat viel rätselhafter zu sein, warum wir normalerweise dasselbe Objekt einheitlich erleben und wahrnehmen.

Nun also müssen wir uns noch mit dem Nervensystem befassen, um zu ergründen, ob hier ein Schlüssel für oder gegen die Möglichkeit parapsychischer Phänomene zu finden ist. Dabei soll alles Unwesentliche fortgelassen werden:

Die häufigste Form der Nervenfasern sind die Hohlnerven; sie sind oft mikroskopisch klein und können wie feine Drähte auch dicke Kabelbündel aufbauen. Die Wände dieser Hohlnerven – wie auch die der Nervenzellen – haben die Struktur von Membranen. Sie sind durchlässig. Was sie durchlassen sollen, sind Ionen.

Wer seit der Schulzeit wieder vergessen hat, was Ionen sind, dem sollte nochmals in Erinnerung gerufen werden, daß es sich zunächst um Atome oder Moleküle handelt, die einen unausgeglichenen Elektronenhaushalt besitzen. Elektronen sind jene negativ geladenen masselosen Teilchen, die um die Atomkerne kreisen und damit das Volumen oder die Hülle der Atome bilden. Jedes negative Elektron hat in dem Atomkern einen positiv geladenen Wechselpartner, das Proton. Hat nun ein Atom oder ein Molekül ein Elektron zu wenig, dann ist es ein Ion, und zwar ein positives Ion; hat es ein Elektron zu viel, dann ist es ein negatives Ion.

Damit soll nur angedeutet sein, daß unser nervales Informationssystem nicht mit der blitzschnellen Elektronik, sondern langsameren chemischen Energien arbeitet, deren Leitgeschwindigkeit in unserem Nervensystem das Tempo von 120 Metern in der Sekunde nicht überschreitet.

Da die verwirrenden Details der neurophysiologischen Vorgänge letztlich auch keine bessere Erklärung des Prinzips bieten, mag es hier genügen, wenn wir die Funktionen der Nervenbahnen mit denen einer Lunte vergleichen. Auch hier sind – statt Ionen – feine Pulverkörnchen hintereinander aufgereiht und warten darauf, einen bestimmten Energie- oder Hitzestoß zu erhalten, um sich in einer Kettenreaktion nacheinander zu entzünden.

Dieses Prinzip gilt für alle Nervenleitungen und hat entsprechende Konsequenzen für die Frage: Was melden die Nervenbahnen?

Eine solche Lunte braucht eine ganz bestimmte Hitze als Anregungsenergie, um abzubrennen. Ist die Hitze zu schwach, zündet sie nicht. Erreichen wir die Hitze nicht ganz, dann müssen wir vielleicht mehrere Streichhölzer anzünden, die bis zur ausreichenden Energie aufsummiert werden. Wir könnten aber auch einen heißen Schweißbrenner verwenden und damit das Vierfache der notwendigen Hitze erzeugen, aber die Nervenlunte kann so oder so nicht mehr tun als abzubrennen, egal, ob sie gerade ausreichend oder übermäßig erhitzt worden ist. Und wenn sie abbrennt, dann brennt sie stets mit derselben Hitze und derselben Geschwindigkeit ab, ohne Rücksicht darauf, welche Hitze auf die Lunte eingewirkt hat.

Die Neurophysiologen sprechen hier von dem Prinzip des «Alles oder Nichts». Entweder springen die Nerven an oder nicht, und wenn sie anspringen, dann geben sie alles her, was sie haben.

Wenn dieses Abbrennen etwas mit dem Inhalt einer Information zu tun haben soll, dann versteht man die Schwierigkeiten, hier einen Informationswert herauszulesen; denn die Nervenleitungen können nicht einmal grob differenzieren. Das heißt: Ob ein grelles oder schwaches Licht, ein grünes oder rotes, ob ein Pfiff, Knall, Musik oder Sprache an unser Ohr dringt, ob wir einen sanften Stoß, einen Nadel- oder Messerstich erhalten, die Nervenleitungen machen keinen Unterschied.

Einräumen müssen wir lediglich, daß diese Lunteintensität insgesamt zwischen 50 bis 100 Mikrovolt und einer Leitgeschwindigkeit bis zu 120 m/sec schwankt, doch sind innerhalb eines Leitungssystems diese Werte immer konstant. Nach welchen Kriterien eine Leitung so und eine andere Leitung mit anderen Werten leitet, ist nicht bekannt.

Das, was außen einmal Licht, Schall, Wärme oder der-

gleichen gewesen ist, hat mit dem, was die Nervenbahnen leiten, nichts mehr zu tun. Würden wir irgendeines dieser Kabel auf dem Wege zum Gehirn anzapfen, um wie bei einer Telefonleitung mitzuhören, dann würden wir immer nur tüt – tüt – tüt – tüt vernehmen, sonst nichts.
Eine Lunte kann nur einmal abbrennen, dann wird sie zu Asche. Bei den Nervenkabeln ist das anders. Sie werden wieder aufgeladen. Die Neurophysiologen nennen dieses Wiederauftanken das «Refraktärstadium». Die Nervenbahnen erholen sich sehr rasch. In einer Sekunde können sie – maximal – 1000mal abbrennen und sich wieder erholen. Aber das halten sie nicht lange durch. Sie werden dann immer langsamer, das heißt, daß die Pausen zwischen den einzelnen Stadien größer werden. Solche Ermüdungserscheinungen überbrücken die Augennerven – wie bereits geschildert – dadurch, daß sie sich durch feine Zitterbewegungen ablösen.
Man nimmt nun an, daß dieses Abbrennen in der einen Richtung der eigentliche Meldevorgang ist, während das gegenläufige Refraktärstadium nichts anderes als ein Wiederauftanken darstellt. Das nimmt man deswegen an, weil man eben annimmt, daß die Informationen nur von außen nach innen geleitet werden.
Andererseits hat man festgestellt, daß kortikale Nervenzellen, also die Endempfänger von Informationen, mit 60 Mikrovolt angereizt, vorne im Auge optische Erlebnisse erzeugen. Das heißt einmal, daß es diesen Endnervenzellen egal ist, woher sie Impulse erhalten, um optische Bewußtseinsereignisse erzeugen zu können und bedeutet andererseits, daß dieses im Hinterkopf entstandene Bild in die Augen gelangen muß, um dort gesehen und in die Umwelt projiziert werden zu können. Wenn die Bilder normalerweise über die Nervenbahnen von dort kommen, müßten sie eigentlich auch auf demselben Wege dorthin gelangen. Und dazu könnte das Refraktärstadium dienen, denn der Fluß hin und zurück ist ja gegeben.

Impulsleitung in einem Hohlnerv

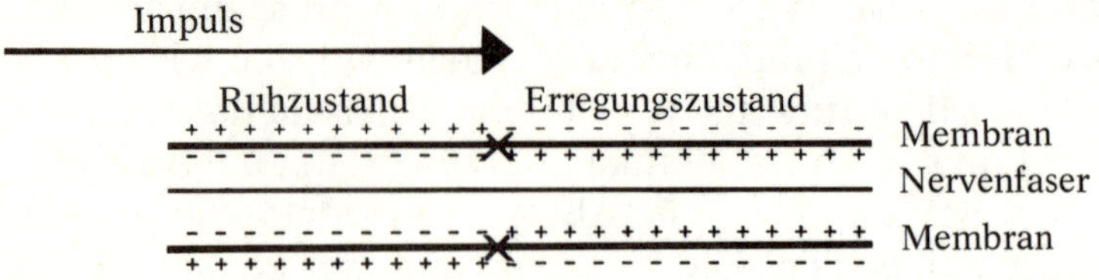

Im Ruhzustand befinden sich die negativen Ionen innerhalb und die positiven Ionen außerhalb der Nervenwände. Bei Nervenanregung kehren sich die Ladungen von außen nach innen um, wodurch kleine Stromstöße bis 100 Mikrovolt erteilt werden.

Kommen wir aber noch einmal darauf zurück, daß die Nervenbahnen zum Gehirn hin eigentlich immer nur «tüt-tüt-tüt» melden. Sie können also nicht differenzieren, sondern bestenfalls damit anzeigen: «Es ist was los.» Tatsächlich könnten sie ja auch nicht melden: «Es krabbelt von rechts nach links eine Fliege an der Wade»; denn mit einer solchen Meldung könnte ein Kleinstkind, das weder Fliege noch Wade kennt, ohnehin nichts anfangen. Man muß diese Empfindungen ja erst deuten. Andererseits zwingt uns die nervale Information aus sich heraus nicht, einen ganz bestimmten Inhalt zu lernen. Es sei dazu an das Experiment mit den neugeborenen Hunden erinnert, die man durch eine widernatürliche Fehlerziehung zu einem ganz anderen Empfindungslernen erzogen hat. Auf jeden Fall dürfte sich der Lernprozeß im Gehirn abspielen, ohne daß der Lerninhalt irgendwo lokalisierbar wäre. Die Entscheidung über den Inhalt einer nervalen Information wird aber im Gehirn getroffen.

Es bleibt also die Frage, wie die Sinngebung und wo das eigentliche Erleben erfolgt. Auf jeden Fall dürfen wir mit Sicherheit annehmen, daß die Informationsimpulse aus dem Nervensystem uns nicht zwingen, etwas ganz Bestimmtes wahrzunehmen und zu erleben.

Das Geheimnis des Thalamus

Das Gehirn ist zunächst ein Organ wie andere auch, die Leber und Niere, das Herz, der Magen oder der Darm. Das Ganze ist eine Einheit. Ohne Gehirn ist der Körper ebenso funktionsunfähig wie ohne Herz oder ohne Magen. Von allen Organismen unterhalb des Kopfes wissen wir sehr genau, welche chemotechnischen Leistungen sie zu vollbringen haben. Wir wissen das so genau, daß es zumindest theoretisch nicht mehr ausgeschlossen werden kann, alle diese Organe durch künstliche Apparate zu ersetzen. Das Gehirn durch einen künstlichen Apparat zu ersetzen ist einstweilen deswegen ausgeschlossen, weil niemand weiß, welche chemotechnischen Leistungen das Gehirn vollbringt. Es ist hier wie bei einem Produktions- oder Dienstleistungsbetrieb: Jeder Arbeiter und jede Maschine und jeder Angestellte haben Aufgaben, deren Leistung meßbar ist. Dagegen ist der Chef nur ein Parasit, der die Gewinne verbraucht und dafür die eigentlich arbeitenden und leistenden Organe ausbeutet.

Aus einer so messenden und wertenden Betrachtung beurteilt bekanntlich der Marxismus und Materialismus die Wirtschaft und das Unternehmertum: Da die geistige führende Leistung nicht meßbar ist, ist sie auch wertlos. In der Tat ließe sich heute schon die ganze Führungshierarchie eines dezentralisierten Industriekonzerns durch eine Computersteuerung mit Hilfe von Mikroprozessoren ersetzen. In Wirklichkeit wird damit aber in erster Linie die mechanische Arbeit automatisiert. Die geistige Führung hat sich ihrer mechanisierbaren Organisationsaufgaben entledigt und dazu ihr geniales Potential in die Technik investiert. Mag man hieraus auch deklarieren, daß man Denkprozesse mechanisiert oder materialisiert habe, so hat man doch in Wirklichkeit nur Mechanisierbares mechanisiert, während der Geist die eigentlichen schöpferischen Aufgaben hierfür leistet.

Aber diese geistige Funktion ist auch hier nicht selbst, sondern nur an ihren Resultaten meßbar. Besichtigt und studiert man vergleichsweise einen technisch perfekt durchorganisierten Industriekonzern, so läßt sich aus dem beobachtbaren Produktionsablauf auch nicht die Notwendigkeit eines obersten Chefs ableiten, der das Ganze mit Leben und Aufgaben erfüllt.

So ist es auch mit dem Gehirn als Führungshierarchie des lebenden Körpers. Was man daran beobachten, beschreiben und studieren kann, sind organisierte und mechanisierte Funktionen. In dem Studienpensum der Gehirnwissenschaft fehlt überhaupt die Vokabel «Geist». Unsere Beobachtbarkeit und Meßbarkeit beschränkt sich bekanntlich auf die Materie und ihre Veränderungen. Selbst die Energie, welche diese Veränderungen bewirkt, ist nicht mehr an sich beobachtbar und existiert daher nur als mittelbar bewiesene Theorie. Wenn nun hinter dem Zusammenwirken von Materie und Energie gar noch ein steuernder Geist stehen sollte, so ließe sich dieser vielleicht ahnen, aber weder mittelbar noch unmittelbar beweisen.

Betrachte man sich nach dieser Einführung einmal den Querschnitt des Gehirns! Es fällt hier zunächst in der Gehirnmitte der markante «Balken» auf, der das Gehirn in eine obere und eine untere Hälfte unterteilt. Tatsächlich bedeutet diese Unterteilung auch entwicklungsgeschichtlich eine entscheidende Zäsur: Die bereits häufig erwähnte Großhirnrinde begrenzte einst als «Archipallium» oberhalb des Balkens das Gehirn nach oben.

Zwischen diesem Balken und dem Archipallium hat sich dann die große Masse der grauen Gehirnzellen entwickelt und das Archipallium nach außen gedrängt, wo es nun als Großhirnrinde oder Kortex die Aufgabe der bewußtheitlichen Handlungen übernommen hat.

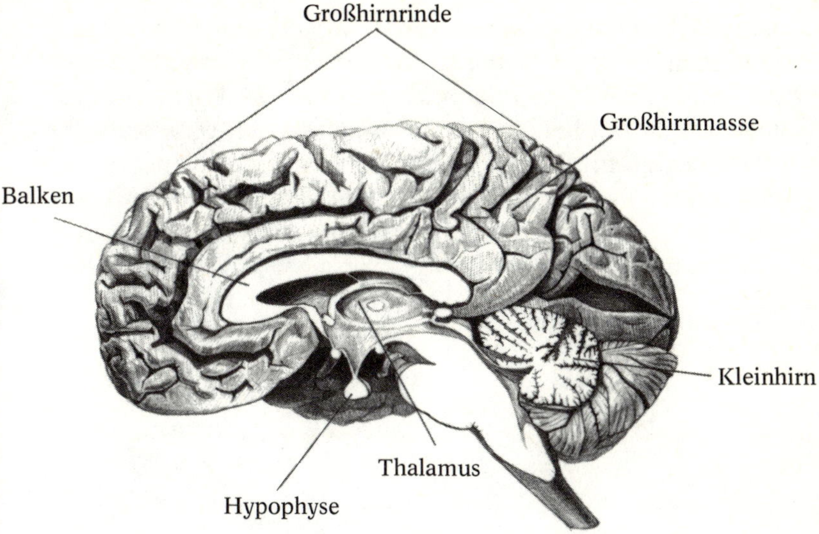

Unterhalb des Balkens befindet sich hingegen das Alt- oder Stammhirn. Wir dürfen diese im Gegensatz zum Großhirn als die Region des Unterbewußtseins bezeichnen; denn was hier geschieht, entzieht sich einer unmittelbaren Bewußtwerdung. Am unteren Ende dieser Region befindet sich die Hypophyse, die man in den letzten Jahrzehnten immer mehr als eine zentrale Schaltstelle des «Endokrinsystems» erkannt hat. «Endokrin» heißt: das Innere betreffend.

Wenden wir hierfür den Begriff der Information an, dann steht die Hypophyse in einem wechselseitigen Informationsaustausch mit dem gesamten innerorganischen und innersekretorischen Mechanismus. Die Hypophyse wiederum steht in einer direkten Verbindung zum Thalamus. Dieser wohl älteste Gehirnteil überhaupt ist die einzige Stelle, welche von allen Sinnesorganen eine Mitteilung erhält. Der Thalamus beherbergt zudem die dichteste und größte Konzentration von Nervenendungen.

Haben wir von den hier eintreffenden optischen, akustischen, Geruchs-, Geschmacks- und Gefühlsinformationen noch recht konkrete Vorstellungen und Übersetzungen, so sind die Meldungen der Hypophyse ganz besonderer Natur. Die Stoffwechselvorgänge im körperinneren Geschehen erleben wir nicht als chemisch-physikalische Prozesse, sondern übersetzen sie in die Welt unserer sogenannten Psyche, in Stimmungen, Launen, Depression, Freude, Vitalität, Sympathie, Hunger, Sexualtrieb und dergleichen mehr.

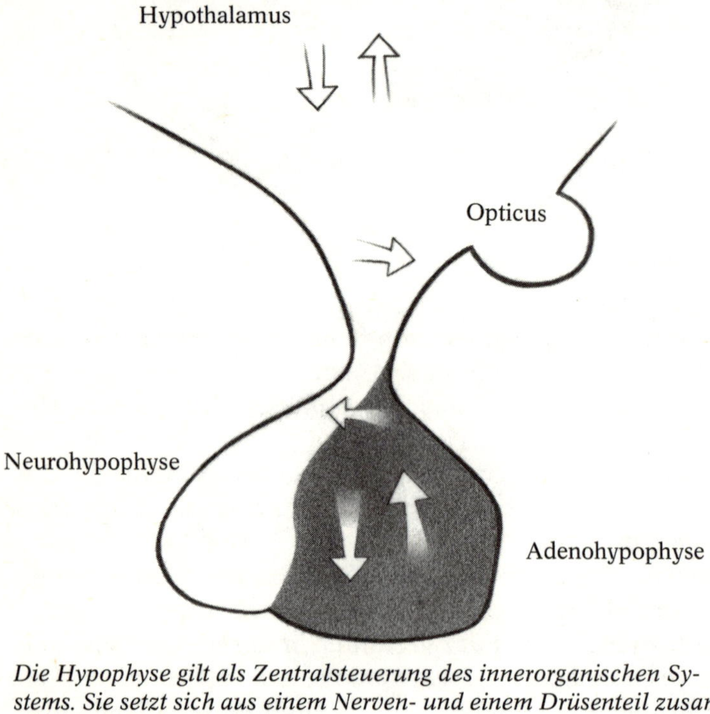

Die Hypophyse gilt als Zentralsteuerung des innerorganischen Systems. Sie setzt sich aus einem Nerven- und einem Drüsenteil zusammen und beschränkt sich in ihrem Informationsaustausch auf den Thalamus (Hypothalamus). Sie ist die wesentliche organische Schaltstelle des Gefühlslebens.

Die Wechselseitigkeit der Beziehungen zwischen Hypophyse, Thalamus und Endokrinsystem mag durch einige Beispiele zum Ausdruck kommen: Bei bestimmten stofflichen Mangelerscheinungen wird über die Hypophyse und den Thalamus ins Bewußtsein ein Hungergefühl gemeldet, um durch Essen abreagiert oder befriedigt zu werden. Es ist aber auch der umgekehrte Weg möglich: Der appetitanregende Anblick von Speisen kann vom Bewußtsein über Thalamus und Hypophyse die Symptome eines Mangels erzeugen. Ebenso könnte man durch bestimmte Fehl- oder Überproduktionen des Nebennierenrindenmarks und der Schilddrüse Angstgefühle bekommen, welche das bewußtheitliche Erleben entsprechend beeinflussen, während umgekehrt ein angsterregendes Ereignis jene Sekrete aktiviert, welche das Angstgefühl erzeugen.

Auch hieran wird wieder deutlich, daß das Erleben keine Einbahnstraße ist, die von außen – in diesem Falle vom Körperinneren – an das Gehirn herangetragen wird. Im Gegenteil: Die chemischen Stoffwechselvorgänge an sich ergeben gar keinen erlebbaren Sinn. Warum wir bestimmte Stoffwechselvorgänge als Freude, Angst, Hunger, Depression und dergleichen erleben, ist eine durch nichts begründ- oder erklärbare Erfahrungstatsache. Bevor wir überhaupt etwas von diesen innersekretorischen Vorgängen wußten, waren diese Gefühlserfahrungen bereits da, und bis heute gibt es außer dieser Erfahrung gar keine Begründung dafür, warum es so ist. Andererseits ist zu beachten, daß wir bei einem bewußten konzentrierten Erleben, beispielsweise einem reinen Erinnerungserleben, von schrecklichen Kriegsereignissen oder engagiertem Liebeserleben auch jene Gefühlsuntermalung durch Anregung entsprechender Endokrinvorgänge hervorrufen. Entkleidet man diese Vorgänge jeglicher Romantik, muß man bestätigen, daß rein geistige Konzentrationen, Erinnerungen oder Erleben chemotechnische – wenn auch körperinnere – Prozesse auslösen.

Wenn dieses sowohl vom Prinzip wie von der Regel her geschieht, stellt sich die Frage, wo hier die Grenze ist.

Liegt sie beim Schwitzen ohne Hitze, bei der Gänsehaut ohne Kälte? Ermöglicht sie auch eine Brandblase auf der Haut ohne Verbrennung? Oder kann dieses Prinzip auch außerhalb des Körpers wirken und Spukbegebenheiten erzeugen? Nein? Aber andere Empfindungsorgane, die Augen und Ohren, fangen nach unseren Erfahrungen optische und akustische Ereignisse aus der Umwelt auf. Auch hier weiß man, daß direkte Aktivierungen der kortikalen Nervenzellen optische oder akustische Ereignisse erzeugen und in die Umwelt projizieren, die «objektiv» gar nicht vorhanden sind.

Wo ist der Unterschied? Und wo wird diesen chemischen Stoffwechselvorgängen oder nervalen Impulsen der eigentliche Sinn- oder Erlebensinhalt vermittelt?

Da ja ein wie auch immer geartetes Erlebnis jeweils ein Komplex ist aus sinnesorganischen und innersekretorischen Eindrücken, kann die Erlebensgestaltung eigentlich auch nur dort erfolgen, wo alle diese Eindrücke und Informationen zusammenlaufen, nämlich im Thalamus. Aber hier geschieht etwas recht Merkwürdiges:

Läßt sich mit unserer perfekten Meßtechnik verfolgen, wie die auf eine einzelne Lichtzelle im Auge gerichteten Impulse eine entsprechende Reaktion im kortikalen Hinterhauptlappen auslösen, so daß man also Ursache und Wirkung über einen relativ großen Raum verfolgen kann, so läßt sich im Thalamus etwas Gezieltes weder beobachten noch messen. Im Thalamus hört jedes Erkennen auf.

Aus den -zigtausend Impulsen, die hier in jedem Augenblick auf Millionen feinster Dendriten eintreffen, läßt sich nicht mehr feststellen, ob sie vom Auge, Ohr oder der Nase kommen und welche außensinnlichen Eindrücke sie vermitteln sollen. Hier sind alle eintreffenden Impulse auf einen einheitlichen Nenner koordiniert.

Selbst wenn man von allen Nervenfasern, die zum Thalamus führen, nur noch eine einzige in Funktion ließe und alle anderen stillegen würde, so würde auch dieser einzelne Impuls alle Zellen des Thalamus aktivieren. Solange wir leben, erleben wir auch, selbst wenn dieses Erleben nicht mehr ins Bewußtsein dringt.

Man muß sich natürlich fragen, was das zu bedeuten hat; denn hier fehlt offensichtlich jede Zielgerichtetheit der Wahrnehmung und Aufmerksamkeit, obwohl wir gerade aus Erfahrung diese konzentrierte Erlebensfähigkeit beschwören würden. Andererseits besagt aber auch unsere Lebenserfahrung, daß wir beispielsweise während unserer allmorgendlichen Fahrt zum Arbeitsplatz zwar den Straßenverkehr beobachten, die Bäume, vertrauten Häuser und Plätze sehen, aber von alledem nichts wahrnehmen, weil wir dem Gespräch unseres Beifahrers lauschen oder aber nur an eine vor uns liegende komplizierte Aufgabe denken. Wir könnten aus dem Fenster auf eine belebte Einkaufsstraße schauen, ohne etwas zu sehen, weil wir uns auf die Radiomusik oder einen zuvor erhaltenen Brief konzentrieren.

Würden Umweltereignisse als Vorgänge an sich auf unsere Sinnesorgane einwirken, als direkte Informationen ins Gehirn geleitet werden und dort auch reflexiv unser Wahrnehmen, die Aufmerksamkeit und die Bewußtwerdung beanspruchen, dann wäre dieses umweltunabhängige Erleben gar nicht möglich. Wir wären dann nur ein Spielball der Ereignisse und diesen ausgeliefert, ohne etwas Eigenes durchsetzen zu können.

Nun ist ja der Thalamus nur eine Durchgangsstation, denn unser Erleben spielt sich offensichtlich nicht hier, sondern in der Großhirnrinde ab. Aber ein Großteil unserer Lebewesenwelt verfügt über gar kein Großhirn, sondern lebt und erlebt mit diesem uralten Thalamussystem. Auch sie reagieren auf Gesehenes, Gehörtes, Gerochenes, Gefühltes, sie reagieren auf Gefahren und auf Signale. Sie reagieren sicherlich anders als wir Menschen, aber deswegen wohl kaum weniger sinnvoll. Und deren Nervensystem ist noch viel einfacher und vermag deswegen noch viel weniger zu differenzieren als das unsrige.

Was also im Thalamus geschieht, wissen wir nicht, und es besteht auch kaum Aussicht auf eine Methode, mit der das jemals festgestellt werden könnte. Das liegt keineswegs an unseren unzureichenden Meß- und Beobachtungssystemen, sondern offensichtlich daran, daß sich hier ein Vorgang abspielt, den wir als Denken nicht mehr beobachten oder gar messen können.

Die Tatsache, daß hier sowohl von allen Sinnesendungen wie auch aus dem körperinneren Endokrinsystem alle «Informationen» zusammenlaufen, läßt den Schluß zu, daß hier eine sinngebende Koordinierung der Erlebnisimpulse erfolgt.

Das Erleben einer Gartenarbeit beispielsweise besteht ja aus einem ganzen Komplex, aus dem Sehen, Hören, Riechen, Fühlen, aus motorischen Bewegungen und aus Schwitzen; zugleich aber auch aus dem Nachdenken und Überlegen, aus der Assoziation von Wahrnehmung und Erfahrung. Und alles dieses wird zugleich von Stimmungen untermalt, die aus dem Endokrinsystem in den Gesamteindruck des Erlebens eingespielt werden. Alles das komponiert das Erleben, aber alles das bieten unsere innen- und außensinnlichen Organismen auch gleichzeitig an. Während wir ja immer nur eines zur selben Zeit verarbeiten können. Schon an dem Beispiel mit der kleinen Party haben wir dargestellt, wie unmöglich es ist, allein die vielfachen unterschiedlichen akustischen Eindrücke auf einmal zu hören, so daß wir uns aus diesem chaotischen Wellensalat unterschiedlichster Schallfrequenzen nur eine ganze bestimmte heraushören. Dieses Chaos wird bei dem gleichzeitigen Angebot aller innen- und außensinnlichen Organe während einer solchen Beschäftigung noch vervielfacht; wir aber schreiten kontinuierlich erlebend und sinnvoll gestaltend durch dieses Chaos hindurch.

Alles das sollte man berücksichtigen, wenn man erwartet hat, daß eine durchgehende Informationslinie von einem Außenereignis über die Sinnesorgane und Nervenbahnen in die Gehirnzentrale verläuft, um uns diese sich um uns abspielenden Ereignisse reflexiv bewußt werden zu lassen. Es ist aber erstaunlich, wie wenig der Mensch über seine eigene Rolle als Vermittler von Umweltereignissen und Erlebensinhalten nachdenkt, sondern sich ausschließlich beobachtend auf das konzentriert, was sich ereignet.

Was im Thalamus nun geschehen mag, darüber soll an anderer Stelle spekuliert werden. Vorerst ist der Thalamus noch keine Endstation. Was hier geschieht, erfahren wir nicht. Erst wenn die kortikalen Bewußtseinsregionen aktiviert werden und reagieren, wird uns das, was wir erleben, bewußt. Hier wird, wie die Wissenschaft sich ausdrückt, das Gewollte in die Tat umgesetzt. Hier entsteht unsere Wirklichkeit und Wahrheit. Aber wir wissen weder, wie vorher das Gewollte noch nachher das Bewußte zustandegekommen; denn es ist nicht zu erkennen, auf welchem Wege die Anweisung des Gewollten in die kortikale Bewußtseinsregion gelangt.

Zwar gehen vom Thalamus auch direkte Nervenverbindungen ins Großhirn, vorwiegend ins Stirnhirn, aber wenn man diese durchtrennt, wie das bei einer operativen Therapie zur Beseitigung der Schizophrenie gemacht wird, entstehen keinerlei Störungen im Denken, Erleben oder Sicherinnern. Es ist demnach sehr unwahrscheinlich, daß die Regieanweisungen des Gewollten per Nervenleitung ins Großhirn gelangen.

Auch in unserer Technik brauchen wir keine Kabel, um Informationen zu leiten. Es geht auch drahtlos. Also ist es erlaubt anzunehmen, daß auch die Informationen oder Anweisungen aus dem Thalamus ins Großhirn gelangen, wo sie von dem zum Kortex hin immer dichter werdenden Nervennetz aufgefangen und zur Ableistung der Bewußtseinsinhalte in die verschiedenen Zentren geleitet werden.

Ob das Wie jemals technisch zu erklären sein wird, ist die große Frage. Wir wissen ja auch nicht, welche Aufgaben und Funktionen die Milliarden grauer Zellen der Großhirnmasse haben. Haben wir in diesem Bereich Störungen oder Verletzungen, so sind dadurch keine speziellen Gedächtnismoleküle ausgefallen, sondern die generelle Leistungsfähigkeit des Gehirns ist beeinträchtigt. Der Patient benimmt sich wie ein Betrunkener, der unsicher geht und schwankt, lallt, schwer hört und alles doppelt sieht und mit Verzögerung reagiert. Je mehr Quantität verletzt ist, desto mehr leidet die Qualität des Erlebens und Reagierens. Es macht daher den Eindruck, als haben die grauen Zellen die Funktion einer Filtermasse, deren Produkte um so unsauberer sind, je mehr Filterzellen durch Zerstörungen ausfallen.

Bestehen Störungen oder Verletzungen im Thalamusbereich, dann stellt sich eine ähnliche, in ihrer Auswirkung aber doch ganz andere Folgeerscheinung ein: Der Patient wird unaufmerksam, es fällt ihm schwer, sich zu konzentrieren. Seine Fähigkeit, das Wahrgenommene richtig einzuordnen, wird beeinträchtigt. Er ermüdet bald, wird teilnahmslos und schließlich völlig apathisch. Er ist nicht mehr fähig, etwas zu erleben und verfällt.

Während bei einer Verletzung in der Großhirnrinde eine ganz bestimmte Funktion mit dem Eintreten der Verletzung sofort ausfällt, so tritt die krankhafte Folgeerscheinung bei einer Thalamusbeeinträchtigung allmählich ein. Es ist, als ob der Patient noch eine Zeitlang von der Thalamusvitalität zu zehren vermag, bis er mehr und mehr kapituliert.

Ordnen wir die beiden Folgeerscheinungen der Großhirn- und Thalamusstörungen in den Erlebensprozeß ein, so kann das beeinträchtigte Großhirn die Anweisungen aus dem Thalamus nicht mehr reaktionssicher und sauber zur

Ausführung bringen, während bei einer Thalamusstörung das sinnvolle Einordnen und gezielte Wollen mehr und mehr beeinträchtigt wird.
Krankhafte Verletzungszustände sind zweifellos sehr hilfreich, um aus dem, was damit verlorengeht, zu schließen, was dieser Organismus im Gesundzustand leistet. Wir wissen damit, wo die Ursache zu suchen ist, wenn irgend etwas nicht mehr richtig funktioniert. Im Organ Gehirn haben wir aber im Gegensatz zu allen anderen Organen sehr wenige Reparaturmöglichkeiten, weil wir hier am wenigsten wissen, *wie* das Erleben, Denken und Reagieren eigentlich vor sich geht.
Auf jeden Fall läßt sich zusammenfassen, daß es keinen physiologisch erklärbaren Kausalzusammenhang zwischen den sinnesorganischen Rezeptionen und den bewußtheitlichen Erlebnissen gibt. Die Nervenbahnen liefern als Vermittler zwischen diesen beiden Zuständen von Ereignis und Erlebnis nur eine motorische Denkanregung, ohne den Erlebensinhalt vorzuschreiben. Das ließe sich in etwa damit vergleichen, daß wir beim Einschalten eines Fernsehgerätes auch nur eine elektrische motorische Energie zuführen, die auch nur bewirkt, *daß* etwas erlebt werden kann, aber nicht vorschreibt, *was* erlebt wird.
Was wir aber in der Sinnes- und Gehirnphysiologie lehren und lernen, wäre – um bei dem Vergleich mit dem Fernsehgerät zu bleiben – das technisch-elektrische Schaltsystem. Wenn hier Bild und Ton nicht mehr richtig funktionieren, lernen wir, auf die technischen Ursachen rückzuschließen. Funktioniert der Apparat technisch einwandfrei, dann sind der Phantasie keine Grenzen gesetzt, um jede Art von Erleben hierin abzuwickeln.
Was nun aber unser eigentliches Erleben und damit auch die Umweltereignisse bildet, ist nicht die physiologische Technik, sondern die programminhaltliche Gestaltung durch eine hierarchische Direktion.

Wenn wir nun noch einmal darauf zurückkommen, daß die Wissenschaften ihre Hauptbedenken gegen die Realität parapsychischer Phänomene darin sieht, daß sich diese nicht beweisen lassen, also in der Technik unseres experimentellen Beweisdenkens nicht unterzubringen sind, dann müssen wir die Gegenfrage stellen: Was ist denn überhaupt bewiesen? Ist es nicht letztlich auch nur der Mensch, der ein wissenschaftliches Beweisdenken ersonnen hat, der die Experimente anordnet, durchführt, beobachtet, mißt und beurteilt? Auch bei diesem Menschen läuft das Erleben, Beobachten und Messen so ab, wie es hier geschildert wurde. Es folgt nicht einer Kausalkette von objektiven Ereignissen über die Sinnesorgane in die Bewußtseinszentren, sondern gelangt auch bei ihm in den Thalamus, der letztlich nicht vorschreibt, was erlebt und gedacht wird, sondern nur anregt, daß etwas gedacht wird.
Sollte das, was Timmermann erlebt hat, nur deswegen nicht möglich sein, weil eine wissenschaftlich gebildete Mehrheit diese Möglichkeit bestreitet?
Es widerspricht unseren Empfindungen und Erfahrungen, daß es keine Objektivität, keine Wahrheit an sich geben soll. Diese absolute Freiheit des Wahrnehmens und Erlebens, die man aus den vorangegangenen Darstellungen schlußfolgern müßte, steht im Gegensatz zu der Tatsache, daß wir diese Freiheit gar nicht haben; denn ein Ereignis, der Anblick eines bunten Blumenbeetes oder ein von Zehntausenden miterlebtes Fußballspiel, sind doch Tatsachen, die von allen Zeugen gleichermaßen erlebt und bestätigt werden – bis auf unbedeutende Nuancen und Aufmerksamkeitslücken, die aber dank unserer modernen Bildtechnik objektiv rekonstruiert werden können.
Wie läßt sich dieser Erfahrungswiderspruch erklären?

Beobachten – Vergleichen – Denken – Erleben

Wer sich jemals mit der Problematik der parapsychischen Phänomene und erklärender Lösungen befaßt hat, mußte entweder versuchen, diese Phänomene als Täuschungen, Einbildungen oder technische Tricks mit natürlichen Hilfsmitteln zu entlarven oder blind auf noch unentdeckte Kräfte hoffen, welche diese Seitensprünge wider die gesetzmäßige Natur erlauben.

Die Problemlösung konzentriert sich aber nun auf die bisher unbedachten Eigenarten des menschlichen Erlebens und Wahrnehmens. Das steht im Gegensatz zu einer wesentlichen naturwissenschaftlichen Grundhaltung, welche fordert, lehrt und dazu diszipliniert, die Dinge, Kräfte und Ereignisse *objektiv* zu sehen, sie also von jeder subjektiven Wahrnehmung und Wertung freizumachen.

Um das auch zu gewährleisten, verläßt man sich nicht auf die täuschungsanfälligen Sinnesorgane, sondern hat beobachtende, registrierende und messende Methoden und Instrumente entwickelt, an denen nur noch Zahlen und Endresultate abgelesen werden.

Bevor man aber soweit ist, etwas messen zu können, muß sich erst einmal durch Beobachten und Erkennen die Notwendigkeit des Messens ergeben haben. Beobachten aber heißt Vergleichen. Ob etwas groß oder klein ist, hängt von dem jeweiligen Vergleichswert ab. Ein großes Haus ist im Verhältnis zu einer ägyptischen Pyramide recht klein, und das langsame Schneckentempo ist im Verhältnis zum Wachstum eines jungen Baumes rasend schnell. Um für solche notwendigen Vergleiche eine einheitliche Norm zu schaffen, hat sich der Mensch ein Zahlensystem entwickelt, mit dem Größen, Geschwindigkeiten, Temperaturen und so weiter unabhängig von subjektiven Vergleichswerten objektiviert werden. Unsere natürlichen Empfindungen bleiben aber davon unberührt subjektiv, und deswegen verlassen wir uns bei allen tech-

nischen und wissenschaftlichen Wertungen lieber nicht auf diese Empfindungen, sondern auf die Meßnormen.
Unsere naturwissenschaftlichen Meßnormen basieren auf Zentimeter, Gramm und Sekunde, dem c-g-s-System. Selbst die kompliziertesten Elementarteilchenformeln lassen sich auf diese drei Größen von c, g und s reduzieren. Diese stehen für den Raum, die Zeit und die Masse. Der zuverlässige Umgang mit diesen in Zahlen übersetzbare Größen hat uns längst vergessen lassen, was denn die Zeit, der Raum und die Masse an sich sind. Wir haben sie als naturgegebene, konstante und unveränderbare zuverlässige Größen angenommen. Und erst durch die Relativitätstheorie haben wir erfahren, daß auch diese angeblichen Naturkonstanten keineswegs konstant sind, sondern sich auch nur relativ zum Bewegungszustand des Beobachters verhalten. Und je gründlicher man darüber hinaus über Wesen und Realität der Zeit, des Raumes und der Masse nachdenkt, desto rätselhafter wird ihre Natur. Die Philosophien aller Jahrhunderte und Jahrtausende haben diese Phänomene von Raum, Zeit und Masse mit den ebenso unterschiedlichsten wie widersprüchlichen Definitionen zu erklären versucht.
Man weiß nicht, was Raum, Zeit und Masse an sich sind. Eine Naturgegebenheit läßt sich nicht nachweisen. Sie sind eine Erfahrung und Empfindung. Wenn diese Empfindungen naturgegeben sein sollten, dann wäre es nicht zu verstehen, warum der neugeborene Mensch noch bis in sein achtes oder gar zehntes Lebensjahr hinein so große Schwierigkeiten hat, sich in den naturwissenschaftlichen Raum- und Zeitdimensionen zurecht zu finden. Sicher ist jedenfalls, daß der Säugling keineswegs mit diesen Systemen bereits geboren wird, sondern sich in seinen ersten Jahren nach ganz anderen Kriterien orientiert.
Daß unsere Selbstverständlichkeit des Beobachtens und Erkennens keineswegs so selbstverständlich ist, läßt sich

an einem bekannten Experiment demonstrieren, welches ein amerikanisches Forscherteam einmal bei den Pygmäen gemacht hatte. Man zeigte diesem Naturvölklein einen 30minütigen Film über ein amerikanisches Großstadtleben und fragte sie anschließend, was sie gesehen hätten. Einhellig riefen sie: «Hühner!» Die Forscher konnten sich auf Hühner in diesem Film gar nicht besinnen und schauten sich den Film noch einmal an. Tatsächlich tauchten in einer Kaufhausszene für einen ganz kurzen Moment geschlachtete Hühner auf. Das war also das einzige, was die Pygmäen gesehen hatten.
Man könnte natürlich einwenden, daß sie alles andere auch gesehen, aber nicht erkannt hätten. Aber was ist denn sehen? Auch ein Säugling sieht, sobald er die Augen geöffnet hat; er sieht insofern, als das Licht in seine Augen fällt, aber er sieht, ohne zu erkennen. Selbst wenn man sich irrt, also etwas Falsches erkennt, so hat das Sehen immerhin zu einem Erkenntnisresultat geführt.
Insofern haben auch die Pygmäen gesehen, aber sie hatten weder zu einer Großstadt noch einer Zivilisation oder gar einer Straßenbahn eine Beziehung, das heißt, daß in dem, was sie bisher gelernt oder erfahren haben, gar keine Momente enthalten sind, welche sich als Vergleiche für das Unbekannte eignen – bis eben auf die Hühner.
Beobachten heißt Vergleichen. In der Psychologie bezeichnet man diese Voraussetzung des Erkennens als Assoziieren: Man kann nur das erkennen und erleben, was man mit einer geeigneten Erfahrung assoziieren kann. Als die Indianer zum ersten Mal mit Schnaps in Berührung kamen, definierten sie ihn als Feuerwasser, weil sie zu dessen Einordnung nur das trinkbare Wasser und das brennende Gefühl in der Gurgel als Assoziation zur Verfügung hatten. Für das erste dampfende Ungetüm einer Lokomotive mußten sie die äußere Erscheinung mit der Größe eines Pferdes und den Rauch als Feuer aus ihrem Erfahrungspotential zur Assoziierung als Feuerroß ver-

wenden. Immer nur läßt sich etwas Neues aus einem Vergleich mit bekannten Erfahrungen begreifen, und selbst der gebildete Mensch, der die Fachsprache einer Wissenschaft nicht beherrscht, ist darauf angewiesen, sich das Fachliche mit Hilfe ihm bekannter Begriffe erklären zu lassen.

Verfolgt man diese Entwicklung des Erfahrungsaufbaus durch fortlaufende Assoziationen zurück, kommt man zwangsläufig auf einen Nullpunkt, an dem überhaupt noch keine Erfahrung oder Erinnerung vorliegt. Dieser Nullpunkt liegt beispielsweise bei dem neugeborenen Menschen. Wie kann dieser überhaupt eine erste Erkenntnis oder Erfahrung haben oder gewinnen, wenn nichts vorhanden ist, mit dem er dieses Erste zu assoziieren vermag? Mit Nichts kann man nichts aufbauen, weder etwas Geistiges noch Materielles. Selbst wenn man dem Menschen unterstellt, daß er bereits im Mutterleib erste Erfahrungen oder Empfindungen gewinnt, die Überwindung des Nullpunktes also in ein unerforschliches Dunkel zurücklegt, bleibt die Frage nach dem geistigen Ursprung bestehen.

Tatsächlich ist nämlich diese allererste Erfahrung für den Menschen und die Menschheit von entscheidender Bedeutung; denn nur aus dieser ersten Erfahrung kann sich eine zweite, eine dritte und vierte entwickeln. Aber wie und wohin sich die zweite, dritte und vierte und damit das gesamte Erfahrungspotential entwickelt, hängt eben von der Art und dem Charakter der ersten Erfahrung ab. Es ist wie bei einem Unternehmer, der plant, sich ein Unternehmen aufzubauen: Der erste Gedanke, der erste Schritt bestimmt bereits die Art und Richtung des zweiten und damit die Art des Unternehmens.

Während der Unternehmer bereits eine große Erfahrungsübersicht hat, muß der Säugling ganz von vorne anfangen. Man kann ihn diesen ersten Eindruck auch nicht lehren, indem man ihm eine Flasche vor die Augen hält und deutlich artikuliert: F-l-a-s-c-h-e, damit er es gleich richtig lernt. Obwohl seine Augen und Ohren «technisch» funktionieren, begreift er diesen pädagogischen Vorgang keineswegs. Unser bereits viel lebenstüchtigerer Hund würde ihn auch nicht begreifen.

Was ist also des Menschen erste Erfahrung, und wie kommt sie zustande?

Wie kommt die erste Erfahrung des Neuseeländischen Glanzkuckucks oder der Biene oder Ameise zustande? Sie kommen mit einem bestimmten fertigen Wissen auf die Welt. Wir nennen es Instinkt und sagen, es sei eine angeborene Verhaltensweise oder Erfahrung.

Streiten wir uns hier nicht darüber, wie es «technisch» möglich ist, solche Verhaltensweisen oder Erfahrungen, die ja zweifellos etwas Immaterielles, Außerphysikalisches, etwas Geistiges sind, zu vererben! Vom Menschen wissen wir, daß er im Laufe seiner Evolution seine Instinkte, die er einst besaß, reduziert hat. Er ist ein Instinktreduktionswesen. Allerdings bringt er etwas mit auf die Welt, das wir ihm nie beibringen könnten, wenn er es nicht besäße: Er weiß, wie und wo er seine Nahrung findet und beherrscht die recht komplizierte Vakuumtechnik des Saugens. Dieses Können und Wissen, ohne das er lebensunfähig verhungern würde, ist sein letzter Instinkt. Man nennt ihn den «Mamma-Instinkt».

Bezeichnet man diese phänomenale Eigenschaft des Mamma-Instinktes als angeborene Erfahrung, dann ist dieses die erste und einzige Erfahrung, die er mit auf die Welt bringt. Also stellt auch der Mamma-Instinkt sein erstes und einziges Erfahrungspotential dar. Alles, was nun auf den Säugling an Eindrücken zukommt, begreift er nur durch die Assoziation mit der Mamma. Bevor sich neben der Mamma ein zweiter Eindruck fixiert hat, kann der Säugling zunächst nur alles, was auf ihn zukommt, mit der Mamma identifizieren. Wer seinen Säugling daraufhin beobachtet, wird feststellen, daß dieser alles Greif-

bare zunächst in den Mund steckt und daran saugt. Alles ist dieser ersten und einzigen Erfahrung unterworfen.
Man kann in diesem Stadium dem Säugling nicht unterstellen, daß er sich irrt; denn irren tut sich nur der, der unter mehreren gegebenen Möglichkeiten die falsche gewählt hat. Der Säugling ist sich seiner Sache sicher, weil es für ihn nichts anderes gibt.
Im Laufe der Zeit merkt er, daß die eine Mamma Milch gibt, die andere nicht. Er spürt vielleicht, daß die milchgebende Mamma anders riecht und sich anders anfühlt als die, welche keine Milch gibt. Er gewinnt also neben der Mamma eine zweite Erkenntnis, die wir mangels besseren Wissens als Nichtmamma bezeichnen; denn die Erkenntnis der Nichtmamma ist nur durch die Erfahrung Mamma möglich. So geht es den Kleinstkindern noch lange nach, daß sie alles Neue erst einmal in den Mund stecken müssen, um sie als Mamma oder Nichtmamma zu testen.
Da wir den Säugling nicht danach befragen können, sind wir auf Spekulationen darüber angewiesen, welche Erfahrungsinhalte aus der anfänglichen Assoziation mit Mamma und Nichtmamma aufgebaut werden. Sicher ist jedenfalls, daß für alle Menschen einheitlich dieser Mamma-Instinkt das erste gemeinsame Bezugssystem darstellt, aus dem sich sein geistiges Welterleben entwickelt. Unvorstellbar, wie sich unser Welterleben entwickelt haben würde, wenn wir mit einem anderen als dem Mamma-Instinkt auf die Welt kommen würden. Man mag aber auch erkennen, daß die Reduktion der Instinkte auf diesen einzigen Mamma-Instinkt die Voraussetzung dafür ist, ein sehr viel größeres Lern- und Anpassungsprogramm zu entwickeln; denn je mehr Instinkterfahrungen von Natur aus vorgegeben sind, desto weniger Verhaltensfreiheit und Lernzwang sind gegeben.
Der Mamma-Instinkt ist die Quelle unserer geistigen Entwicklung. Er ist gewissermaßen der Samen, aus dem un-

ser Baum der Erkenntnis wächst. Aus einem solchen Samen, einem Sonnenblumensamen beispielsweise, kann immer nur eine Sonnenblume entstehen. Zwar müssen sich keine zwei Sonnenblumen genau gleichen, aber dennoch kann aus diesem Samen keine Birke oder Nelke wachsen. So ist auch der Rahmen unserer geistigen Entwicklung abgesteckt. Wenn wir demnach unser geistiges Welterleben beurteilen und dieses für objektiv halten, dann sollten wir bedenken, daß wir zwar graduell etwas mehr geistige Entwicklungsfreiheit, im Prinzip aber ebensowenig Möglichkeiten haben, über unseren geistigen Schatten hinauszudenken, wie der Wolf, die Taube oder der Goldfisch. Das heißt, daß unser gemeinschaftliches hominides Erleben dieser Welt nur eine von unendlich vielen anderen Möglichkeiten darstellt. Irgendeine andere vermögen wir nicht einmal nachzuempfinden, und deshalb bleibt uns gar nichts anderes übrig, als auch alle anderen Kreaturen – und selbst die außerirdischen – unseren Aspekten zu unterwerfen und mit unseren Maßstäben zu messen. Die anderen Kreaturen machen es ja ebenso. Der Hund wird es nie einsehen, daß und warum wir auf seinen verbuddelten Knochen nicht ebenso scharf sind wie er.

Trotz eines Wissens um die beschränkte Möglichkeit unserer geistigen Entwicklung werden wir niemals die Überzeugung gewinnen können, daß die Welt auch anders und unser Erleben falsch sein könnte. Es ist nicht möglich, mit Überzeugung falsch zu leben, ohne dieses Falsche nach dem Richtigen hin zu korrigieren. Wenn es aber nur *ein* Richtiges und damit auch nur *eine* Wahrheit gäbe, dann müßten alle anderen, die anders sind und anders leben, falsch leben. Richtig und wahr ist immer nur das, wovon wir überzeugt sind, daß es richtig und wahr sei – auch wenn dieses dem besseren Wissen einer Wissenschaft widerspricht.

Zeitphänomen Traum

Noch vor gut zehn Jahren war der Traum noch eindeutig jenes Schlaferlebnis, an das man sich beim Erwachen erinnerte. Man hatte einen Traum, der aus einem erzählbaren Erlebnisinhalt bestand.

Psychoanalytiker verfügen über eine gewisse Erfahrung, aus wiederholt wiederkehrenden Trauminhalten Rückschlüsse auf psychische Komplexe, Belastungen, Hoffnungen und Schwierigkeiten zu schließen.

Nachdem aber die messende Wissenschaft mit Meßgeräten begonnen hat, auch Träume zu vermessen, sind die Träume nicht mehr das, was sie einmal waren. Die Forscher legten den Versuchspersonen hochempfindliche Elektroden an die Kopfhaut, an das «Enzephalon», nannten dieses Gerät einen Enzephalographen und das, was es aufzeichnete, ein Enzephalogramm. Tatsächlich hatte diese ganze Messerei ein überraschendes System entdeckt: Aus dem Gehirn meldeten sich Hirnstromwellen, deren Phaseneigenschaften sich nach den verschiedenen Schlaf- und Wachzuständen veränderten. Nach einer groben Faustregel lassen sich die Beobachtungen etwa so interpretieren, daß langwellige Hirnströme auf einen tiefen traumlosen Schlaf hinweisen, während die kürzer werdenden Wellen auf Traumaktivitäten bis zu Bewußtseins- und Konzentrationszuständen hindeuten.

Während der kurzwelligen Traumphase ist zu beobachten, daß die Versuchspersonen die Augen hinter den geschlossenen Lidern bewegen und also das, was sie nur im Unterbewußtsein träumen, mit ihren Augenbewegungen verfolgen. Weckt man Versuchspersonen spontan in diesen Traumphasen auf, wissen sie auch regelmäßig Traumerlebnisse zu erzählen. Weckt man sie hingegen aus einer langwelligen Tiefschlafphase auf, können sie in der Regel über keinerlei Träume berichten. Natürlich muß man zugeben, nicht beweisen zu können, daß die

Träumer das, was sie im Wachzustand als Traum erzählen, inhaltlich mit dem übereinstimmt, was sie während des Schlafes geträumt haben.

Es kommt bekanntlich auch vor, daß Menschen im Traum sprechen, rufen, lachen, stöhnen, weinen, also nicht nur optisch, sondern auch akustisch ihren Trauminhalt miterleben. Weckt man sie inmitten dieser lebhaften Phase und befragt sie nach ihrem Traum, dann kommt es sehr oft vor, daß sie ganz andere Trauminhalte erzählen, als sie während des Schlafes durch ihr Mitreden bereits verraten haben. An das, wovon sie noch wenige Sekunden zuvor sprachen, können sie sich gar nicht erinnern.

Man müßte sich also erst einmal grundsätzlich darüber einig werden, was der Traum an sich eigentlich ist. Ist es jene lebhafte Schlafphase, die sich im Unterbewußtsein abspielt und von Augenrollen oder Mitreden begleitet wird, oder ist der Traum nur das, woran man sich beim Erwachen noch erinnert?

Gewiß ist die Grenze, der Übergang von Schlaf zum Wachzustand, von Unterbewußtsein zum Bewußtsein, fließend. Vergleicht man diese beiden Zustände mit einer im Wasser schwimmenden Kugel, dann stellt die untergetauchte Kugel das Unterbewußtsein dar. Mit der Berührung der Wasseroberfläche beginnt die Bewußtwerdung. Bei einer mikroskopischen Untersuchung ist es aber schwierig festzustellen, wo der genaue Zeitpunkt des Kontaktes mit der Oberfläche liegt. Von hier aber bewegt sich das Bewußtsein bis zur vollen Konzentration, bei der in diesem Vergleich die Kugel mit nur noch wenig Wasserkontakt ganz obenauf schwimmt.

Von dem, was der Mensch im Zustand der Bewußtlosigkeit erlebt, erfährt und weiß er nichts, mag dieses Erleben noch so intensiv sein. In der Narkose beispielsweise, in der ihm der Bauch aufgeschnitten wird und in der er sich sogar mit dem operierenden Arzt unterhalten könnte, hat der Mensch ganz sicherlich sehr eindrucksvolle Erlebnisse, die ihn aufgrund ihrer Intensität und Einmaligkeit eigentlich das ganze Leben hindurch verfolgen müßten; aber davon weiß er nichts, weil nichts in sein Bewußtsein dringt.

Und die messenden und Enzephalogramme aufzeichnenden Wissenschaftler dürften von diesen gemessenen Träumen kaum mehr aussagen, als daß sie kurzwellige Hirnströme festgestellt haben. Es ist nicht einmal gesichert, aus welchen Quellen oder Funktionen diese Hirnstromwellen stammen. Es gibt von diesen Meßresultaten keine unmittelbaren Rückschlüsse auf die Aktionen oder Reaktionen kortikaler oder subkortikaler Nervenzellen. Was da in Wirklichkeit gemessen werden soll, könnte man bestenfalls vermuten; daraus aber auf den Inhalt oder den psychischen Wert eines Traumes zu schließen, wäre etwa dasselbe, als wollte man aus dem Stromverbrauch einer Fabrik schließen, ob diese Regenschirme oder Schuhe produziert. Der Psychoanalytiker jedenfalls würde aus dem Enzephalogramm beim besten Willen nicht herauslesen können, mit welchen unterbewußtheitlichen Traumproblemen sich sein Patient beschäftigt.

Um das, was von einer primär messenden Wissenschaft auf technische Abwege verführt wurde, wieder auf das Wesentliche zu reduzieren, sollte man sich wieder darauf einigen, daß der Begriff Traum das vertritt, was wir beim Erwachen aus dem Schlaf als Traumerlebnis ins Bewußtsein übernommen haben.

Es stellt sich dann die Frage, wann wir das, woran wir uns noch erinnern, erlebt haben. Wenn jene Versuchspersonen, von deren Schlafträumen wir durch ihr Reden inhaltlich etwas erfahren, nach dem spontanen Aufwecken von ganz anderen Trauminhalten sprechen, dann können sie das, woran sie sich im Wachzustand erinnern, mit Sicherheit nicht im Schlaf geträumt haben. Wann also ha-

ben sie diese Traumgeschichte, die sie während mehrerer Minuten erzählen, erlebt?
Konstruieren wir einmal den Traum eines jungen Mannes, der eine Freundin hat, die er vor seiner Familie geheimhält. Er träumt davon – so besinnt er sich jedenfalls – wie er sich heimlich aus dem Hause schleicht, um zu seiner Freundin zu gelangen. Um den Weg zu ihr nicht zu verfehlen, folgt er den Straßenbahnschienen. Da merkt er, wie sich von hinten eine Straßenbahn nähert und ihn drohend verfolgt. Er geht schneller, er läuft, aber die Straßenbahn kommt näher. Er rennt, so schnell er kann, aber die Straßenbahn schließt auf. Er ist schon völlig außer Atem und die Straßenbahn ihm dicht auf den Fersen. Kurz bevor sie ihn erreicht, klingelt sie laut und drohend. Es ist der Wecker, der da zu klingeln begonnen hat. Der junge Mann greift nach ihm und stellt ihn ab.
Wenn man seine Träume einmal daraufhin beobachtet, wird man häufiger Gelegenheit haben festzustellen, daß die Ursache des Aufwachens, eine zuklappende Tür, der Wecker oder dergleichen, zugleich den Schluß eines Traumes bildet. Hat sich die ganze Traumgeschichte während des Schlafes hellseherisch auf dieses zu erwartende Klingeln hineinentwickelt? Das wäre phänomenal. Hätte er den Trauminhalt vor dem Weckerklingeln während des Schlafens erlebt, dann fiele dieser Teil des Traumes in die Zeit des Unterbewußtseins und würde sich damit auch seiner Erinnerung entziehen; denn was der Mensch ohne Bewußtsein erlebt, kann er auch gar nicht wissen.
War er aber schon wach und hat sich in diesem Zustand sinnierend und phantasierend etwas ausgedacht, was genau zeitgleich mit dieser Weckerklingel endet, dann wäre das ebenso prophetisch.
Es bliebe danach nur noch eine, aber ebenso unvorstellbare Lösung, nämlich die, daß das Aufwachen durch die Weckerklingel und das Erleben der Traumgeschichte

zeitgleich in diesem unmeßbar kurzen Augenblick geschehen sein müßte. Es bleibt kaum eine andere Erklärung.

Akzeptieren wir diese Lösung, dann würde sie bedeuten, daß wir für das komplexe geistige Erfassen oder Erleben einer langen Geschichte gar keine Zeit benötigt haben. Sie stand im Augenblick des Erwachens zeitlos vor uns. Nun aber, da wir wach sind und uns bewußt mit diesem Erleben befassen, brauchen wir plötzlich Zeit. Die Geschichte dauert. Unser Bewußtsein muß das Erleben raum-zeitlich einordnen und ablaufen lassen, um es bewußt erleben zu können. Da wir aber so kurz nach dem Erwachen gar nicht wissen, woher wir die hierfür benötigte Erlebenszeit nehmen sollen, legen wir sie in die Zeit des Schlafens zurück und würden auch alle Meineide darauf schwören, daß wir diese Traumgeschichte im Schlaf erlebt hätten.

Wie wäre ein solches Zeitphänomen zu erklären?

Im Schlaf steht das Gehirn ja nicht still. Es arbeitet weiter. Wir schaffen uns jedoch ideale Schlafvoraussetzungen, indem wir unsere Sinnesorgane durch Dunkelheit, Ruhe und ein körperwarmes weiches Bett von allen Wahrnehmungen weitgehend entlasten.

Unter solchen Bedingungen können wir – das mag jeder an sich selbst einmal ausprobieren – nicht mehr konzentriert denken, indem wir beispielsweise versuchen, mathematische Aufgaben zu lösen. Das gedankliche Zahlenspiel wird von visuellen Geschehnissen durchkreuzt, die aus dem psychischen Endokrinsystem hervordringen, da dieses nach dem Ausschalten der anderen Sinnesrezeptionen die Oberhand gewinnt.

Kurz: Es fehlen uns die intensiveren motorischen Denkanregungen, mit denen wir unser Denken und Erleben zu steuern gewohnt sind; jetzt denkt es in uns aus jenen Hypophysequellen, die wir mit unserem konkreten Bewußtsein nicht mehr beherrschen. Wir schlafen ein und überlassen das Denken dem Unterbewußtsein. Indessen aber laufen die – wenn auch nur schwachen – Anregungen aus den Sinnesorganen und die aus dem Endokrinsystem weiter. Sie gelangen in den Thalamus, wo eine Fülle koordinierter nervaler Impulse eintrifft.

Es wird jetzt wohl notwendig, darüber nachzudenken, welchen Sinn und Zweck dieses geheimnisvolle Thalamusgeschehen haben könnte. Fragt man einen Physiker, welchen technischen oder physikalischen Sinn es haben mag, so unterschiedliche Energien wie Licht, Schall und dergleichen auf eine einheitliche Energieform zu koordinieren, würde er antworten, daß man das tun könnte, um sie interferenzfähig zu machen. Interferenzen sind Überlagerungen gleichartiger Energien mit gleichartigen Wellen-Phaseneigenschaften.

Überlagern sich die Phasen so, daß sich Berg und Tal genau decken, verstärkt sich die Energiewirkung. Wird jedoch das Tal der einen Welle genau von dem Berg der anderen Welle ausgefüllt, dann wird hier die Energiewirkung aufgehoben.

Besonders deutlich ist das bei Interferenzen von Lichtwellen zu beobachten, wo sich bei bestimmten Überlagerungsbedingungen die hellen Streifen des verstärkten Lichtes mit Phasen eines lichtlosen Schwarz abwechseln. An diesen schwarzen Stellen besteht also überhaupt keine Lichtwirkung, obwohl das Licht natürlich auch diesen Ort durcheilt.

Übertragen wir das auf den Thalamus, so haben wir hier einen Ort, an dem aus Hunderttausenden von Dendriten koordinierte, also interferenzfähige, Impulse austreten und sich überlagern. Wir bekämen dann auch hier winzig kleine Zeitorte, in denen die Energiewirkung aufgehoben ist, obwohl die Energie diesen Ort durcheilt. Das könnte der geeignete Ort für eine Assoziation sein, für eine Koinzidenz (Zusammenfall) von energetischer Motorik mit geistiger Sinngebung.

Wir müssen hier eine solche assoziierende Koinzidenz eines physikalischen und außerphysikalischen Dualismus annehmen, weil offensichtlich die den Thalamus verlassenden Impulse eine sinngestaltende Regieanweisung erhalten haben.

Das wäre eine mögliche, aber letztlich kaum beweisbare Hypothese, zumal sich bei Interferenzen *nur* die physikalischen Aspekte beobachten lassen.

Eine Interferenz könnte aber auch einen anderen Zweck verfolgen. Dazu stelle man sich einen glatten Wasserspiegel vor. Wirft man einen Stein hinein, kann man sehr gut die Ausbreitung der Welle verfolgen. Wirft man mehrere Steine hinein, läßt sich beobachten, wie sich aus diesen Quellen die Wellen zu einem anschaulichen Interferenzgeschehen überlagern. Aber wenn auf diesen Wasserspiegel ein Gewitterregen herniederprasselt, dann entsteht daraus ein unentwirrbares Interferenzgeflimmer, in dem aber jeder Moment eine ganz bestimmte Individualität besitzt und die Wahrscheinlichkeit, daß sich jemals zwei Augenblicke genau gleichen könnten, so gut wie ausgeschlossen wäre.

Wir hätten damit eine Alternative zu der im wissenschaftlichen Raum stehenden Behauptung von Gedächtnismolekülen, deren imponierend große Zahl von Kombinationsmöglichkeiten zum Vergleich mit der ebenso großen Zahl von Gedankenmöglichkeiten reizt. Es widerstrebt uns jedoch, an eine Materialisierung von Gedächtnisinhalten zu denken.

Hier wäre die geforderte Individualität oder Variabilität aus einem sich fließend verändernden Interferenzbild gleichermaßen gegeben. In jedem noch so winzigen Augenblick hätte das Interferenzbild einen ganz bestimmten Zustand, der ursächlich sein könnte für eine ganz bestimmte Assoziation.

Vergleicht man diesen Vorschlag mit der eigenen Denkerfahrung, so findet man bestätigt, daß man keinen Gedanken festhalten kann. Er fließt. Will man sich beispielsweise auf das Wandbild konzentrieren, das man in seinem Büro so oft vor sich hatte, so sind es immer nur ganz kurze Augenblicke, in denen Details auftauchen und wieder verschwinden. Man versucht, sie gewaltsam herbeizuzwingen, aber es gelingt um so weniger, je mehr man es will, bis plötzlich ein «Aha-Bewußtsein» eintritt und man nun in der Lage ist, das Bild aus der Erinnerung heraus zu beschreiben.

Interferenzen

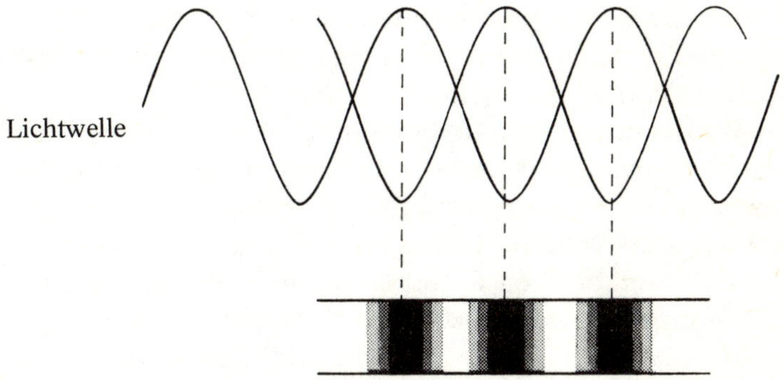

Wo sich Wellenberg und Wellental genau deckend überlagern, ist die Lichtwirkung aufgehoben, obwohl die Energie diesen Ort durchläuft. Was ist mit der Energie geschehen?

Dieses Aha-Bewußtsein entsteht in einem zeitlich undefinierbaren kurzen Moment, während wir aber für die Wiedergabe des Bewußtseinsinhaltes viel Zeit benötigen.
Sollte zwischen der momentanen Individualität des Interferenzbildes und der jeweiligen Erinnerung ein Zusammenhang bestehen, so brauchen wir noch ein Moment, das über die richtige Erkenntnis entscheidet. Für eine solche Funktion nehmen wir den geläufigen Begriff des «kritischen Bewußtseins» und betrachten die Kritiktätigkeit als eine Entscheidung über die Harmonie der beiden

Koinzidenzpartner aus sinnesorganischer Anregung und geistiger Erfahrung oder Erinnerung.
Die sinnesorganische Anregung könnte dabei dem angenommenen Interferenzgeschehen entspringen, während die Erinnerung und Erfahrung zweifellos einem nichtphysikalischen geistigen Bereich entstammt.
Wenn wir ferner unser Denken beobachten, werden wir feststellen, daß es dem Prinzip einer Kontinuität, also einer Reihenfolge von Ursache und Wirkung folgt, worauf in dem folgenden Kapitel über den Schreck noch näher eingegangen wird. Diese Kontinuität begleitet uns während unseres ganzen bewußtheitlichen Erlebens und wird erst durch den Schlaf aufgehoben – zumindest wissen wir nicht, was da gedacht wird.
Sobald wir aus dem Schlaf erwachen, stehen wir vor einer Neuorientierung der Denk- und Erlebenskontinuität. Was während des Schlafes schläft, ist primär die Kritiktätigkeit des Bewußtseins, während alle physiologischen und neurophysiologischen Funktionen weiterlaufen. Auch das Interferenzgeschehen des Thalamus läuft weiter und liefert im Augenblick des Erwachens ein ganz bestimmtes Zustandsangebot mit der gleichzeitigen Aufforderung an das kritische Bewußtsein, hieraus ein Erlebnis zu gestalten.
Erinnern wir an den Vergleich der Bewußtseinszustände mit einer im Wasser schwimmenden Kugel! Beim Erwachen taucht sie aus der Welt des emotionalen Unterbewußtseins auf und bringt – zunächst noch recht unkritisch – in die erste Erlebensgestaltung des Thalamusgeschehens jene symbolhaften Gleichnisse ins Spiel, von denen die Traumpsychologen sagen, daß sie wohl aus den verdrängten Komplexen des Unterbewußtseins stammen.
Da unsere Gedanken in Übereinstimmung mit dem Interferenzgeschehen des Thalamus fließen, sogar «blitzschnell», wie wir glauben, kann auch der erste Gedanke

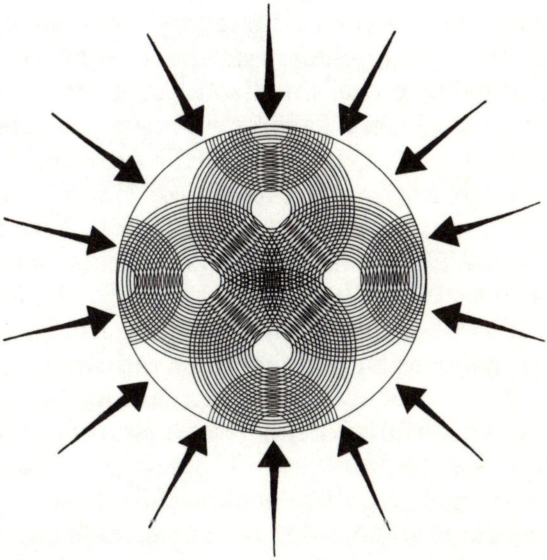

Im Thalamus endigen die Sinneswahrnehmungen als koordinierte Impulse aus Hunderttausenden feinster Dendriten und ergeben auf kleinstem Raum ein sich fließend bewegendes Interferenzbild, das in jedem Augenblick eine individuelle Struktur besitzt.

beim Erwachen kein stehendes Bild, sondern nur ein fließendes Erlebnis sein.

Diese Erlebensgestaltung selbst geschieht in einem zeitlich undefinierbar kurzen Moment, aber wenn sich das wache Bewußtsein dieses Erlebens bewußt werden will, muß es die Geschichte in das gewohnte Erlebensschema von Raum und Zeit einordnen. Es wird nun Zeit gebraucht, die wir zum Erleben gar nicht zur Verfügung hatten, also müssen wir diese Zeit einfach in die Zeit des Schlafens zurückverlegen.

Da wir aus gefühlsmäßiger Überzeugung heraus nicht bereit sind, das zu glauben, greifen wir einmal ein Beispiel aus einem Alltagserlebnis auf, bei dem dieses Zeitphänomen ebenfalls zum Ausdruck kommt. Werden wir in einer Gesellschaft unvermittelt aufgefordert, einen Witz zu erzählen, dann ist es gewiß jedem schon so ergangen, daß ihm trotz krampfhaften Bemühens keine Witzgeschichte einfällt, obwohl man sonst sehr viele auf Lager hat. Dafür beginnt ein anderer mit dem Erzählen eines Witzes. Im ersten Satz fällt das Stichwort «Kuh», und sofort fallen uns zwei oder drei Witze ein. Sie sind uns, ohne dafür eine Zeit benötigt zu haben, spontan und komplett mit Einleitung und Pointe gegenwärtig. Und wenn wir diese Witze dann erzählen, tun wir auch nichts anderes, als den zeitlos spontan gegenwärtigen Inhalt in ein raum-zeitliches Nacheinander zu ordnen.

Hier war es ein Stichwort, das das geistige Spontanerleben der Witze auslöste. Beim Traum ist es das plötzliche Erwachen, welches aus dem Angebot des Thalamusgeschehens spontan eine Erlebensgeschichte vergegenwärtigt. Nicht die Einfälle selbst benötigen Zeit, sondern das bewußtheitliche Realisieren, das Umsetzen des Gewollten in die Tat.

Der Schreck und seine Konsequenzen

Diese Herausstellung des Zeitphänomens bestätigt die Annahme, daß es sich bei dem Geist, dem Medium, mit dem wir denken, nicht um ein physikalisch interpretierbares Moment handelt. Jede Energie oder Kraft kann sich nur in einem Ursachen-Wirkungs-Kontinuum von Raum und Zeit bewegen. Sie braucht Zeit und Raum. Der Geist nicht. Er kann, wenn er will, zeitlos in eine 40 Jahre zurückliegende Kindheitserinnerung hineinspringen und sich von dort übergangslos mit der Urlaubsreise des nächsten Jahres befassen. Selbst astronomische Entfernungen von hunderttausend Lichtjahren vermögen den Geist nicht daran zu hindern, sich mit einem dort befindlichen geheimnisvollen Sternennebel zu befassen.
Eines kann allerdings auch der Geist nicht: Er kann nicht wollen, was er will, kann nicht denken und sich nicht interessieren, wie er will; denn auch das geistige Erleben folgt einer Kontinuität, einem Fluß. Das jetzt Gewollte ergibt sich aus dem zuvor Gedachten, und dieses Gedachte wiederum ist das Resultat einer Kette von Gedanken, welche auch den kommenden Gedanken bereits abzeichnen.
Aus dieser Denk- und Erlebenskontinuität vermögen wir aus eigenem Antrieb nicht auszubrechen. Die vielfältig auf uns einwirkenden Umwelteinflüsse ordnen wir unserem kontinuierlichen Gedankenfluß unter. Bei plötzlichen Änderungen benötigen wir eine Besinnungs- oder Reaktionszeit, um das Neue in unseren Erlebensfluß einzubeziehen; denn dieser Fluß kann immer nur in sanften Kurven und nicht in scharfen Ecken fließen. Eine abrupte Unterbrechung dieser Kontinuitätskette ist nur durch eine besondere Einwirkung möglich, die wir als Schreck kennen.
Es muß nicht ein besonders lautstarker Knall sein, der uns erschreckt, eine unverhoffte sanfte Berührung kann

ihn ebenso wirksam auslösen. Das Wesen des Schrecks liegt in der abrupten Kontinuitätsunterbrechung, weil er völlig unerwartet kommt. Daß er unerwartet kommt, liegt wiederum an der Art unseres Denkens und Erlebens, in dem der jetzige Gedanke den nächsten bereits abzeichnet, so daß wir die Zukunft der nächsten Sekunde – oder vielleicht auch nur der nächsten sechs Millisekunden – schon im voraus erleben.

Aus den Folgeerscheinungen eines solchen Schrecks läßt sich aber noch mehr herauslesen; denn wir wissen ja, daß der Schreck verheerende Folgen hinterlassen kann. Wie nach einem Kurzschluß geraten viele Funktionen außer Kontrolle: Nicht nur, daß wir schwitzen oder eine Gänsehaut bekommen, auch der Atem stockt, das Herz schlägt schneller und peitscht den Blutkreislauf hoch. Der Magen streikt, der Darm entleert sich. Das Nebennierenmark schüttet Adrenalin und Noradrenalin ins Blut und versetzt den ganzen Körper in einen Alarmzustand.

Dabei spielt es gar keine Rolle, ob der äußere Schreckanlaß tatsächlich lebensbedrohlich war oder ob sich ein Kind nur einen Scherz mit uns erlaubt hat. Die Primärwirkung besteht in der abrupten Kontinuitätsunterbrechung des Erlebensflusses, welche für einen kurzen Moment ein Orientierungschaos hinterläßt. Es dauert dann oft nur den Bruchteil einer Sekunde, bis wir den Schreckanlaß erkannt und als völlig harmlos gewertet haben, aber in diesem winzigen Schreckaugenblick haben wir uns bereits die vielfältigsten Gefahrensituationen ausgemalt, gegen die wir uns schützen und zur Wehr setzen müssen.

Aus den Schreckfolgen gewinnen wir aber die Erkenntnis, wie sehr das gesamte Endokrinsystem mit unserem bewußtheitlichen Erleben verbunden ist und seismographisch auf jede Phase unserer Umweltwahrnehmungen reagiert. Ob wir einer freudigen Begegnung entgegensehen oder uns an einem trüben Tag ärgern, alles erlebt mit, das Herz, die Schilddrüse, Magen, Darm, Blase und Leber. Sie sind es, von denen bereits gesagt wurde, daß sie das außersinnliche Wahrnehmen und Erleben mit entsprechenden Stimmungen untermalen. Tritt der Schreck ein, der unser Bewußtsein zur höchsten Alarmstufe konzentriert, dann gehen auch diese Organe in Alarmstellung, um der Kreatur, der sie dienen, eine höchste Abwehrbereitschaft zu bieten.

Solche Details mögen wiederum die Frage aufwerfen, welchen Beitrag sie denn zum Verständnis oder gar zur Aufklärung der parapsychischen Phänomene leisten könnten. Schließlich handelt es sich dort um das telekinetische Gabelbiegen, um Levitation oder um die Gedankenfotografie, um Phänomene der Technik, von denen wir glauben, daß sie auch nur mit technischen Phänomenen erklärt werden könnten.

Gäbe es aber dieses Ding oder diese Kraft, welche für solche Wunder ursächlich wären, hätten wir sie längst entdeckt. Wir haben die Lösung parapsychischer Phänomene bisher immer dort gesucht, wo sie mit Sicherheit nicht gefunden werden kann, nämlich in der Technik. Dabei liegt des Rätsels Lösung in uns selbst, und wir selbst sind ebenso rätselhaft wie die Phänomene der Parapsychologie. Natürlich kennen wir einen Schreck, denn wir haben ihn hundertfach erlebt. Wir kennen auch die gefährlichen Nebenwirkungen eines Schrecks und die keineswegs übertriebene Redewendung, daß man sich zu Tode erschrecken kann. Und wenn wir uns überhaupt mit dieser Erfahrung Schreck befassen, dann unterteilen wir diesen in den äußeren Schreckanlaß und die Schreckfolgen. Wenn aber einer die anderen mit einem Kanonenschlag erschreckt, dann erschreckt sich derjenige, der den Kanonenschlag zündet, dabei nicht, obwohl bei gleichem Anlaß auch die gleichen Folgen auftreten müßten. Machen wir uns hier die Mühe, die tieferen Ursachen der Erwartung zu analysieren, dann geraten wir in ein uner-

forschtes Gebiet, weil hier die messende und rechnende Wissenschaftsmethodik keine Erkenntnisresultate mehr erzielen kann.
Es ist daher notwendig, sehr umfänglich eingehend die Identität von Ereignis und Erlebnis aufzuzeigen und nachzuweisen, daß nicht die Ereignisse die Erlebnisse, sondern umgekehrt die Erlebnisse die Ereignisse konzipieren und daß bei dieser Konzeption das in der Wissenschaft nicht nur vernachlässigte, sondern offiziell nicht existierende Medium Geist die eigentliche gestaltende Rolle spielt.
Dann sind nämlich auch die PSI-Phänomene Erlebnisse, die wir zu Ereignissen machen. Es wäre aber inkonsequent, die Welt der Ereignisse oder Erlebnisse so zu unterteilen, daß sich die normalen draußen in der gesetzmäßig geregelten Natur abspielen, während die anormalen oder phänomenalen nur von krankhaften Gehirnen produziert werden. Es ist daher notwendig, die Bedeutung des Gehirns für die Konzeption aller Ereignisse aufzuzeigen und auch zu erklären, daß und warum nicht die Vernunft des kortikalen Bewußtseins, sondern das Unterbewußtsein des Thalamus den Urquell der Erlebensgestaltungen darstellt.
Hat die Gehirnforschung selbst die Definition ausgesprochen, daß in den kortikalen Bewußtseinsregionen lediglich das Gewollte in die Tat umgesetzt wird, so vermittelt die Beschreibung der Thalamusfunktionen eine Vorstellung davon, aus welchen Quellen das Wollen und Erleben wächst.
Mit dem Begriff des Gewollten, das in der Großhirnrinde in eine bewußte Tat umgesetzt wird, ist der gesamte Erlebensumfang eingeschlossen, also auch das Sehen, Hören, Fühlen, Schmecken und so weiter. Alle diese Erlebensanregungen gelangen aber zuerst in den Thalamus, und hier wird die Reaktion der Großhirnrinde redigiert. Die Impulse, die – auf welchem geheimnisvollen Wege auch

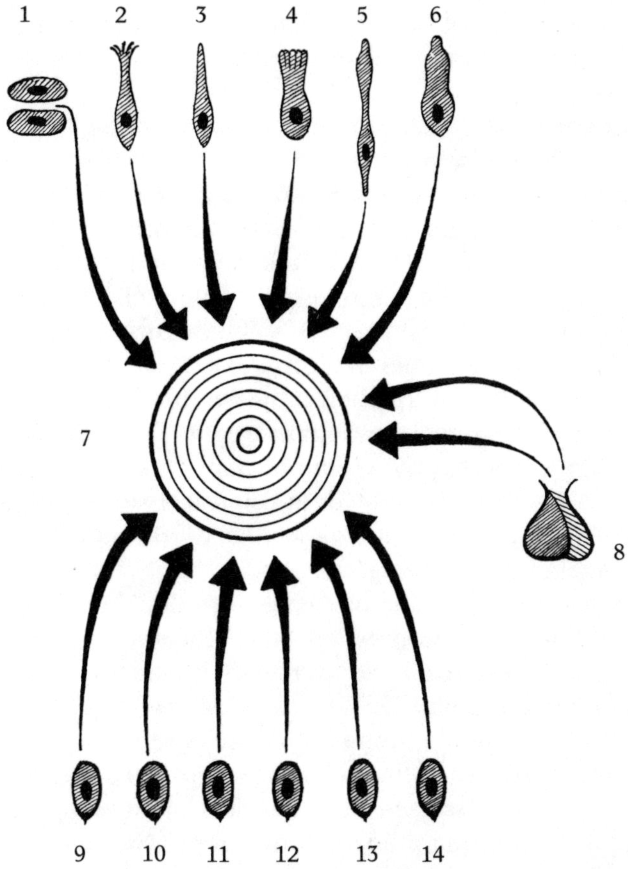

Alle außen- und innensinnlichen Wahrnehmungen werden in den Thalamus geleitet. Von dort werden die kortikalen Empfindungen und Reaktionen gesteuert. Wie aber im Thalamus aus den gleichförmigen, koordinierten Nervenimpulsen Empfindungen gemacht werden, ist das große Rätsel.

Kortikale Reaktionszellen

1 Tastsinneszellen
2 Riechzelle
3 Schmeckzelle
4 Hörzelle
5 Sehstäbchen
6 Sehzapfen
7 Thalamus
8 Hypophyse
9 Fühlen
10 Riechen
11 Schmecken
12 Hören
13 Sehen
14 Sehen

immer – vom Thalamus in die Großhirnrinde gelangen, enthalten demnach eine das Bewußtsein steuernde Reaktionsanwendung.

Hieraus entwickelt sich eine ebenso zwingende wie provozierende Schlußfolgerung:

Was wir vermeintlich mit den Sinnesorganen an Umweltereignissen auffangen und zur Bewußtwerdung ins Gehirn leiten, verläuft in Wirklichkeit genau umgekehrt: Die Sinnesrezeption liefert nur eine motorische Denkanregung ohne Erlebensinhalt. Im Thalamus erfolgt die Sinngebung des Erlebbaren und wird durch den Kortex zur bewußtheitlichen Realisierung veranlaßt. Wir projizieren demnach über die Sinnesorgane Bewußtseinsinhalte in die Umwelt, wo wir sie als Ereignisse zu erleben glauben. Da der Geist, mit dem wir die Erlebensinhalte gestalten, keine Zeit braucht, ist das Wahrnehmen und das Sinngeben gleichzeitig.

Das einzusehen oder gar nachzuempfinden, bereitet unüberwindliche Schwierigkeiten. Die Täuschung über Ursache und Wirkung ist so perfekt, daß jeder von der Wahrheit und Realität dessen, was er erlebt, überzeugt ist. So baut sich schließlich eine ganze Naturwissenschaft darauf auf, daß der Mensch nur ein passiver Beobachter der Umweltereignisse sei, und daß dieses Umweltgeschehen objektiv und unabhängig von unseren Sinnesempfindungen passierte. Die Forschung konzentriert sich daher auf diese objektive Umwelt, ihre Bedingungen und Gesetzmäßigkeiten und hat daraus eine Welt entwickelt, deren Produkte wir sind und deren Ereignisse sich in uns widerspiegeln.

In Wirklichkeit hat die Wissenschaft aber nur das, was wir selbst in diese Welt hineingelegt haben, wieder herausgelesen und objektiviert. Wen wundert es daher, daß noch keine der Naturwissenschaften ihr Ziel der eigentlichen Naturerkenntnis erreicht hat und auch gar nicht erreichen kann, weil sie den Ursprung nicht dort sucht, wo

er in Wirklichkeit gesucht werden muß, nämlich in uns selbst.
Nun soll es sich also herausstellen, was viele Philosophien und Theologien schon immer angedeutet haben: daß die Schöpfung nur ein ordnender Gedanke ist und daß die Idee, der Geist, die Welt gestaltet.
Auch die Welt der parapsychologischen Phänomene.

Die Quelle der PSI-Phänomene

In dem, was wir als «Stand der Wissenschaft» bezeichnen, haben die Theorien einen viel größeren Stellenwert errungen als die Fakten. Korrekterweise sollte man auch noch zwischen der öffentlichen Wissenschaft und der Wissenschaft der Wissenschaftler unterscheiden. Was letztere noch als derzeitige Erkenntnis mit der Möglichkeit einer späteren anderen Interpretation offenlassen, wird von einer Publizistik häufig als gesichertes Wissen behandelt, besonders gerne dann, wenn es sich zur Festigung einer weltanschaulichen Ideologie verwenden läßt.
Was in den letzten Kapiteln über den Menschen als letzte Instanz aller Ereignisse an Fakten herausgestellt wurde, ist nur deswegen seltsam und phänomenal, weil sie mit der unkritisierten Selbstverständlichkeit nicht übereinstimmen, daß die Dinge und Umweltereignisse eine absolute Realität seien, welche sich über unsere Sinnesorgane in uns reflektieren. Das ist einfach eine Annahme, über deren Beweisnotwendigkeit gar nicht diskutiert wird, weil es doch jeder weiß, und weil jeder davon überzeugt ist. Stellt sich nun aber bei dem Versuch, das Zustandekommen der bewußtheitlichen Reflektion der einzig wahren Realitäten zu erklären, heraus, daß recht wesentliche Fakten dieser Annahme schier unüberwindbar im Wege stehen, dann wird nicht etwa die Selbstverständlichkeit in Frage gestellt, sondern die Notwendigkeit postuliert,

durch weitere Forschungen und Erkenntnisse das zu beweisen, was letztlich nicht beweisbar sein wird. Hierbei kommt also sehr deutlich zum Ausdruck, welche geringe Bedeutung den Fakten zugemessen wird, wenn diese einer durch Empfindungen erhärteten Theorie widersprechen.

Theorien aber sollen die bekannten Fakten so ordnen, daß sie ein in sich widerspruchsfreies Bild des Ganzen ergeben. Das ist hier also in der materialistischen Auffassung von Ursache und Wirkung nicht der Fall. Kehrt man nun aber die Reihenfolge von Ursache und Wirkung so um, wie es in den vorangegangenen Kapiteln sich als notwendig erwiesen hat, dann lösen sich zwar die widersprechenden Fakten auf, aber das Resultat entspricht nicht unserer Empfindung. Selbst wenn sich diese Umkehrung von Ursache und Wirkung einmal als Stand der Wissenschaft durchsetzen sollte, würde sie unsere Empfindung nicht ändern. Das wäre aber kein Novum in der Wissenschaft, denn auch viele Aussagen der Relativitätstheorie verstoßen gegen überlieferte Empfindungen und Selbstverständlichkeiten, selbst wenn diese experimentell größtenteils bewiesen sind.

In diesem Buch haben wir uns jedoch die Aufgabe gestellt, alles Wissen und alle Argumente gegeneinander abzuwägen, um zu erklären, ob die Phänomene der Parapsychologie Unsinn sind oder aber eine neue Art des wissenschaftlichen Denkens herausfordern. Man kann diese Entscheidung natürlich noch viele Jahrzehnte hinausschieben. Vielleicht braucht der Mensch sogar seine Wunder und Phänomene, zu denen er sich flüchten kann. Es geht aber nicht darum, irgendwelche Illusionen auf- oder abzubauen, sondern um die Annahme der Herausforderung, welche die Phänomene der Parapsychologie nicht nur an die Wissenschaft, sondern zur geistigen Bewältigung jedem einzelnen stellen.

Um dieser Herausforderung zu begegnen, ist es nicht notwendig, irgendwelche Geister oder unentdeckten Kräfte zu erfinden, sondern man braucht sich auch hier nur bekannter und erwiesener Fakten zu bedienen, um diese dann so zu ordnen, daß sich in dieses dann ergebende widerspruchsfreie theoretische Gesamtbild auch die Phänomene der Parapsychologie widerspruchsfrei integrieren lassen.

Rekapitulieren wir zu diesem Zweck einige der bereits geschilderten Augenwunder: Wir sehen die Welt immer senkrecht, selbst wenn wir das auf dem Kopf stehende Bild in der Netzhaut durch Umkehrbrillen gerade richten. Wir machen uns ein scharfes Bild, obwohl «technisch» das gesehene Bild nur einen relativ kleinen Scharfsichtpunkt enthalten kann, während darum herum alles krumm und schief ist.

Die Tatsache, daß wir normale, aber in Wirklichkeit gar nicht vorhandene Ereignisse auch dann sehen, wenn wir nur einzelne Nervenzellen im kortikalen Hinterhauptlappen mit unsichtbaren elektrischen Impulsen von 60 Mikrovolt aktivieren, widerlegt die Behauptung, daß nur objektive Umweltereignisse durch ihre Lichtreflektionen von uns gesehen werden können. Es beweist vielmehr, daß auch eine energetische Anregung genügt, um hieraus sinnvolle optische Ereignisse zu gestalten. Es erinnert ebenso an die physikalische Bemerkung, daß das Licht an sich primär eine Empfindung ist, die aus dem elektromagnetischen Wellenspektrum allein nicht erklärt werden kann. Hatte man bisher gar keine Vorstellung davon, wo und wie diese Empfindung entsteht, dann ist es nicht zu widerlegen, daß der Thalamus der in Frage kommende Ort ist, wo die Empfindungen wie auch die Sinngebungen gestaltet werden.

Diese Annahme wird noch dadurch bestärkt, daß die nervalen «Informations»-Impulse weder Informationen enthalten noch sonstwie «technisch» dazu zwingen, bestimmte Wahrnehmungen in bestimmter Form zu erle-

ben; sie liefern vielmehr nur eine motorische Denkanregung.
Geradezu herausfordernd muß die Feststellung sein, daß die gezielte Reizung einzelner Nervenzellen in der Großhirnrinde bei Anwendung einer gleichen Energieform, nicht nur optische, sondern auch alle anderen Sinnesempfindungen bewirkt und uns dazu zwingt, hieraus sinnvolle, erlebbare Wahrnehmungskomplexe zu gestalten. Das beweist wohl eindeutig, daß wir die an sich unerlebbare Natur der energetischen Nervenanregungen in sinnvoll erlebbare Ereignisse umwandeln, ohne daß diese Ereignisse von außen auf uns einwirken. Wir selbst projizieren sie in die Umwelt.

Die Großhirnrinde (Kortex)

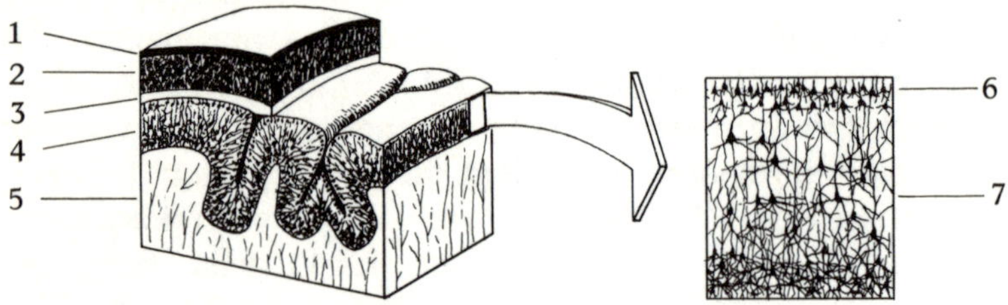

1 harte Hirnhaut
2 Spinnwebenhaut
3 weiche Hirnhaut
4 graue Hirnrinde
5 weißes Hirnmark (Großhirn)
6 äußere Körnerschicht
7 Nervennetzwerk mit Pyramidenzellen

Verblüffend ist die Feststellung, daß wir mit unseren Augenbewegungen die Ereignisse nicht verfolgen, sondern diesen um sechs Millisekunden vorauseilen. Unverständlich wäre diese Feststellung, wenn die Ereignisse um uns herum unvorhersehbar auftauchen und wir sie erst sekundär verfolgen müßten. Dagegen ordnet sich diese Feststellung widerspruchsfrei ein, wenn *wir* es sind, welche die Erlebnisse in uns gestalten und diese als Ereignisse in die Umwelt projizieren. Mit den vorauseilenden Augenbewegungen bereiten wir uns erwartend darauf vor – etwa so, wie wir ja auch unseren Gartenschlauch erst einmal dorthin richten müssen, damit dort die Beregnung erfolgt.

Warum sind unsere Augen so kompliziert und als Bildaufnahmeoptik so schlecht, daß jeder Kamerakonstrukteur ein ebenso einfacheres wie besseres System entwickelt? Warum zerlegt die Netzhaut die optisch eingefangene Natur in lauter hochkomplizierte Funktionen, wenn das Resultat dieser Analyse schließlich doch ohne jeden Aussage- und Informationswert über die jeglicher Differenzierung unfähigen Nervenimpulse nach innen geleitet wird?

Kehrt man aber diese Funktion um, indem wir das optische Erleben im Thalamus gestalten und über das Sinnesorgan Auge in die Umwelt projizieren, dann wäre das Auge eine geradezu geniale Konstruktion. Es hätte nämlich dann die Aufgabe, die vom Thalamus ingrammierten Bewußtseinsinhalte aus dem nervalen Refraktärstadium in optische Ereignisse zu verwandeln.

Technisch unmöglich? Vergleichen wir diesen Vorgang doch einmal mit unserer Fernsehtechnik! Unsere Antenne auf dem Dach fängt aus dem Raum elektromagnetische Impulse auf. Ist gerade kein Sender in Betrieb, dann verursachen diese Kontakte auf dem Bildschirm ein unsinniges inhaltloses Geflimmer und Geräusch. Produziert aber ein Fernsehstudio eine Sendung, dann geschieht nichts anderes als daß die Programmregie mit Hilfe der Technik die optischen und akustischen Reflexe einer Handlung in elektromagnetische Impulse umwandelt, welche dann von der speziellen Technik des Fernsehgerätes in sinnvolle, optisch und akustisch erlebbare Ereignisse umgewandelt werden. In diesem Beispiel läßt sich das programmgestaltende Studio mit der Thalamusfunktion vergleichen, die nervalen Impulse spielen die Rolle der elektromagnetischen Emissionen, während das Fernsehgerät mit unserem Auge vergleichbar wäre, welches aus den programmierten elektromagnetischen Impulsen das Bild gestaltet und in den Raum projiziert. Nur so läßt sich die Kompliziertheit der Augen- und Netzhauttechnik verstehen, während sie andersherum, als Bildaufnahmegerät, wenig Sinn hätte.

Ähnlich verhält es sich mit unserem Ohr, bei dem der Akustiker die Funktion des Trommelfells als schallschwingende Membrane noch versteht, aber alles andere ist für ein Mikrofon als Tonauffanggerät unverständlich. Wird an dem Trommelfell noch das eigentliche Original der Umweltlaute reflektiert, so könnte alles andere, was im Ohrgehäuse geschieht, vielleicht noch den Sinn haben, den Schall – ähnlich wie in einem Rundfunkstudio – auf eine geeignete Nervenfrequenz zu modulieren; erinnert man sich aber an den Partyeffekt, dann müßte aber auch irgendwo ein Moderator sitzen, welcher darüber entscheidet, welche bestimmte Tonfolge aus dem am Trommelfell sich austobenden Wellengetümmel nun weitergeleitet werden soll.

Es war schon lange bekannt, daß sich das Ohr seine akustischen Ereignisse zurechthört, Fehler korrigiert und Ausgelassenes einfügt. Dieses Teilgeständnis bringt aber schon zum Ausdruck, daß sich die akustischen Signale in uns nicht reproduzieren, sondern so getrimmt werden, daß sie sich von einer vergleichenden Erfahrung in ein erlebbares Schema einordnen lassen. Das aber ist nur ein Kompromiß, um den letzten entscheidenden Erkenntnisschritt nicht aussprechen zu müssen, daß wir gar nicht von außen nach innen, sondern von innen nach außen hören.

Selbst heute, wo wir experimentell reproduzieren können, daß gezielte Anregungen kortikaler Zellregionen sinnvolle akustische Ereignisse hervorrufen, welche die Versuchspersonen natürlich als von außen nach innen eindringend empfinden, wagen wir diese letzte Konsequenz nicht zu ziehen. Vielmehr warnen wir vor der Möglichkeit, den Menschen mit technischen Hilfsmitteln zu manipulieren und vergessen dabei, daß doch letztlich der Mensch von seiner Geburt an manipuliert wird, wenn auch nicht mit technischen Mitteln.

In diesem Sinne sind auch die Phantomempfindungen nach einer Gliederamputation zu werten. Hier wird bestätigt, was man aus vielen anderen Erfahrungen weiß, daß man Schmerzen, Temperaturen, Juckreize oder Tastempfindungen erst einmal lernen mußte. Wesentlich für dieses Lernen ist die Fähigkeit einer lokalen Bestimmung und Einordnung der Empfindungsquellen. Ist dieses Programm in Fleisch und Blut übergegangen, sind wir also – wertfrei gemeint – manipuliert, dann ignorieren wir selbst das Fehlen eines Beines durch Amputation und empfinden Schmerzen dort, wo sie gar nicht mehr sein können. Das heißt nichts anderes, als daß wir diese wie auch die optischen und akustischen Empfindungen im Gehirn erzeugen und von dort nach außen in unsere Glieder projizieren.

Es wäre falsch, anzunehmen, daß die umfangreichen Detailkenntnisse des neuro- und sinnesphysiologischen Wissenspensums der Perspektive des umgekehrten Erlebens von innen nach außen widersprechen würde. Richtig ist nur, daß man die bekannten und erkannten Fakten nicht einmal einer Theorie, sondern der selbstverständlichen Annahme zugeordnet hat, daß draußen etwas geschieht, auf das wir drinnen reagieren. Es wäre also gar nicht notwendig, irgendwelche Fakten zu ignorieren, zu unterschlagen oder zu ändern, sondern nur deren theoretische Zuordnung und Wertung dieser anderen Perspektive zu unterwerfen. Wenn damit auch noch nicht das letzte Geheimnis, das des Geistes und des Bewußtseins, gelöst wäre, so würden doch viele Widersprüche, Geheimnisse und Phänomene aufgehoben.

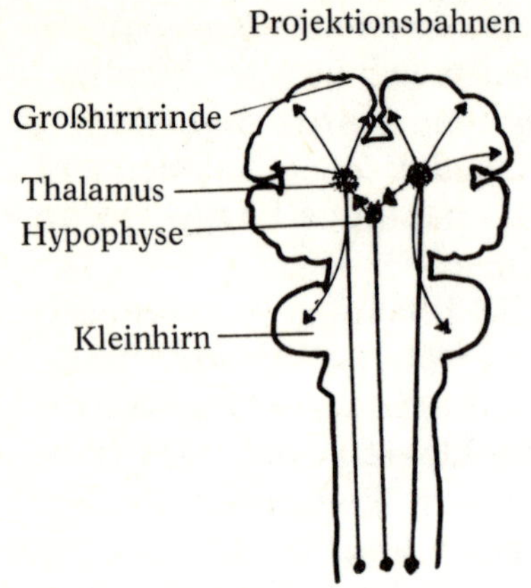

Die eintreffenden Wahrnehmungsimpulse werden im Thalmamus zu Empfindungen und von dort an die Reaktionszentren des Kortex, des Kleinhirns und der Hypophyse verteilt.
Nicht alle Empfindungen gelangen in die Bewußtseinsregionen des Kortex.

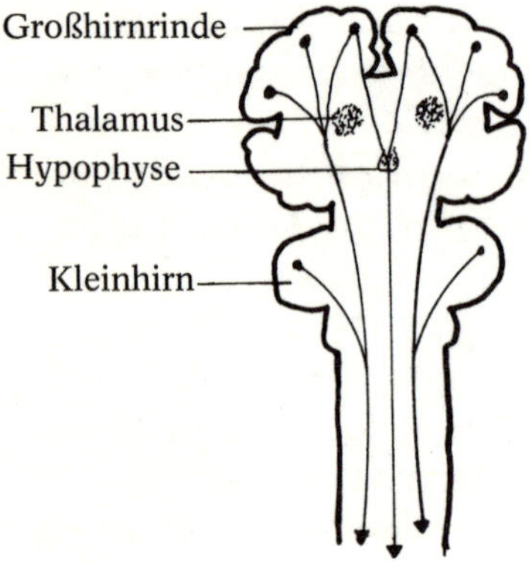

Vom Kortex werden die bewußtheitlichen Empfindungen in motorische Reaktionen umgewandelt und teils über das motorische Nervensystem, teils über die Hypophyse und teils über das Kleinhirn abgewickelt.

Kommen wir schließlich auch nochmals zu Timmermann!
Es wurde ihm unter Hypnose suggeriert, daß er Stubendienst habe. Um ihm diesen Befehl als eine Selbsterkenntnis beizubringen, war es notwendig, ihn auf eine bestimmte Art und Weise einzuschläfern. Was dabei eingeschläfert wird, ist das Bewußtsein in seiner Bedeutung als eine kritische Funktion; denn dieses Bewußtsein entscheidet über das, was falsch oder richtig, möglich oder

unmöglich ist. Was dieses Bewußtsein als richtig passieren läßt, wird zu einer (eigenen) Erkenntnis.

Wenn auch die Hypnose in der griechischen Übersetzung soviel wie Schlaf bedeutet, so hat sie doch mit dem, was wir enzephalographisch (Messung der Hirnstromaktivitäten) als Schlaf registrieren, nichts zu tun. Der Hypnotisierte ist in dieser Hinsicht ebenso wach wie andere auch. Es wird nur sein kritisches Bewußtsein in seiner Kritikfähigkeit beeinträchtigt. Diese Kritikfähigkeit schwankt graduell ohnehin von einer angespannten Konzentration über Unaufmerksamkeit und Ermüdung bis zur völligen Untätigkeit im Tiefschlaf. Bereits unsere Trauminhalte zeigen ja, welche seltsamen Erlebnisse das in seiner Kritiktätigkeit geschwächte Bewußtsein zuläßt.

Es sei ferner daran erinnert, daß das Bewußtsein das Gewollte in die Tat umsetzt, während das Gewollte in dem unterbewußtheitlichen Thalamusgeschehen vorbereitet wird. Der hypnotische Rapport oder Befehl spricht also den unterbewußtheitlichen Geisteszustand an. Allerdings ist er durch seine klar determinierte Formulierung viel wirksamer als ein selbst konzipiertes Traumerlebnis.

Timmermann übernahm also kritiklos die Erkenntnis, Stubendienst zu haben. Nur in diesem einen Punkt war nicht mit ihm zu verhandeln, während sein sonstiges Verhalten und Reagieren absolut normal war.

Ist das so seltsam? Wie viele unausrottbaren Eigenschaften und Eigenheiten sind in uns so fest ingrammiert, daß keine noch so vernünftige Überredung oder Erkenntnis uns davon abzubringen vermag! Man denke an die vielen religiösen Riten und Pflichten, an gewisse Ticks, die jeder hat, an Angewohnheiten oder weltanschauliche Überzeugungen. Das wurde uns in vielen Wiederholungen eingepaukt, oder wir haben es uns durch rhythmisch wiederkehrende Übungen selbst beigebracht. Das, was wir uns also durch intensive Beeinflussung des Bewußtseins mit viel Zeitaufwand beibringen, erreicht der hypnotische

Rapport durch eine verkürzte Methode, indem er, wenn auch nur vorübergehend wirksam, direkt auf das Unterbewußtsein einwirkt.

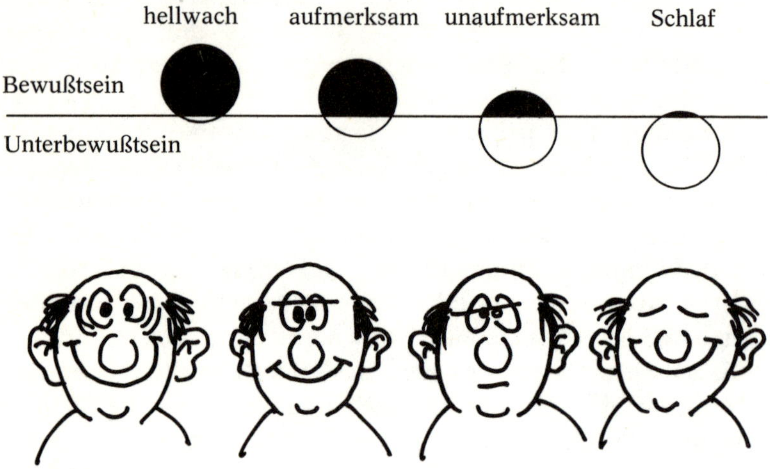

Bewußtsein und Unterbewußtsein ergänzen sich, ohne jemals den Kontakt miteinander ganz zu verlieren.

Diese Art der festgeschriebenen Überzeugungen erinnert aber auch an das Phänomen der Instinkte. Sie zwingen aus einem inneren Drang heraus, etwas Bestimmtes zu einer bestimmten Zeit oder auf bestimmte Anlässe hin in einer bestimmten Art und Weise zu tun. Solche Instinkte haben die Eigenschaft, daß sie durch keinerlei Dressur oder Erziehung beseitigt werden können. Instinkthandlungen werden auch dann ausgeübt, wenn sie an sich sinnlos sind; man denke an das Totschütteln des Hundes, das er nicht nur mit seiner Beute, sondern auch mit einem Topflappen praktiziert. Man denke an die Hühner, die nach Würmern scharren, selbst wenn sie schon seit vielen Generationen auf Betonböden oder in Drahtkörben leben. So könnte man jemandem einen posthypnotischen Befehl erteilen, nach dem er sich jeden Nachmittag um vier Uhr in einem bestimmten Lokal einfinden soll. Diesen Befehl erhalten zu haben, ist dem Medium keineswegs bewußt, vielmehr drängt es ihn aus einem inneren Zwang heraus, um vier Uhr das Lokal aufzusuchen. Keine vernünftige Einsicht oder Überredung könnte ihn davon abbringen. Solche Ingramme mit vergleichbaren Effekten lassen sich als Instinkte «vererben», als hypnotische Rapporte künstlich erzeugen, oder aber auch durch (frühkindliche) Erziehung beibringen. Auch diese frühkindlichen Stadien sind deswegen nachhaltig wirksam, weil sie noch durch keine ausgeprägte kritische Vernunft Unvernünftiges abzuschirmen vermögen.

Wo aber sind hier die Grenzen des Machbaren? Seltsame Verhaltensweisen, Ticks und Angewohnheiten, selbst Suggestionen und Hypnose halten wir für möglich und noch normal. Aber Timmermann hatte sich auch verbrannt, an einer kühlen Patronenhülse, die ihm als brennende Zigarette einsuggeriert wurde. Das berührt eine durch die Naturwissenschaften der Physik und Chemie gezogene Grenze, nach der eine Verbrennung ohne Hitze nicht möglich ist.

Hier wird also eine Grenze überschritten. Andererseits wissen wir von jenen Subkulturen, bei denen Besessene auf glühenden Kohlen tanzen, ohne sich zu verbrennen. Obwohl auch das nicht passieren kann, akzeptieren wir das Phänomenale mit der Einschränkung, daß es sich auf beseelte Körper bezieht, während sich dasselbe – Verbrennung ohne Hitze oder keine Verbrennung trotz Hitze – in einem Experimentallabor außerhalb beseelter Körper nicht wiederholen läßt. Auch tote Körper, die also «entseelt» sind, würden auf glühenden Kohlen verbrennen, und ein toter Timmermann hätte sich an einer kühlen Patronenhülse nicht verbrannt.

Was ist eine beseelte und was ist eine tote Materie? Worin unterscheiden sich diese beiden? Wenn unumstößliche Naturgesetze das Mögliche und das Unmögliche

festlegen, dann regeln sie damit generell die Wechselbeziehungen zwischen Materie und Energie.
Und wenn bei der «beseelten» Materie die gesetzmäßigen Wechselwirkungen durch einen hypnotischen Rapport oder durch rituelle Ekstasen aufgehoben werden können, dann gelten diese Gesetzmäßigkeiten nur unter bestimmten Bedingungen. Und eine Bedingung, unter der sie keine Wirkung haben, wäre eine ihre Wirkung aufhebende geistige Überzeugung.
Ist diese Grenze aufhebbar, dann gilt das nicht nur für die Fremdsuggestion der Hypnose, sondern auch für alle anderen autosuggestiven Vorgänge und Phänomene.
Unter Autosuggestion versteht man zwar eine natürliche Form der Selbsthypnose, aber sie schließt alles ein, was der Mensch zur Vermittlung einer augenblicklichen oder dauernden Überzeugung passieren läßt, ohne daß hier eine klare Grenze zwischen dem suggestiven und dem normalen Einfluß gezogen werden kann. Das geht von der transzendentalen Meditation bis zum paukenden Auswendiglernen, vom Nachahmungstrieb bis zur Autoritätshörigkeit, von der Massensuggestion bis zur Werbungsrhythmik; und im bewußtheitlichen Untergrund herrscht die unkritische Leichtgläubigkeit des kindlichen Gemütes, welche diese Einflüsse wirkungsvoll passieren läßt und welche den Menschen bis zu seinem Tode nicht mehr verläßt, mag er sie nach außen hin auch noch so unterdrücken.
Aus dieser Quelle der geistigen Erlebensgestaltung entspringen jene Phänomene der Telepathie und Präkognition, der Spuks, Telekinese und was auch sonst noch immer unter den Komplex der Parapsychologie fällt.
Sind diese durch die Naturwissenschaften gezogenen Grenzen aufhebbar, dann gilt das auch für diese Medien, für Sensitive, welche die PSI-Phänomene auslösen, indem sie sie erleben.

Eine Verbrennung, so muß noch einmal erläutert werden, ist kein Schönheitsfehler einer psychosensiblen Haut, sondern ein chemotechnischer Vorgang, der im atomaren Geschehen beginnt. Die hier ausgelöste Aktion und Reaktion der Elektronen und Moleküle ist eine geistige Domäne der Physik. Keine «Seele» könnte sich in diese unverständliche naturwissenschaftliche Offenbarung hineinfühlen. Und dennoch gibt es keine andere Möglichkeit, als daß die aus einem hypnotischen Rapport oder einer religiösen Faszination gebildeten Überzeugungen auch und ebenso in diese Quellen des Daseins hineinregieren; denn sonst könnten diese Wunder der Verbrennung ohne Hitze oder der Nichtverbrennung trotz Hitze nicht geschehen.

Der Einfluß des Geistes auf ein physikalisches Geschehen?

Undenkbar. Aber geschieht nicht Vergleichbares im Thalamus? Hier werden nervale Energieimpulse durch Assoziationen mit dem geistigen Erfahrungsbereich zu sinnvollen Erlebnissen – und damit Ereignissen – gestaltet. Das gilt keineswegs nur für das phänomenale, sondern ebenso zwingend für das normale Geschehen. Und wenn dieses Gestalten in der belebten Natur des Thalamus geschehen kann, dann kann es auch in der Natur schlechthin geschehen. Das würde bedeuten, daß Geist und Energiematerie einander bedingen, daß sie zueinander in Wechselbeziehung stehen oder gar einen gemeinsamen Ursprung haben.

Dann müßte aber auch der Geist als ein gestaltendes Element in die Physik der Energiematerie integrierbar sein! Physik und Geist schließen sich ebenso gegenseitig aus wie streng disziplinierte Ordnung und unbeschränkte Freiheit.

Haben wir aber die notwendige Funktion eines Geistes erst aus den Provokationen durch die Phänomene der Parapsychologie im Bereich des beseelten Lebens erkannt,

so sollte man sich gleichermaßen einmal mit den Phänomenen der Physik befassen, mit der Schwerkraft und Kernkraft, den schwarzen Löchern und den Quarks und den Prinzipien der Relativitätstheorie.
Nichts kann aus sich selbst existieren. Auch die Physik ist nicht die Quelle der Physik.

III. Die spektakulären Phänomene der Physik

Die Teilchen und das Ganze

Namhafte Naturphilosophen, wie der einstige Atomphysiker Carl Friedrich von Weizsäcker, stehen auf dem Standpunkt, daß sich Physik und Theologie nicht gegenseitig ausschließen, daß es also zwischen dem Wissen und dem Glauben keine Widersprüche gäbe. Die Physik sei eben ein Teil für sich und die Theologie sei etwas anderes.
Dann ist natürlich auch die Medizin ein Teil für sich und die Chemie. Auch die weitverzweigte Psychologie führt ihr Eigenleben, auch die Philosophie und die Mystik. So existieren über 2000 gelehrte und gelernte Wissenschaftsdisziplinen, die zwar Verwandtschaften untereinander nicht leugnen, aber doch ihre eigenen Regeln, Sprachen und Gesetzmäßigkeiten aufstellen und pflegen. Sie sind so weit verzweigt, daß keine Übersicht über das Ganze mehr besteht und Widersprüche oder Unvereinbarkeiten mit anderen Disziplinen nicht mehr entdeckt werden.
So entsteht ein Weltbildmosaik, in dem sich lauter kleine Wissensteilchen zu einem Ganzen fügen. Natürlich repräsentiert keines dieser Teilchen das Ganze, im Gegenteil: Wenn eines dieser Teilchen verschwindet und dafür ein anderes hinzukäme, würde das an dem Ganzen kaum etwas ändern. Ein Teilchen allerdings paßt überhaupt nicht in dieses Weltbildmosaik, nämlich die Parapsychologie.
Aus dem Titel des bekannten Buches von Werner Heisenberg: «Der Teil und das Ganze», geht bereits hervor, daß das Ganze und seine Teilchen sehr wohl recht unterschiedlicher Natur sein können. Mathematisch simplifiziert hieße das: Wenn 1000 geteilt durch 10 gleich 100 ergeben, dann muß umgekehrt 10 mal 100 nicht wiederum 1000 ergeben.
Man stelle sich in diesem Sinne ein Stück Eisen vor, das in seine Einzelteile zerlegt werden soll! Immer wieder wird das Stück Eisen halbiert, gevierteilt und so weiter, bis wir an sein kleinstes Teilchen, das Unteilbare, das

Atom, gelangen. Dieses Eisen-Atom liefert zwar die Grundlage der chemischen Beschreibung des Elementes Eisen, hat aber mit dem, was wir unter Eisen verstehen oder empfinden, nichts zu tun.

Es ist ein Wirbel verschiedenartigster Kräfte, Bewegungen und Energien: In einem relativ großen leeren Raum dreht sich der Eisen-Atomkern, der insofern die eigentliche Masse repräsentiert, weil er etwas wiegt. Dieser Kern wiederum besteht aus lauter Nukleonen, deren wesentliche Eigenschaft in seinem *Spin* liegt; das heißt, er dreht sich mit einem unvorstellbar großen Tempo um seine eigene Achse. Was sich da dreht, wissen wir ebensowenig, wie *warum* es sich dreht, aber auf keinen Fall ist das, was sich da dreht, Eisen.

In großen Abständen um diesen Kern drehen sich mit einer Geschwindigkeit von 1000 Kilometern pro Sekunde Elektronen. Sie sind – und das ist ein Widerspruch in sich – masselose Teilchen, welche aber ebenfalls sich in einem rasanten Tempo um ihre eigene Achse drehen.

In diesem Bereich beobachtet, forscht und rechnet die Atomphysik, deren Lehrprogramm umfangreicher ist als das der ganzen Physik vor 100 Jahren. Von dem aber, was unser Eisen ausmacht, ist hier nicht mehr vorhanden als eine Anhäufung der beiden Grundelemente Elektron und Nukleon. Warum gerade 26 von der einen und 56 von der anderen Sorte das Eisenatom ergeben, kann niemand sagen. Etwas mehr oder etwas weniger davon ergibt Kobalt oder Mangan. Bei noch etwas mehr oder weniger wird aus dem Eisen gar das Edelgas Argon oder Krypton.

Das Eisen selbst ist eine Erfahrung, eine Empfindung, von der aber niemand zu sagen vermag, wie diese zustande kommt. Was ist aber nun das eigentliche Eisen an sich? Die unverständliche Formelmathematik seiner atomaren und nuklearen Vorgänge oder jenes Etwas, das wir schon geschmolzen und geschmiedet haben, bevor es die Physik gab?

Bewegungsverhältnisse in einem Atom

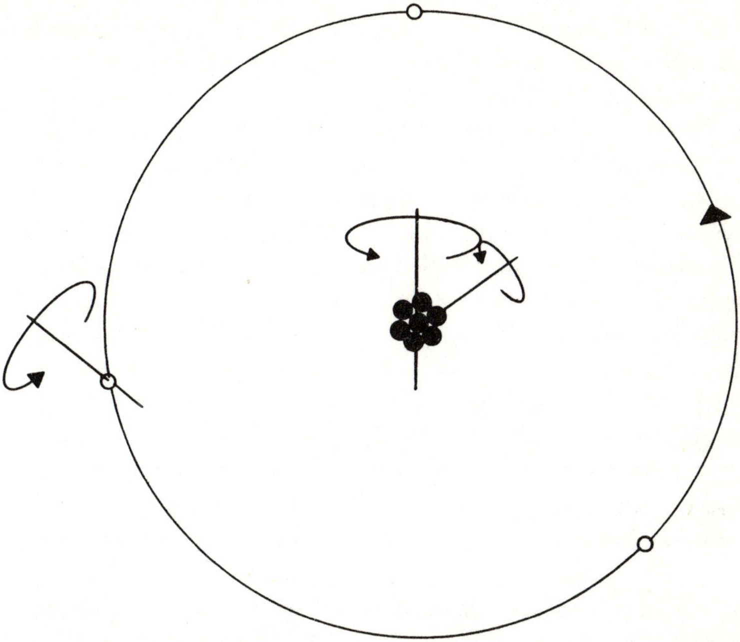

Die Elektronen kreisen mit hoher Geschwindigkeit um den Atomkern und drehen sich um ihre eigene Achse. Auch der Atomkern hat ein Drehmoment. Die einzelnen Nukleonen drehen sich mit halber Licht-Geschwindigkeit um ihre eigene Achse. Das Urelement der ruhenden Masse ist ein Wirbel schnellster Bewegungen.

So ist es aber nicht nur mit den Dingen und Stoffen, sondern auch mit den Kräften. Am Beispiel Licht hatten wir bereits erwähnt, daß wir das Licht als etwas Selbstverständliches empfunden hatten, bevor es die Physik gab: Diese hat es erforscht, analysiert und beschrieben, und danach gibt es dieses Licht an sich gar nicht mehr, sondern es ist eine elektromagnetische Funktion, die in einem nur sehr kleinen Frequenzbereich von uns – erstaunlicher-, unverständlicher- und zufälligerweise – als Licht empfunden wird. Daß es so ist, ist eine Erfahrungstatsache, aber wie diese speziellen elektrogmagnetischen Frequenzen die Empfindung Licht erzeugen, ist ebenso wenig erklärbar wie die Frage, warum wir aus bestimmten Luftschwingungsfolgen ein Beethoven-Konzert oder Grimms Märchen hören.

In dieser geradezu grotesken Diskrepanz zwischen den Teilchen und dem Ganzen haben wir uns für ein Weltbild aus diesen Teilchen entschieden. Ist es nicht eigenartig, daß alle diese speziellen Wissenschaftsdisziplinen guten Glaubens und besten Wissens an der Parapsychologie zweifeln, aber von der Richtigkeit des naturwissenschaftlichen, durch die Teilchen diktierten Weltbildes überzeugt sind!

Dabei ist es gerade die in der Exaktheit ihrer Aussage so vorbildliche Physik, welche die Problematik der wissenschaftlichen Methode erkannt und ausgesprochen hat: Beobachten heißt Vergleichen, Vergleichen heißt Messen. Und das jüngste Eingeständnis lautet: Messen heißt Stören.

Mit einer unvorhersehbaren Konsequenz haben die Naturwissenschaften die Devise von Galilei erfüllt, alles, was zählbar und meßbar ist, zu zählen und zu messen, und was nicht meßbar ist, meßbar zu machen, um die Natur in der Zahlensprache der Mathematik zu erfassen. Aber dieses Messen wurde in seiner Problematik bei der Bestimmung des *Wirkungsquants* besonders deutlich. Hier handelt es sich um ein Partikelchen, dessen Eigenschaft in der wellenförmigen Bewegung liegt. Um das, was sich bewegt, im Sinne von Beobachten messen zu können, muß man es an einem Ort festhalten. Indem man das tut, vernichtet man die andere wesentliche Eigenschaft der Bewegung. Bei einer so deutlichen Doppelfunktion, wie der des Wirkungsquants, muß man also sein Wesen vergewaltigen, um es uns anschaulich zu machen. Und indem wir es anschaulich machen, stören oder zerstören wir seine eigentliche Natur.

Nun gibt es in der Natur nichts wirklich Ruhendes. Alles fließt, alles bewegt oder verändert sich. Und was sich da bewegt, ist nicht die Bewegung, sondern sind die Dinge. Aber wir betrachten die Dinge als etwas Ruhendes und abstrahieren davon die Veränderungen als eine Bewegung an sich.

So verwissenschaftlichen wir das Wesen einer Pflanze, indem wir messen, die Größe ihrer Blätter und Blüten, die Höhe der Pflanze und ihr Wachstum. Bei dem letzteren messen wir die Größe von heute um zwölf Uhr und wiederholen die Messung morgen um dieselbe Zeit. Die Maßdifferenz ergibt das Wachstum von einem Tag. Um also das Wachstum zu messen, müssen wir die Kontinuität dieses Vorganges anhalten, unterbrechen. Damit fixieren wir willkürlich einen Anfang und bestimmen ebenso willkürlich ein Ende. Dieses gemessene Teilstück nehmen wir aus dem Ganzen heraus und rechnen mit Hilfe der Mathematik aus diesem Teil auf das Ganze zurück: Die Pflanze wächst täglich drei Millimeter.

Um zu messen, stören wir also das Wesen einer Pflanze, indem wir einen Anfang herstellen, den die Pflanze gar nicht besitzt, und indem wir einen ruhenden Punkt fixieren, den die Pflanze niemals hat. Auch das Resultat eines täglichen Wachstums von drei Millimetern bezieht sich nur auf die von uns erzwungene Meßmethode, aber nicht auf die Pflanze oder deren eigentliches Wesen. Was wir zum Zwecke des Messens endlich machen, ist nicht endlich und hat weder Ende noch Anfang. Denn wo auch immer wir diesen Anfang fixieren, er ist nur eine willkürliche Zäsur in dem Gesamtkomplex der Natur, aus dem wir die Pflanze zum Zwecke des Beobachtens und Messens herausnehmen.

Dieses Prinzip des Messens bestimmt auch das Wesen unseres Beobachtens und die Art unseres Berichtens. Wenn wir über ein Ereignis oder Erlebnis berichten, müssen wir irgendwo anfangen und damit den Faden der Ent-

wicklung, der schließlich bis Adam und Eva zurückreicht, durchschneiden. Wo wir ihn durchschneiden, bleibt unserer Willkür überlassen. Wir schaffen einen künstlichen Anfang und sagen: gestern morgen um acht auf der Kaiserstraße. Damit fixieren wir den Ort und die Zeit eines Ereignisses, das dort auf keinen Fall begonnen hat.
Aber auch jeder wissenschaftliche Bericht beginnt irgendwo und endet irgendwo. Er greift sich ein Teilchen aus dem Ganzen heraus und überträgt die Beobachtungen des Teilchens auf das Ganze. Und so tasten wir uns auch geistig in unsere Welt hinein. Wir lernen Teilchen, Buchstaben, machen daraus Teile, Sätze und dann das Ganze der Sprache. Aus einzelnen Daten und Namen machen wir uns das Bild der Geschichte. Für unser wissenschaftliches Denken ist es unmöglich, einen Komplex in seiner Gesamtheit zu erfassen, ohne ihn aus seinen Teilchen aufzubauen. Wir nennen das *gründlich.* Aber noch auf keinem Gebiet haben wir das Teilchen entdeckt, welches wirklich das Kleinste ist oder den tatsächlichen Beginn einer Entwicklung oder eines Ereignisses darstellt.
Das sollte vorausgeschickt sein, wenn man sich mit den Phänomenen der Physik befaßt.

Levitation und Schwerkraft

So wie man Licht, Schall, Wärme, Kälte oder dergleichen durch isolierende Stoffe abzuschirmen vermag, träumt man auch von der Aufhebung der Schwerkraft. Würde man deren Wellennatur erst einmal entdeckt haben, wäre der erste Schritt zur Erreicheung dieses Traumziels aller Physikergenerationen schon getan. Aber je mehr wir von den Kräften, Energien und Stoffen wissen, desto mehr entschwinden die Hoffnungen, ein solches Ziel jemals erreichen zu können.

Dabei haben wir in dem ersten Kapitel dieses Buches von einigen Überlieferungen berichtet, die die Aufhebung der Schwerkraft zum Inhalt hatten. Unglaubliche Geschichten aus früheren Zeiten, an deren Wahrheitsgehalt man aus der Sicht unserer heutigen Beweisdokumentationen natürlich zweifeln darf. Aber auch aus der Jetztzeit gibt es Berichte über Levitationen. Religiöse Ekstasen, mit deren Hilfe mancher Heiliger früher entschweben konnte, sind in der europäischen Zivilisation zwar selten geworden, aber man trifft sie noch bei exotischen Priestern, während es bei uns Klubs gibt, deren Mitglieder sich, über transzendentale Meditationen oder Joga-Übungen, wenn auch nur für kurze Augenblicke und wenige Zentimeter, vom Boden abheben.

Aber die Levitation spielt auch bei den unendlich vielen Spukgeschichten eine Rolle. Wenn Gegenstände wie von Geisterhand geführt durch den Raum schweben, dann wird die Schwerkraft aufgehoben. Auch in dem hier früher behandelten Fall Heiner Scholz ist es Levitation, wenn sich schwere Kästen mit Limonadeflaschen von ihrem Stapel abheben, um dann zu Boden zu fallen. Ein russisches Medium namens Kulagina war ein ganzes Jahrzehnt in Fachkreisen hochgeschätzt, weil es unter strenger wissenschaftlicher Kontrolle und fast auf Bestellung Gegenstände schweben lassen konnte.

Dabei war die Gravitation die erste Kraft, deren Gesetzmäßigkeiten vor 300 Jahren durch Isaac Newton so eindeutig formuliert wurden, daß man überzeugt war, damit auch die Kraft an sich erkannt und im Griff zu haben. Diese Formulierungen wurden für die ganze, sich hierauf aufbauende Physik zum richtungsweisenden Vorbild. Man nennt sie Naturgesetze. Darunter versteht man unabänderliche Phänomene, die sich unter keiner Bedingung aufheben lassen. Und die Existenz solcher Naturgesetze veranlaßte schließlich zum Kausalitätsdenken, jener Annahme, daß das Geschehen der Natur nach fest veranker-

ten Regeln von Ursache und Wirkung abläuft und daß kein noch so allmächtiger Gott oder Geist verändernd in dieses Räderwerk der Natur einzugreifen vermag.
Natürlich gilt auch für die Physik die Regel «Beobachten gleich Vergleichen» und «Vergleichen gleich Messen». Zum Vergleichen hat man feststehende Normen, die der Natur entnommen sind. So ist die Lichtgeschwindigkeit von 300 000 km/sec beispielsweise eine solche Norm, eine Naturkonstante. Auch die Gesetze der Gravitation und Schwerkraft basieren auf einer solchen Konstanten, die Newton als Gravitationskonstante wie folgt formuliert hat:

$$G = 6{,}36 \text{ x } 10^{8} \text{ x } g^{-1} \text{ x } sec^{-2}$$

Die Zahl von 6,36 ist zwar dem Halbmesser unserer Erde entnommen, läßt sich aber durch jede andere Größe ersetzen, um damit die Masse anderer Himmelskörper zu errechnen, und zu ermitteln, wieviel dort ein Liter Wasser wiegen würde und wie schnell ein Körper dort auf die Oberfläche herabfallen würde. Damit wissen wir auch, mit welchem Abstand und welcher Geschwindigkeit ein Beobachtungssatellit um die Venus oder den Mars kreisen muß, ohne herabzufallen. Und wenn einmal etwas nicht klappt, dann liegt es nicht an der Formel und deren Mathematik, sondern an der von Menschenhand geschaffenen Technik.
Es ist wahrlich eine geniale Leistung der damaligen Zeit gewesen, dieses Formelspiel zu erkennen, zu ersinnen, so daß es jeder zur praktischen Anwendung und Weiterführung lernen kann. Wie vielseitig und zuverlässig die Newtonschen Gravitationsgesetze sind, geht beispielsweise daraus hervor, daß man aus erkannten Unregelmäßigkeiten der Planetenbahn des Uranus die Existenz des noch unentdeckten Planeten Pluto errechnet hat und einige Aussagen über seine Eigenschaften zu machen wußte. Die Mathematik als Forschungsteleskop!

Das und vieles mehr ist so überzeugend, daß weder an der Realität noch an der Gesetzmäßigkeit der Gravitation ein Zweifel besteht. Wo Masse ist, herrscht auch Schwerkraft. Kommen zwei Massen einander nahe, ziehen sie sich gegenseitig an. Zwar läßt sich das in einem Experimentierlabor nicht nachweisen, aber das liegt nur daran, daß die Gravitation eine äußerst schwache Wechselwirkung ist. Man würde schon einen Eisenwürfel mit fast 200 Metern Kantenlänge benötigen, um eine meßbare Anziehungswirkung feststellen zu können.
Die Schwerkaft fügte sich in das allgemeine Energiebild ein, wonach alle Energien einer materiellen Quelle entspringen und auf materielle Objekte einwirken. Heute weiß man genauer, wo und wie sich diese Wechselwirkungen abspielen: in der Elektronenhülle des Atoms. Hier befindet sich gewissermaßen das Kräfte-Vorratslager, aus dem Energie in verschiedenen Wirkungsformen entnommen werden kann. Führt man einer Materie Energie zu, dann springen die Elektronen auf äußere Kreisbahnen über und vergrößern damit das Atomvolumen. Bei Hitze, so wissen wir, dehnen sich die Stoffe aus. Gibt die Materie Energie ab, verläuft der Prozeß umgekehrt. Die Elektronen springen auf innere Kreisbahnen zurück. Und die von hier sich ausbreitenden Energien haben Wellenformen, haben bestimmte Geschwindigkeiten, die sich aus Wellenlänge und Häufigkeit der Schwingungen pro Sekunde ergeben, und sie wirken in den bereits beschriebenen Stößen, den Wirkungsquanten.
Solche Wellen und Quanten werden bei der Gravitation natürlich auch vorausgesetzt, auch wenn man sie bis heute noch nicht nachgewiesen hat.
Die Annahme, daß es sich bei der Gravitation um eine gegenseitige Anziehung von Massen handelt, geriet allerdings im Jahre 1919 ins Wanken, als eine englische Sonnenfinsternisexpedition beobachtete, daß ein Stern, dessen Licht am Rande der Sonne vorbei zur Erde leuchtet,

nicht an seinem errechneten Platz, sondern näher zur Sonne gerückt stand. Die einzige Erklärung dafür: Das Licht, welches von dem Stern zur Erde dringt, wird von der großen Sonnenmasse angezogen.

Das Atom als Energiespeicher

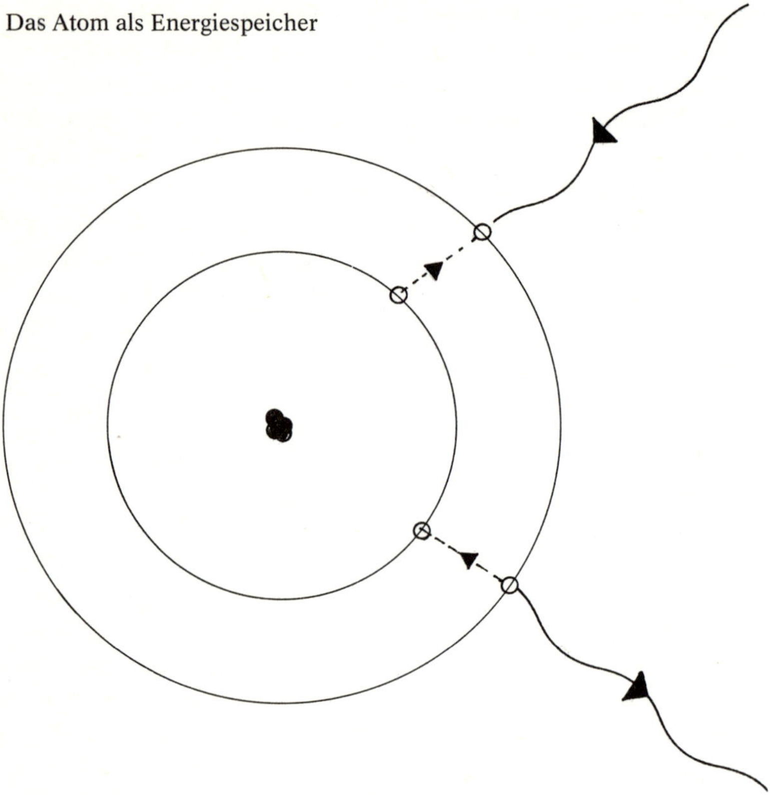

Alle Energien entstammen der Materie und wirken auf Materie. Bei Energiezufuhr springen die Elektronen auf äußere Kreisbahnen über. Das Atom wird «aufgepumpt». Bei Energieabgabe springen die Elektronen auf innere Kreisbahnen zurück.

Da Licht im Sinne der Physik etwas Masseloses ist, dürfte es von der Theorie der gegenseitigen Massenanziehung ausgeschlossen sein. Es war deswegen zwar nicht notwendig, die Newtonschen Gravitationsgesetze zu ändern oder gar zu bezweifeln, sondern nur die Theorien über gewisse Grundsätze und Wesenheiten der Gravitation wurden verunsichert und sind es bis heute.

Wir hatten es hier auch schon einmal mit der Gravitation oder Schwerkraft zu tun, aber in einem ganz anderen Zusammenhang: als Professor Wassiliew prüfen wollte, ob Gedanken mit Hilfe elektromagnetischer Wellen übertragen werden, machte er das Experiment mit der Telehypnose. Dabei schloß er sowohl sich selbst als auch seine Medien in eine Isolierkammer aus 12 cm dicken Bleiwänden. Es stellte sich dann heraus, daß auch diese Isolierwände die Gedankenübertragung nicht abzuschirmen vermochten. Es gibt keine klassische Energie, welche eine 12 cm dicke Bleiwand zu durchdringen vermag – bis eben auf jenen Geist, mit dem wir denken, und die Gravitation oder Schwerkraft.

Es wäre natürlich sehr abwegig, daraus zu folgern, daß das Wesen der Gravitation etwas mit der «Kraft» unseres Geistes zu tun haben könnte.

Nicht abwegig ist es aber, zunächst nur ganz nüchtern festzuhalten, daß diese beiden Kräfte gegenüber anderen klassischen Energien die gemeinsame Ausnahme bilden, 12 cm dicke Bleiwände durchdringen zu können. Korrekterweise muß man heute zugeben, daß auch ganz extrem kurzwellige und ebenso extrem langwellige Energien 12 cm Blei durchdringen können und erst bei noch größeren Massen absorbiert werden. Es entbehrt gewiß nicht einer zwingenden Logik, hieraus zu schließen, daß die extreme Kurz- oder Langwelligkeit dafür ursächlich ist, daß und wieweit kompakte Massen durchdrungen werden können. Führt man diese Linie weiter bis an die Grenze, darf man vorhersagen, daß eine wellenlose Ausbreitung (der Gravitation oder des Geistes) den geringsten Widerstand in der Masse finden wird. Eine solche Wellenlosigkeit würde aber dem Prinzip einer physikalischen ge-

quantelten Energie widersprechen. Es wäre etwas Außerphysikalisches.
Während der Geist noch niemals etwas mit der Physik zu tun hatte, ist die Gravitation gewissermaßen der Stammvater der Physik. Mit ihrer gesetzmäßigen Formulierung hat der Siegeslauf der Physik eigentlich erst begonnen. Aus ihr entwickelten sich die Mechanik, die Technik und die Industrialisierung. Es war die ursprüngliche Aufgabe der Physik, die theoretischen Grundlagen zu liefern, welche in der Technik realisiert wurden. Heute bestimmt sie das moderne naturwissenschaftliche Weltbild.
Aber viel mehr, als Isaac Newton vor 300 Jahren von der Gravitation wußte, wissen wir heute auch noch nicht. Es haben sich nur einige Theorien oder Hypothesen, die Newton der Gravitation unterstellte, nicht bestätigt.
Sie ist heute, wo wir die Wellen- und Quantennatur aller Energien kennen, das große Rätsel, vielleicht ein viel größeres und bedeutsameres, als wir ahnen. Sollte die Gravitation als Urquell der Physik, der Masse und der Energie selbst außerphysikalischer Natur sein, dann würde das unabsehbare Konsequenzen für unser naturwissenschaftliches Weltbild haben.

Vakuum und Gravitation

Ungelöste Rätsel können sich ebensowenig wie ungelegte Eier dagegen wehren, daß man in ihnen Geheimnisse sucht. Das gilt für die Parapsychologie ebenso wie für die Gravitation. Rätsel lassen sich aber nur mit den zur Verfügung stehenden Mitteln lösen und nicht mit neuen Rätseln. Wer sich mit der Gravitationstheorie befassen will, muß die Physik studieren. Studiert er die Physik, wird der Stand des Wissens zu seinem geistigen Eigentum und die wissenschaftliche Systematik zu seiner Denk- und Forschungsmethodik.

Aber mit eben diesen Mitteln scheint das Wesen der Gravitation nicht erfaßbar zu sein, und der Stand des Wissens läßt sich auch nicht einfach beiseite schieben, um ganz von vorne anzufangen. Die Forschung ist eine Arbeit der kleinen und kleinsten Schritte. Jedes neu gefundene Mosaiksteinchen muß sich logisch und harmonisch einfügen, aber das Bild des Ganzen ist bereits weltanschaulich vorgeprägt, sei es durch die Religion, den Idealismus oder den Materialismus.

Ein ähnliches Nachdenken hatte sich ja bereits in den Kapiteln über die Sinnes- und Gehirnfunktionen als notwendig erwiesen. Studiert man diesen Komplex als eine Fachwissenschaft, muß man sich den Stand des Wissens aneignen. Zwar nicht ausdrücklich erklärt, aber doch als selbstverständlich, ging man hier davon aus, daß sich objektive Dinge und reales Geschehen um uns ereignen, die wir mit den Sinnesorganen auffangen, als Information über das Nervensystem ins Gehirninnere leiten, wo wir sie bewußtheitlich erkennen und sinnvoll darauf reagieren. Aus dieser Perspektive allerdings wurde die Theorie der Arbeitsweise des Gehirns um so rätselhafter, je mehr Einzelheiten wir wußten. Es tauchten Sinnesphänomene auf, die sich in das Gesamtbild nicht sinnvoll einordnen lassen.

Unter dem Druck der Aufgabe, die Phänomene der Parapsychologie zu erklären, hatten wir hier nur die Perspektive geändert, ohne die Fakten wissenschaftlicher Beobachtungen und Messungen in Zweifel zu ziehen. Nicht einmal eine fest verankerte Theorie mußte bestritten werden, sondern es wurde nur eine als selbstverständlich angenommene Voraussetzung geändert und der Vorgang des Erlebens umgekehrt: Nicht in der Umwelt, sondern im Gehirn werden die Erlebensinhalte gestaltet und von dort über die Sinnesorgane in die Umwelt projiziert, wo wir sie als Ereignisse zu erleben glauben.

Welche Perspektive könnte man bei der Gravitation än-

dern oder gar umkehren, um den Komplex einmal durch eine ganz andere Brille zu betrachten, ohne deswegen irgendwelche Fakten oder Gesetzmäßigkeiten in Frage stellen zu müssen?
Da hatte die Stadt Magdeburg im 17. Jahrhundert einen Bürgermeister namens Otto von Guerricke, der sich allerdings weniger als Kommunalpolitiker denn als Physiker und Erfinder einen Namen gemacht hatte. Er erfand die Luftpumpe. Bis dato kam man auch ohne Luftpumpe aus, und der Laie vermochte sich beim besten Willen den Sinn und Zweck eines Gerätes, mit dem man Luft pumpen konnte, nicht vorzustellen.
Zu diesem Zweck veranstaltete von Guerricke eine Demonstration, bei der er zwei eiserne Halbkugeln aneinander fügte, um dann die Luft herauszupumpen. Durch keinerlei Mechaniken befestigt, hafteten die Kugeln fest aneinander. Um das zu beweisen, spannte er die kraftstrotzende Armada von je acht Pferden vor jede Kugelhälfte, um sie wieder auseinanderzureißen. Sie schafften es nicht. Eine bisher unbekannte und deswegen geheimnisvolle Kraft hielt sie zusammen: das Vakuum.
Damit wurde eine Kraft entdeckt, die als Vakuum eine nicht unwesentliche Rolle in der Technik und Industrie spielt. Diese Vakuumtechnik läßt sich nun mathematisch so formulieren, als sei sie eine Kraft an sich.
Aber nun kommt die Frage nach dem Warum und Woher: Welche Kraft hat die beiden Kugelhälften zusammengehalten? Ist es die im Kugelinneren erzeugte Kraft des Vakuums, oder ist es der von allen Seiten wirkende Luftdruck?
Wie auch immer wir diese Frage beantworten, für die Vakuumtechnik selbst ist diese Perspektive von untergeordneter Bedeutung.
Und so ist es auch für den Lehrstoff der Sinnes- und Gehirnphysiologie gar nicht so entscheidend, ob wir von außen nach innen oder von innen nach außen erleben. Und

so ist es letztlich für die Richtigkeit und die Wirksamkeit der Gravitations- und Schwerkraftgesetze unerheblich, ob die Kraft in der Masse sitzt und alles an sich zieht, oder ob sie von außen wie ein Luftdruck die Massen gegeneinander drückt. Die Gesetze formulieren nur, was unter welchen beobachtbaren Bedingungen regelmäßig geschieht. Die Fragen nach dem Warum und Woher werden durch Theorien beantwortet. Die Kraft selbst hat man weder hier noch dort beobachtet oder entdeckt.

Wir wissen, daß alle Körper oder Massen in Richtung auf den Mittelpunkt der Erde angezogen werden. Würden sie nicht auf der Erdoberfläche festgehalten werden, dann würden sie immer weiter bis zum Mittelpunkt der Erde hin fallen. Diese Anziehungskraft, welche auf die Körper einwirkt, registrieren wir als Gewicht. Und dieses Gewicht wiederum entspricht unter bestimmten Bedingungen formelmathematisch der Masse: Wenn nämlich ein Liter Wasser 1 kg wiegt (Gewicht), dann hat dieser Liter Wasser die selbe «Masse» von einem Kilogramm. Das ist eben der Maßstab für die Masse. Auf einem kleineren Planeten könnte ein «Liter» Blei das Gewicht unseres Liters Wasser haben. Und darum ist es übertrieben pedantisch, danach zu fragen, wie denn die Masse oder das Gewicht zustande kommen. Das ist ebenso pedantisch, als wollte man wissen, wie denn die Empfindung Licht zustande kommt.

Denn die Frage nach dem Zustandekommen der Erfahrung von Masse, Gewicht oder Licht berührt bereits die Frage nach der Schöpfung.

Aber gerade hier, wo es im naturwissenschaftlichen Sinne nicht mehr sinnvoll ist, nach dem Warum und Woher zu fragen, müssen wir den Kernpunkt unserer Fragestellung suchen, ob die Parapsychologie Unsinn ist oder eine Wissenschaft von morgen initiieren könnte; denn alle anderen Möglichkeiten dürften bereits erschöpft sein.

Übertrieben? Oder gar zu hoch gestochen? Man kann natürlich die Parapsychologie – wie bisher – einfach in den Mülleimer der Wissenschaft werfen. Man kann sie aber auch zum Anlaß nehmen, um einmal etwas intensiver über das Woher und Warum jener wissenschaftlichen Erkenntnisse nachzudenken, in deren Weltbild die PSI-Phänomene unmöglich sind. Man käme dann wieder auf die aus der Physik entnommene Kausalität zurück und müßte sich fragen, worauf denn die Physik beruhe. Dabei würden wir feststellen, daß sich alle mathematischen Formulierungen von den ältesten Schwerkraftgesetzen bis zur kompliziertesten Elementarteilchenformel letztlich auf nur drei Größen reduzieren lassen, auf c, g und s. Sie stehen für Zentimeter, Gramm und Sekunde und sind die Maßeinheiten für Raum, Masse und Zeit. Was aber der Raum, die Zeit und die Masse an sich sind, weiß niemand. Man geht einfach davon aus, daß Zentimeter, Gramm und Sekunde konstante Naturfaktoren sind, die das Geschehen dirigieren – so wie man früher davon ausgegangen war, daß der liebe Gott hinter allen Geschehnissen steht. Über Gott, Raum, Zeit und Masse kann man bestenfalls philosophieren, und das ist im Laufe der Geistesgeschichte auch mit den unterschiedlichsten Resultaten geschehen.

Masse ist allerdings nicht gleich Masse. Die ein Kilogramm eines Liters Wasser reduzieren sich auf dem Mond auf nur 165 Gramm, während sie sich auf der Sonne mit 27 Kilogramm erheblich vermehren. Das liegt aber eben daran, daß die Masse des Mondes wesentlich kleiner als die der Erde ist, während die Sonne eine ungleich größere Masse besitzt. Diese Abhängigkeit einer Massengröße von der Größe einer Masse, auf der man sie mißt, ist der Newtonschen Gravitationskonstante zu entnehmen und beweist die in sich logische Geschlossenheit der Gravitationsgesetze, welche die Vorstellung von einer gegenseitigen Anziehung der Massen rechtfertigte.

Heute wissen wir, daß die Newtonsche Theorie von einer

gegenseitigen Massenanziehung nicht stimmt; denn auch Licht wird von der Masse angezogen, und Licht ist im physikalischen Sinne massenlos. Einstein hat in seiner speziellen Relativitätstheorie im Zusammenhang mit dem «gekrümmten Raum» dieses bereits vorausgesagt, und im Jahre 1919 wurde tatsächlich dafür der Beweis erbracht.

Was ist die Gravitation, wenn sie auch masseloses Licht anziehen kann? Seit der Vorlage der Quantentheorie im Jahre 1900 durch Max Planck ist das elementare Wesen der Energie theoretisch endgültig entschieden: Es besteht aus kleinsten Wirkungsportionen, den Quanten, die sich wellenförmig mit bestimmten Geschwindigkeiten ausbreiten. Die Quantelung, die Wellenform und -länge sowie die Geschwindigkeit bedingen einander. Die Geschwindigkeit wiederum ist bekanntlich ein Produkt aus Raum und Zeit, deren Raum hier durch die Wellenlänge und deren Zeit durch die Häufigkeit der Schwingungen in einer Sekunde gegeben sind. Man wußte auch damals schon, daß die Lichtgeschwindigkeit als Naturkonstante durch keine Bewegung überschritten werden kann und daß alle sich durch den freien Raum ausbreitenden Kräfte diese Lichtgeschwindigkeit besitzen.

Untermauert von einer sehr komplizierten Mathematik theoretisierte Einstein die Gravitation als eine «Eigenschaft des Raum-Zeit-Kontinuums», um sie von einer materiellen Quelle der gegenseitigen Massenanziehung unabhängig zu machen. Darunter muß man sich vorstellen, daß jede gleichförmige Bewegung im freien Raum identisch ist mit einem Stillstand; denn nur jede Veränderung dieser Gleichförmigkeit bedarf eines Energieaufwandes. Nähern sich allerdings zwei gleichförmig bewegte Körper einander, so verändern oder stören sie das Raum-Zeit-Kontinuum, indem sie sich gegenseitig anziehen und damit von der gleichförmigen Bahn ablenken. Trotzdem aber erkannte Einstein der Gravitation Wellen und Quanten zu.

Das aber würde die Gravitation wieder von einer gegenseitigen Massenanziehung abhängig machen; denn alle wellenförmigen und gequantelten Energien haben ihren Ursprung in der (atomaren) Materie und wirken nur auf (atomare) Materie. Man weiß heute recht genau, wie und wo das geschieht, nämlich in dem Elektronenhüllenraum des Atoms. Führt man einem Körper Energie zu, dann springen die Elektronen auf äußere Umlaufbahnen und vergrößern damit das Volumen. Wir wissen ja, daß sich erwärmte Stoffe ausdehnen. Gibt die Masse Energie ab, springen die Elektronen wieder auf innere Kreisbahnen zurück. In einem Atom aber läßt sich ein Zufluß oder Abfluß von gravitationaler Energie nicht nachweisen. Man spricht daher von einer «schwachen Wechselwirkung».

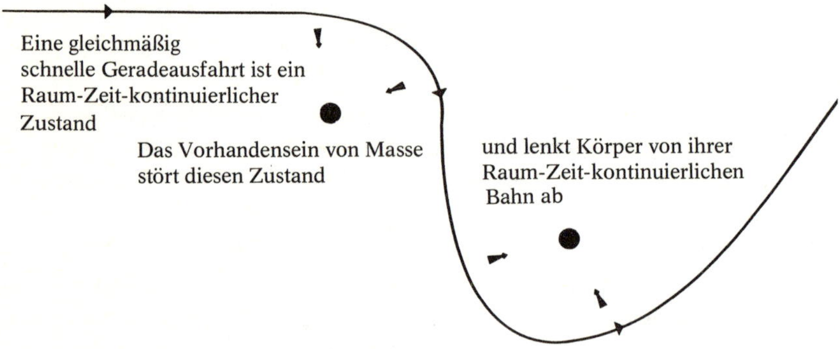

Nach Einstein ist die Gravitation eine «Eigenschaft des Raum-Zeit-Kontinuums».

Einstein war mit seiner Gravitationstheorie auch nicht ganz zufrieden. In seinem letzten Buch «Aus meinen späten Jahren» war er bereit, die ganze Theorie zu verwerfen, wenn sich einige seiner Ableitungen als nicht haltbar erweisen sollten.

Aber man hat heute weder eine bessere noch eine andere Gravitationstheorie und sucht daher weiter nach den

Wellen und Quanten der Gravitation. Da man sie noch nicht entdeckt hat, sucht man weiter, und daß man sie noch nicht entdeckt hat, ist kein Beweis dafür, daß sie nicht doch existieren könnten.
Hier steht man – ähnlich wie bei der Parapsychologie – vor einer unmöglich zu erfüllenden Beweislast; denn wer kann schon beweisen, daß es keine Gravitationswellen gibt. Es ist hier wie bei einem verdächtigen Täter, der erst dann entlastet ist, wenn man den wahren Täter gefunden hat. Wie aber soll man den finden, wenn bei dem anstehenden Delikt gar kein Täter tätig war? So wird nämlich analog auch für die Phänomene der Parapsychologie ein Beweis verlangt, der nur dann als Beweis anerkannt werden kann, wenn er die physikalisch-technischen Voraussetzungen des experimentellen Beweisdenkens erfüllt. Wer sich für die Ursachen der PSI-Phänomene interessiert, wird kaum einsehen, daß er sich so sehr mit der Physik beschäftigen soll, dazu noch mit einer so unpraktikablen theoretischen Physik der Gravitation. Aber wie schon betont, wären die PSI-Geheimnisse längst gelöst, wenn es ein Ding oder ein Etwas gäbe, mit dem man PSI wie Bühnenmagie betreiben könnte. Die Erklärung liegt viel tiefer. Und wenn wir auch bei der Physik einmal über das Lernprogramm hinaus in die Tiefe gehen, werden wir nicht nur Phänomene entdecken, die gewisse Parallelen zur Parapsychologie aufweisen, sondern vielleicht auch einen gemeinsamen Urgrund, der beide in einem anderen Licht erscheinen läßt.

Widersprüche und Rätsel der Schwerkraft

Das ganze Universum hat ein Gravitationsfeld. Selbst wenn man im freien Raum nichts davon merkt, ist dieses Feld vorhanden. Schwebt ein großer Massenkörper wie die Erde in diesem Feld, dann bildet die Gravitation ein

spezielles, von der Massengröße der Erde abhängiges Schwerefeld.
Diesem Schwerefeld verdanken wir die Tatsache, daß alle Körper mit einer gewissen Druckbelastung von der Erde angezogen oder aber auch auf sie herabgedrückt werden. Diese Belastung messen wir und bezeichnen sie als Gewicht. Um bestimmte Maßnormen oder Vergleichswerte zu erhalten, haben wir uns auf das Gewicht eines bestimmten Stoffes geeinigt, auf Wasser. Ein Liter oder Kubikdezimeter davon hat das Gewicht von einem Kilogramm, demzufolge wiegt ein Kubikzentimeter nur ein Gramm.
Damit messen wir also vergleichend die Größen aller anderen Massen. Da das Massengewicht aber auch einen Druck ausübt, der «Arbeit» zu leisten vermag, hat man seit einigen Jahrzehnten das Gramm und Kilogramm noch einmal differenziert in Pond und Kilopond.
Aber weder so noch so ist damit geklärt, was die Masse an sich ist und wie dieses Gewicht oder sein Druck zustandekommen. Es kommt durch die Schwerkraft zustande, wo immer sie auch sitzen und wie immer sie wirken mag. Nach einer allgemeinverbindlichen und von Einstein behaupteten Lehrmeinung soll die Gravitation Wellen und Gravitationsquanten besitzen, die sich mit Lichtgeschwindigkeit ausbreiten. Solche «klassischen» Energiewellen haben aber nur eine Wechselwirkung mit der Atomhülle und wirken nicht direkt auf die nukleare Substanz der Materie ein.
Wenn diese allgemeine Erkenntnis richtig ist, dann ist das Zustandekommen der Gewichtsunterschiede recht rätselhaft. So wiegt die leichteste Masse, der Wasserstoff, dessen Atome nur ein Nukleon haben, nur 0,0009 Gramm je Kubikzentimeter. Einer der schweren Stoffe, Quecksilber hingegen, hat ein Gewicht von 13,6 Gramm je Kubikzentimeter. Das ist ein Gewichtsunterschied von 1 : 1 Million.

Dieser Unterschied ist unerklärlich, wenn man die Wellenwirkung der Gravitation auf die Atomhüllen beschränkt. Auch wenn man, ohne es mit dieser Wellenwirkung vereinbaren zu können, eine unmittelbare Gewichtsdruckwirkung auf die Nukleonenmasse annimmt, erklärt sich dieser Unterschied nicht; denn Quecksilber hat nur 201 Nukleonen mehr als Wasserstoff.
Neben dem meßbaren Gewicht verursacht die Schwerkraft aber auch eine Fallbeschleunigung. Die Beschleunigung ist ein wichtiger Faktor in dem altbekannten Mechanikgesetz von

Kraft = Masse mal Beschleunigung.

Dieses gilt auch im freien schwerelosen Raum. Aus der Kraft, die man aufwenden muß, um im freien Raum einen Körper bis auf eine bestimmte Geschwindigkeit zu beschleunigen, läßt sich nach dieser Formel die Größe der Masse errechnen. Auch ohne Waage.
Je größer oder schwerer eine Masse ist, desto mehr Kraft muß aufgewandt werden, um eine bestimmte Beschleunigung zu erreichen. Das gilt auch auf der Erde. Bauen wir das Kraftpotential eines 30 PS-Motors einmal in ein nur 100 kg schweres Motorrad und einmal in ein 1000 kg schweres Auto, dann ist es ganz selbstverständlich, daß man damit das leichtere Motorrad viel schneller und viel höher beschleunigen kann als das Auto.
Die Anziehungskraft unseres irdischen Schwerefeldes ist eine auf der ganzen Erde geltende einheitliche Größe. Also müßte sie fallende Körper unterschiedlich schnell fallbeschleunigen, und zwar um so schneller, je leichter sie sind.
Aber das tut sie nicht. Jeder Schüler lernt im Physikunterricht, daß in einem luftleeren Raum, wo der Luftwiderstand den Fall nicht bremsen kann, alle leichten und schweren Stoffe gleichschnell fallen. Und zwar mit einer

einheitlichen Beschleunigung von 9,81 Metern in der ersten Sekunde.

Dieselbe Kraft also, welche einmal bewirkt, daß zwischen Wasserstoff und Quecksilber ein Gewichtsunterschied von 1 : 1 Million besteht, bewirkt, daß trotzdem beide Stoffe gleich schnell fallbeschleunigt werden.

Zu Galileis Zeiten wurde die damals aufgestellte Behauptung, daß schwere und leichte Körper gleich schnell fallen, nicht geglaubt. Man nahm an, daß die schweren Körper schneller fallen müßten, weil man sich den Luftwiderstand nicht fortdenken konnte. Aber dann wurde es Tatsache, die nun in das Gesamtbild von Kraft, Masse und Beschleunigung eingebaut werden mußte.

Die Physik hat dieses Problem glänzend gelöst, indem sie das eine Phänomen durch ein anderes erklärte. Sie erfand die «potentielle Energie» und bewies sie mit Hilfe mathematischer Formulierungen und Berechnungen.

Nun erklärt sich das so: Ein Blumentopf kann nur deswegen von der Fensterbank herunterfallen, weil man ihn vorher da hinaufgehoben hat. Um ihn da hinaufheben zu können, muß man eine bestimmte Kraft aufwenden, und zwar desto mehr Kraft, je schwerer der Blumentopf ist.

Was macht diese Kraft? Sie ruht als potentielle Energie im Blumentopf. Gerät dieser dann über den Rand der Fensterbank hinaus, verwandelt sich die potentielle Energie in Fallbeschleunigungsleistung.

Auch ein Wattebausch würde von der Fensterbank herunterfallen und dabei – im luftleeren Raum – ebenso schnell fallbeschleunigt werden wie der Blumentopf. Auch der Wattebausch kann nur fallen, wenn man ihn vorher da hinaufgehoben hat. Da ein Wattebausch aber viel leichter ist als ein Blumentopf, braucht man auch nur entsprechend weniger Kraft zum Aufheben und folglich ruht auch weniger potentielle Energie im Wattebausch, gerade soviel, daß er dann genauso schnell herunterfällt wie der Blumentopf.

Von der Schwerkraft oder Gravitation ist hier gar nicht mehr die Rede oder nur insofern, als potentielle Energie und Schwerkraft in diesem Falle dasselbe sind.
Natürlich läßt sich diese potentielle Energie keineswegs im atomaren Verhalten nachweisen, während alle sonstigen Energien, die man einem Stoff zuführt, sich in entsprechenden Reaktionen niederschlagen.
Für die Physik ist dieses Problem zwar gelöst, aber ist es wirklich gelöst?
Es gibt noch mehr Fragen:
Unsere Sonne hat neun Planeten, die in mehr oder weniger großen Abständen um die Sonne herumkreisen. Wäre die Sonne nicht da, würden die Planeten nicht kreisen, sondern frei und führungslos durchs Weltall segeln, bis sie in andere Schwerefelder geraten.
Sie kreisen aber um die Sonne, weil sie durch gegenseitige Anziehungskräfte aneinander gebunden sind. Und das schon seit Jahrmilliarden.
Die Entfernungen der Planeten von der Sonne betragen viele Millionen bis zu 5,9 Milliarden Kilometer. Je größer die Entfernung, desto mehr Gravitationsbindungskräfte müssen aufgewandt werden, weil sich die Schwerkraft proportional dem Quadrat der Entfernung verringert. Das sei damit veranschaulicht, daß ein Liter Wasser, der auf der Erdoberfläche 1000 Gramm wiegt, in 6000 km Entfernung nur noch 250 Gramm, nach 25 000 km nur noch 40 Gramm Gewicht verursacht.
Der riesige Jupiter ist 778 Millionen, Neptun 4,5 Milliarden und der Pluto 5,9 Milliarden Kilometer von der Sonne entfernt. Welche gewaltigen Kräfte müssen Sonne und Planeten schon seit Jahrmilliarden aufwenden, um sich aneinander festzuhalten!
Woher werden diese Kräfte genommen? Welches Potential verwandelt sich hier in wellenförmige Energie, ohne sich jemals abzunutzen oder zu erschöpfen?
Die Physik hat selbstverständlich eine Antwort auf diese

Frage. Sie spricht von der Erhaltung des Impulses. Ein einmal erteilter Impuls bleibt im freien Raum erhalten. In einem Schwerefeld natürlich nutzt sich dieser Impuls durch Reibungen an der Schwerkraft ab. Auch das ist eine Erfahrung, aber letztlich ebenso wenig eine Erklärung wie das mit der potentiellen Energie.
Nehmen wir weiter an, die Sonne würde eines Tages verschwinden. Bleibt dann unser Drehimpuls um die Sonne erhalten? Nein, darüber ist man sich einig. Unsere Planetenbahnen würden alle durcheinandergeraten.
Es ist aber die Frage, wann wir auf das Verschwinden der Sonne reagieren würden. Die Gravitation soll Lichtgeschwindigkeit haben. Demnach würden wir, weil wir acht Lichtminuten von der Sonne entfernt sind, erst acht Minuten später aus den Fugen geraten.
Der Pluto ist fünf Lichtstunden von der Sonne entfernt. Könnte er noch fünf Stunden am Gravitationsgängelband der Sonne hängen, wenn dieses fünf Stunden zuvor bereits durchgerissen ist?
Diese Frage läßt sich natürlich nicht experimentell praktizieren, stößt aber doch auf logische Bedenken, wie überhaupt an die wellenförmige Ausbreitung der Gravitation von vielen Physikern nicht mehr ernsthaft geglaubt wird. Aber welche Alternative gibt es?
Es ist noch etwas Merkwürdiges mit der Gravitation: Würde unsere Erde beispielsweise wieder in ihre frühere Vulkantätigkeit zurückfallen und gewaltige Energiemengen ins Weltall schleudern, dann würde sie einiges an ihrer Substanz abgeben. Aber was gibt sie ab? Materie und Energie sind äquivalent; denn Materie verwandelt sich in Energie.
Die Erde würde also schrumpfen, kleiner werden. Aber im selben Maße, wie sie schrumpft, wird die Kraft des Schwerefeldes größer. Ein Liter Wasser würde immer schwerer. Obwohl also die Größe einer Schwerkraft abhängig ist von der Größe einer Masse, würde hier die

Schwerkraft größer werden, obwohl – zumindest nach $E = Mc^2$ – die Masse kleiner wird.
Aber hier muß man strenger zwischen Masse und Materie unterscheiden; denn Materie wird durch das ganze Atom mitsamt der Atomhülle dargestellt, während die Masse nur durch die Nukleonen repräsentiert wird.
Auf der Sonne hätten wir den vergleichsweisen Fall, daß sie gewaltige Energiemengen ins Weltall hineinvergeudet. Dort läuft ein Kernfusionsprozeß ab, dessen Phänomenalität wir später behandeln werden.
Auch die Sonne wird schrumpfen. Wenn sie ihr ganzes, in den Atomhüllen schlummerndes Energiepotential mitsamt den Elektronen, welche ja diese Energiehülle darstellen, abgestoßen hat, dann schrumpfen alle Nukleonen zu einem riesigen Haufen von knapp zehn Kilometern Durchmesser zusammen. Sie wäre dann nur noch ein riesiger Atomkern ohne Hülle.
Diese in den letzten Jahren immer häufiger entdeckten Gebilde nennt man Neutronensterne. Neutronen sind – im Gegensatz zu Protonen – elektrisch ungeladene Nukleonen.
Die Schwerkraft eines solchen Neutronensterns ist so gewaltig, daß weder Licht noch sonstwas herausdringen kann. Alles, was an Licht aus anderen Quellen in die Nähe eines solchen Neutronensterns kommt, wird durch die Schwerkraft in dieses unersättliche Loch hineingezogen.
Auf einen solchen Neutronenstern wirkt die Gravitation mit einem Druck von 10^{14} Pond pro Quadratzentimeter. Das entspricht einem Gewicht von 100 Millionen Tonnen! Das ist eine ebenso imponierende wie interessante Größe. Man muß sich nun die Frage stellen, warum wirkt die Kraft des Gravitationsfeldes auf einen Quadratzentimeter Erdoberfläche mit nur einem Pond und auf einen Neutronenstern mit 100 Billionen Pond?
Da man längst davon abgekommen ist, die Quelle dieser

Gravitationswirkungen als im Zentrum einer Masse sitzend anzunehmen, sondern sie als ein Feld ins Universum zu verlegen, darf man annehmen, daß diese Potenz von 10^{14} p (= Pond) ein gewisses Maximum ist, welches auf die Masse zu wirken vermag. Dieses Maximum kommt nur dann zur Auswirkung, wenn auch die Masse eine maximale Nukleonendichte besitzt wie in einem solchen Neutronenstern. Dichter geht es selbst theoretisch nicht.
Man darf also davon ausgehen, daß diese gewaltige Potenz eine generelle Eigenschaft des Gravitationsfeldes ist und praktisch auch im freien Raum und an jedem Ort des Universums mit dieser Potenz wirkt. Im freien Raum spüren wir aber diese Wirkung ebenso wenig, wie wir in unserem irdischen Luftfeld den kolossalen, nur durch ein Vakuum spürbaren Luftdruck merken.
Kommen wir nun einmal zu einem Versuch, aus einer ganz anderen Perspektive und unter anderen Voraussetzungen das Wesen dieser geheimnisvollen Kraft zu beschreiben und zu erklären. Dazu stelle man sich das Universum vor wie einen riesigen Ballon, von dessen Hülle aus Licht in den Raum gestrahlt wird. An jedem Punkt innerhalb dieses Ballons wirkt das Licht mit derselben Intensität.
Im Gegensatz zum Licht sind aber die Gravitations«strahlen» von einer solchen Natur, daß sie eine normale Materie wie die unserer Erde durchleuchten können. Sie werden nur von der eigentlichen Masse, den Nukleonen der Atomkerne, aufgefangen und gehen mit diesen eine «Wechselwirkung» ein.
Das dabei entstehende Schwerefeld der Erde entspräche in seiner Größe oder Intensität einer Schattenwirkung, welche die Gravitationsstrahlen nach Durchdringen der Erde hinterlassen.
Aus der Atomphysik wissen wir, daß das spezifische Gewicht eines Atomkerns um 10^{14} mal größer ist als das des ganzen Atoms mit seiner Hülle. Das ist eine grobgerech-

Atomare Wechselwirkungen

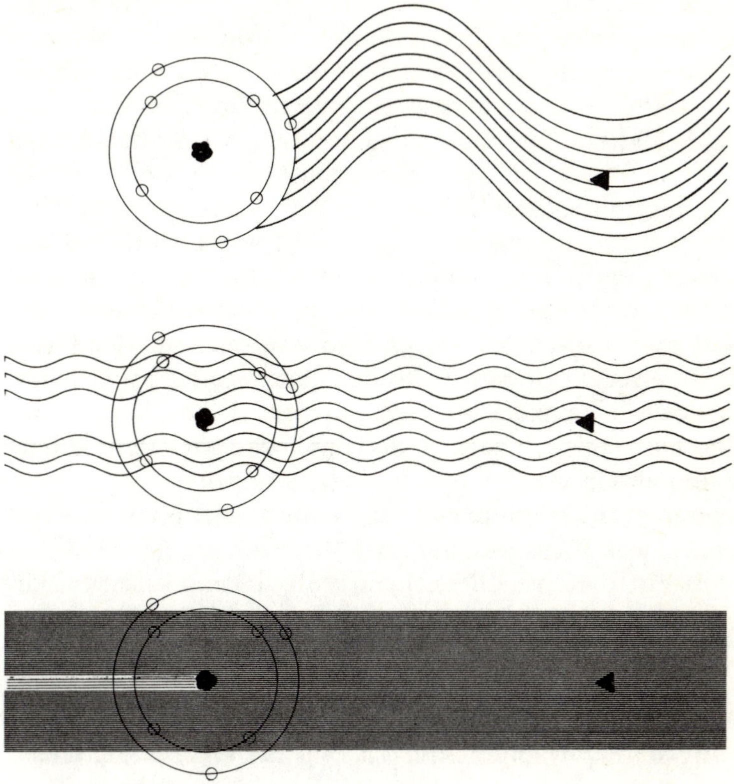

Oben: Der Wirkungsradius der klassischen Energien ist über 100 000mal größer als der eines Atoms. Die Energiewellen treten daher nur mit der Atomhülle in Wechselwirkung.
Mitte: Der Wirkungsradius der radioaktiven Strahlungen liegt zwischen der Größe des Atomkerns und der Atomhülle. Die radioaktiven Strahlungen treten daher unmittelbar mit dem Atomkern in Wechselwirkung.
Unten: Der Wirkungsradius der wellenlosen Gravitation ist unendlich klein; sie unterhält ihre Wechselwirkungen unmittelbar mit den einzelnen Nukleonen eines Atomkerns.

nete Faustzahl, die wir einfach beibehalten, um keine Rechnungen mit endlos langen Bandwurmzahlen durchführen zu müssen.
Auf die Verteilung dieser nuklearen Massen in unserem Erdkörper angewandt, bedeutet diese Größe, daß nur ca. 10^{-14} Prozent oder nur ein hundertbillionster Teil unseres Volumens mit dieser eigentlichen Masse besetzt ist. Alles andere ist für die Gravitation leerer Raum.
Wenn nun die Gravitation aus allen Seiten und aus allen Richtungen mit ihrer Wirkungsgröße von 10^{14} p (100 Billionen Pond) je Quadratzentimeter einwirkt, dann wird auch nur ein hundertmillionstel Teil dieser Gravitationswirkung von der nuklearen Masse absorbiert. Und was dann auf der anderen Seite der Erde wieder an Gravitation herauskäme, wäre auch nur um diesen hundertbillionsten Teil schwächer als das, was aus dem freien Raum an Gravitation auf die Erde einwirkt.
Dieser Hundertbillionstel von einhundertbillionen Pond sind jene 1 Pond je Quadratzentimeter, die wir als Meßnorm für die spezielle Schwerkraftwirkung unseres irdischen Schwerefeldes festgestellt haben.
Bei der absoluten Massendichte eines Neutronensterns kann überhaupt keine Gravitation durch den Körper hindurchwirken, so daß die volle und durch keine Gegenwirkung abgeschwächte Drucklast auf der Oberfläche dieses Neutronensternes ruht.
Das setzt allerdings voraus, daß der Wirkungsquerschnitt der Gravitations«strahlen» unendlich klein ist. Was damit gemeint ist, läßt sich an dem Beispiel jener gespensterhaften Teilchen «Neutrinos» erklären. Diese sind deswegen so gespensterhaft, weil sie ebenfalls große Massen durchdringen können, ohne mit der Masse alsbald eine Wechselwirkung einzugehen.
Der Wirkungsquerschnitt dieser Neutrinobewegung beträgt 10^{-44} cm^3. Ein Atomkern hat dagegen die gewaltige Größe von 10^{-13} cm^3.

Rein rechnerisch würden von 1 Milliarde Neutrinos, welche die Erde durchdringen, nur eines die Chance haben, von einem Nukleon direkt eingefangen zu werden.
Bei der Gravitation ist diese Chance noch geringer. Hier würde von 100 Billionen «Teilchen» nur eines die Chance haben, eine Wechselwirkung mit der Masse einzugehen.
Setzen wir das voraus, dann darf die Gravitation auch keine Wellenform haben; denn selbst die kürzeste Strahlungswelle, die wir kennen, hat einen Wirkungsradius von 10^{-13} cm und kann daher nicht einmal mehr 12 cm dickes Blei durchdringen.
Diese Eigenschaften und Verhältnisgrößen einmal angenommen, würden nun etliche Fragen der Schwerkraftwirkungen weniger rätselhaft erscheinen als zuvor.
Der Vergleich der Schwerkraftwirkung aus einer Schattenbildung würde erklären, warum sich die Schwerkraft proportional dem Quadrat der Entfernung oder Annäherung ändert. Abgesehen von den Neutronensternen werfen die normalen Massen nur leicht diffuse Schatten. Wenn sich zwei solcher schattenbildenden Körper einander nähern, intensivieren sie ihre gemeinsame Schattenwirkung und damit auch die Anziehungsbeschleunigung und lösen diese im gleichen Verhältnis auch wieder auf, wenn sie sich voneinander entfernen.
Angewandt auf die Frage, woher denn Sonne und Planeten seit Jahrmilliarden die Kraft nehmen, um sich aneinander zu binden, lautet die Antwort, daß diese Kraft im Gravitationsfeld unerschöpflich und sich nicht abnutzend vorhanden ist und nicht aus irgendwelchen materiellen Quellen gespeist wird.
Daß demnach die Schwerkraftwirkung der Erde immer größer wird, je mehr die Materie schrumpft, erklärt sich damit, daß hier nur der für die Gravitation vorhandene leere Raum abgestoßen wird, während sich das nukleare Volumen verdichtet und damit einen intensiveren Schwerkraftschatten bildet.

Entstehung des Schwerefeldes der Erde

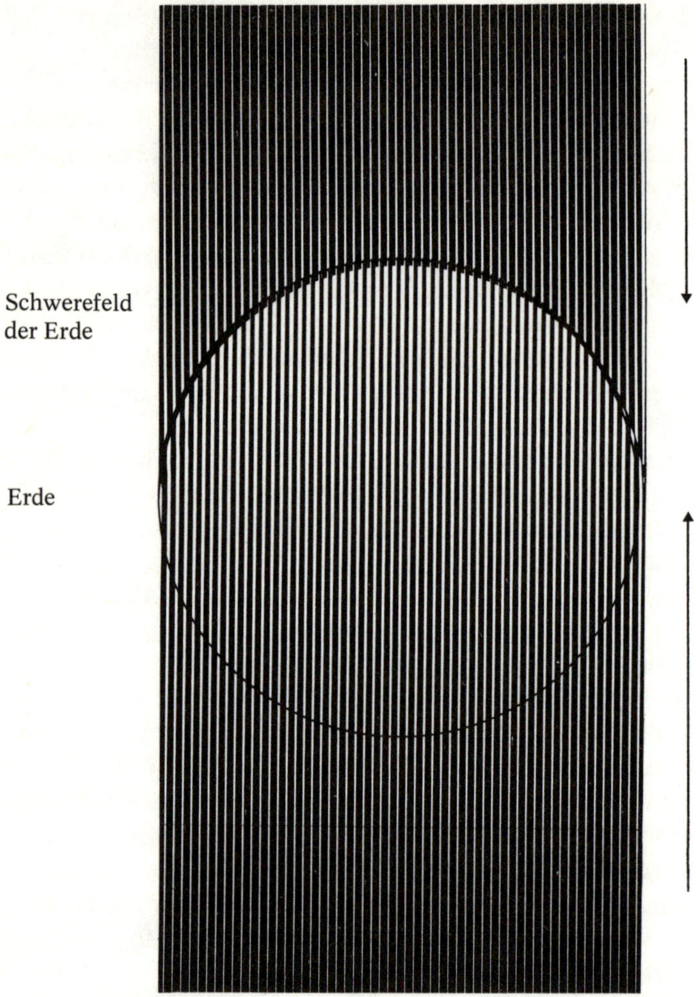

Nimmt man die Gravitation als einen im Universum aus allen Richtungen wirkenden Druck an, der nur eine unmittelbare Wechselwirkung mit den Nukleonen besitzt, dann ist die Erde fast durchsichtig. Die Gravitation, welche die Erde durchdrungen hat, ist dann nur um $10^{-14}\%$ *schwächer als die aus dem freien Raum drückende Gravitation. Diese Differenz macht das Schwerefeld der Erde aus.*

Bei der Frage nach dem unerklärlichen Gewichtsunterschied von Wasserstoff und Quecksilber ergäbe sich die Antwort, daß es nicht die Größenordnung unseres irdischen Schwerefeldes ist, welche das Gewicht verursacht. Es ist die Gravitation, die unmittelbar auf die Nukleonen einwirkt. Die Ausgangswirkung dieser Gravitationselementarien sind in bezug auf die Nukleonen viel intensiver und addieren sich auch ganz anders als die speziellen Werte unseres irdischen Schwerefeldes, die für die Gewichtsbildung angenommen wurden.

Damit erklärt sich nämlich auch, warum leichte und schwere Stoffe gleichschnell fallbeschleunigt werden. Wenn man sich nämlich die Lufthülle fortdenkt, dann spielt das Atomhüllenvolumen, welches die Nukleonen einschließt, als bremsende Wirkung auf den Beschleunigungsvorgang gar keine Rolle mehr. Es werden nur die Nukleonen durch die Gravitation fallbeschleunigt, und da ist es egal, ob es sich nur um ein, zehn oder hundert Nukleonen auf einmal handelt – wie es ja auch in der Praxis egal ist, ob man von gleichgroßen Eisenkugeln nur eine oder hundert auf einmal fallen läßt. Alle kommen sie gleichzeitig unten an.

Es bliebe dann nur noch die Frage, wann die Planeten reagieren würden, wenn die Sonne plötzlich verschwinden und damit das Gravitationsgängelband abreißen würde. Hätte die Gravitation Lichtgeschwindigkeit, dann müßte der Pluto fünf Stunden warten, bis er es merkt.

Hat sie tatsächlich Lichtgeschwindigkeit? Es ist die Frage, ob sie eine begrenzbare Geschwindigkeit haben kann. Folgende Überlegungen spielen dabei eine Rolle:

In einem freien Raum ist bekanntlich jede gleichförmige Bewegung ein Zustand. Einstein sagt: Der sich bewegende Gegenstand befindet sich in einem «Raum-Zeit-Kontinuum», weil Raum und Zeit, der Zentimeter und die Sekunde, eben zwei der drei Maßeinheiten sind, mit denen wir alles, was geschieht, messen.

Nur jede Veränderung dieses Zustandes bedarf eines Kraftaufwandes. Diese Veränderung bezeichnet man schlechthin als Beschleunigung, um sie in die Berechenbarkeit von Kraft, Masse und Beschleunigung begrifflich einordnen zu können. Diese Beschleunigung kann aber ebensogut eine Abbremsung oder eine Richtungsänderung beinhalten, je nachdem, welchen Beobachtungsstandort man einnimmt.
Wie schnell sich ein Körper in «Wirklichkeit» im freien Raum bewegt, könnte man nur dann feststellen, wenn man einen zuverlässigen festen Punkt hätte, der stillsteht. Aber einen solchen festen Punkt gibt es im Universum nicht. Wenn es ihn gäbe, könnte man, wie ein berühmter Ausspruch lautet, «die Welt aus den Angeln heben.»
Also ließe sich praktisch und theoretisch jeder sich wie schnell auch immer bewegende Körper noch einmal beschleunigen. Daß man überhaupt für eine Beschleunigung eine Kraft aufwenden muß, liegt daran, daß man einen Widerstand gegen diese Beschleunigung zu überwinden hat.
Die offizielle Version der Physik spricht von einer «zähen» Masse und legt die Ursache für diesen Widerstand damit in die Masse selbst hinein. Zähe Masse und schwere Masse bedeuten im Prinzip dasselbe, denn je schwerer eine Masse ist, desto zäher leistet sie Widerstand gegen eine Beschleunigung. Die Schwere kommt aber von dem durch die Gravitation verursachten Gewicht. Folglich müßte auch die Zähigkeit aus einem Widerstand herrühren, den das Gravitationsfeld verursacht.
Vergleicht man diesen Gravitationswiderstand mit einem Luftwiderstand, so haben wir mit der Luft zweifellos ein stehendes Feld. Sie leistet nicht nur gegen eine Beschleunigung, sondern auch gegen jede gleichförmige Bewegung einen Widerstand. Der Impuls reibt sich auf. Im Gravitationsfeld nicht. Da bleibt der Impuls erhalten, wie schnell

man sich auch immer in diesem Feld bewegen mag. Also muß sich die Gravitation in ihrer Widerstandsleistung jedem Bewegungstempo anpassen oder den Impuls widerstandslos erlauben.

Wenn die Messungen und Beobachtungen richtig sind, dann gibt es Sterne oder ganze Sternenhaufen, die sich mit Geschwindigkeiten von über 220 000 Kilometern in der Sekunde bewegen. Das Licht, welches ja auch der Massenanziehung und damit der Gravitationswirkung unterliegt, bewegt sich gar mit der absoluten Größe der Lichtgeschwindigkeit.

Kann dann die Gravitation selbst überhaupt eine bestimmte oder gar begrenzte Eigengeschwindigkeit haben? Geschwindigkeiten sind ein Produkt aus Raum und Zeit. Bei einer Wellenbewegung der Energie werden Raum und Zeit einmal durch die Wellenlänge als Raum und durch die Frequenz, die Häufigkeit der Schwingungen in einer Sekunde als Zeit gemessen. Jede Wellenbewegung läßt sich also, weil sie die Faktoren Raum und Zeit ausweisen, in ihrer effektiven Geschwindigkeit messen. Diese Geschwindigkeit verändert sich auch nicht, wenn man sich ihr selbst entgegenbewegt; denn dann werden die Wellenlängen in demselben Verhältnis kürzer, wie ihre Schwingungshäufigkeit zunimmt. Das Produkt bleibt die konstante Geschwindigkeitsgröße.

Ebenso ist es, wenn man sich selbst in Bewegungsrichtung einer Welle bewegt. Man zieht damit den Wellenraum in die Länge, vergrößert also den Faktor Raum und verkleinert im gleichen Verhältnis die Häufigkeit der Schwingungen, also den Faktor Zeit.

Aber was ist mit Raum und Zeit, wenn man auf dem Kamm einer Welle reitet und dabei gar nicht mehr schwingt? Dann gibt es keine Wellenbewegung, kein Raum, keine Zeit und auch keine Geschwindigkeit. Ist es Stillstand? Oder ist es unendlich schnell; denn in beiden Fällen wären die Faktoren von Raum und Zeit unendlich,

wobei es egal ist, ob man sie als unendlich groß oder unendlich klein bezeichnet.
Nun haben wir bereits bei der Gravitation, welche die Masse der Erde fast spurlos zu durchdringen vermag, einen Wirkungsquerschnitt gefordert, der unter dem des Neutrinos von 10^{-44} cm liegt. Natürlich läßt sich ein solcher durch die Wellenbewegungsform verursachter Wirkungsquerschnitt nicht mehr messen, sondern nur aus den eingehenden Wechselwirkungen hochrechnen. Außerdem haben wir in der Physik den Bereich der Elementarlänge von 10^{-13} cm als eine nicht mehr unterschreitbare Größe, sei es die Größe eines Teilchens oder die Größe eines Wirkungsquerschnitts.
Demnach kann die Gravitation keine wellenförmige Bewegung haben, und wenn sie das nicht hat, ist sie auch als eine endliche Bewegung aus Raum und Zeit nicht mehr meßbar.
Sie ist unendlich schnell, so schnell, daß sie zugleich überall ist, ohne deswegen zu ruhen. Sie hätte damit außerphysikalische Eigenschaften, aber sie steht trotzdem in einer unmittelbaren Beziehung zu Masse und Energie. Wir werden sehen, wie sich das mit der Masse und ihren Kernkräften vereinbaren läßt.

Schwerkraft und Kernkraft

Daß die Schwerkraft unmittelbar mit der Masse etwas zu tun haben muß, läßt sich aus der bereits mehrfach zitierten Formel von Kraft = Masse mal Beschleunigung ableiten.
Fragt man in dieser Formel nach der Masse, so erhält man

$$\text{Masse} = \frac{\text{Kraft}}{\text{Beschleunigung.}}$$

Die Kraft läßt sich durch das Gewicht der Masse darstellen, die ja ein bestimmtes Kraftpotential repräsentiert.

Und für die Beschleunigung gilt die Norm der Erdbeschleunigungskonstante von 9,81 m/sec beim freien Fall. So ergibt sich für die Frage nach der Masse als Antwort

$$\text{Masse} = \frac{\text{Gewicht}}{\text{Fallbeschleunigungskonstante.}}$$

Nun sind aber sowohl Gewicht als auch die Fallbeschleunigung eine unmittelbare Auswirkung der Gravitation oder Schwerkraft. Folglich darf man in die Formel einsetzen

$$\text{Masse} = \frac{\text{Schwerkraft}}{\text{Schwerkraft}}$$

Wenn wir hier nicht auf Zahlenwerte aus sind, sondern die Logik des Pythagoräischen Lehrsatzes anwenden, dann sind je zwei von drei Größen, die einander gleich sind, auch der dritten gleich. Das würde die Gleichsetzung von Masse und Schwerkraft bedeuten.

Aber seitdem die Atomphysik die Masse in die Hand genommen hat, hat die Masse mit der Schwerkraft nichts mehr zu tun. Im Gegenteil: Die Schwerkraftwirkung in einem Atom ist um 10^{40} mal kleiner als die Wirkung der elektrischen Kräfte, die zwischen der Elektronenbahn und den nuklearen Massenkernen bestehen.

Aber noch viel bedeutender und von ganz besonderer Art sind die Kernbindungskräfte oder schlechthin die Kernkräfte. Zunächst nahm man eine gewisse Verwandtschaft mit den Gravitations- oder Schwerkräften an, weil ja auch diese eine Anziehungswirkung haben. Aber diese Kernbindungswirkung ist doch von ganz anderer Art.

Während sich nämlich die Schwerkraft proportional dem Quadrat der Entfernung verringert, also nur allmählich abnimmt und theoretisch nie ganz aufhört, ist es bei den Kernbindungskräften ganz anders:

Durch die Kernbindungskraft sind zwei Nukleonen fast untrennbar miteinander verschweißt. Wenn man sie aber gewaltsam trennt, dann ist das wie bei einem festen Kleber: Sobald man einen bestimmten Abstand erreicht und überschritten hat – hier ist es der halbe Durchmesser eines Nukleons –, dann hört die Bindungskraft sofort auf. Die Nukleonen schießen explosionsartig auseinander, und dabei wird die Kraft, die sie als Kernbindungskraft zuvor zusammengehalten hat, als jene gefürchtete Atomkraft oder Atomenergie frei.

Man weiß auch genau, welche Größe diese Bindungskraft hat: Zwischen zwei Nukleonen wirkte eine Kernbindungskraft von 1870 Megaelektronenvolt. Das ist in der Summierung kleinster Größen bereits eine unvorstellbar große Zahl.

Aus einem Gramm Masse, etwa einem Kupferpfennig, würde man, wenn alle Nukleonen voneinander getrennt würden, eine Energie von 25 Millionen Kilowatt oder 33 Millionen PS gewinnen, genug, um damit einen Ozeandampfer einmal um die Erde treiben zu können.

Aus solchen Kernzerstörungsprozessen gewinnen wir also unsere Atomenergie. Dabei sind wir weit davon entfernt, in einem Uranbrennstab die Masse der Urankerne völlig zu zerstören. Wir schießen nur einige wenige Nukleonen heraus. Der Rest bleibt als kompakte Masse erhalten.

Wenn es soviel Mühe kostet und soviel Energie einbringt, Atomkerne zu zerstören, dann müßte es umgekehrt ebenso viel Energie gekostet haben, sie aufzubauen.

Den Prozeß, aus einzelnen oder mehreren Nukleonen größere Atomkerne aufzubauen, nennt man *Kernfusion.* Uns sind hier auf Erden solche Kernfusionsprozesse bisher noch nicht gelungen, aber der Sonne gelingt es. Sie ist ein gewaltiger Kernfusionsreaktor.

Was sich da abspielt, ist ein eigenartiges und letztlich nicht zu erklärendes Phänomen, auch wenn man ziemlich genau weiß, was da vor sich geht.

Auf der Sonne wird Wasserstoff in Helium umgewandelt. Ein Wasserstoffatom hat nur ein Nukleon, während ein Heliumatom vier Nukleonen besitzt.

Aber diese Fusion ist nicht so einfach. Man muß gewal-

tige Energien von über 100 Millionen Grad Hitze aufwenden, um das Ziel zu erreichen. Es ist daher verständlich, daß wir allein wegen dieser Hitze auf Erden noch nicht so weit fortgeschritten sind wie die Sonne.
Führt man einem Wasserstoffatom – oder einem Atom überhaupt – Energien zu, dann reagieren die Elektronen entsprechend. Sie geraten in immer schnellere Bewegung, vergrößern dabei ihren Kreisbahnradius, bis sie ihre Positionen nicht mehr halten können. Das Elektron fliegt davon, und damit ist die Atomhülle geplatzt. Das Nukleon schwirrt nun allein ohne jegliche Bindung herum.
Aber es verfügt über ein Kernbindungspotential. Haben wir vorhin festgestellt, daß bei der Spaltung von 2 Nukleonen eine Kernbindungskraft von 1870 Megaelektronenvolt frei wird, dann heißt das, daß jedes dieser Nukleonen davon die Hälfte, also 935 MeV beigetragen hat. Dieses Kapital nennt man Massen-Energie-Äquivalent, weil es die Masse in Form von Energie repräsentiert. Also eine neue Definition der Masse, hier nicht als Gewicht, sondern als Energieäquivalent.
Mit diesem Kapital kann sich das Nukleon wieder irgendwo festbinden, wenn es eben – zufällig – an einen anderen Kern herankommt; denn diese Bindungskraft ist ja keine Anziehungskraft mit einem entsprechend großen Wirkungsradius.
Aber dank der hohen Sonnenenergie passiert dieser Zufall regelmäßig, und zwar werden dort in jeder Sekunde 657 Millionen Tonnen Wasserstoff in 653 Millionen Tonnen Helium umgewandelt. Dabei entsteht eine Differenz von vier Millionen Tonnen. Und diese Differenz, so die offizielle Sprachregelung der Physik, verwandelt sich in Masse und beweist damit die These von der Umwandelbarkeit von Masse in Energie. Tatsächlich beleuchtet und beheizt die Sonne damit ja unser ganzes Planetensystem.
Diese Differenzentstehung nennt man Massendefekt und vollzieht sich im einzelnen etwa so:

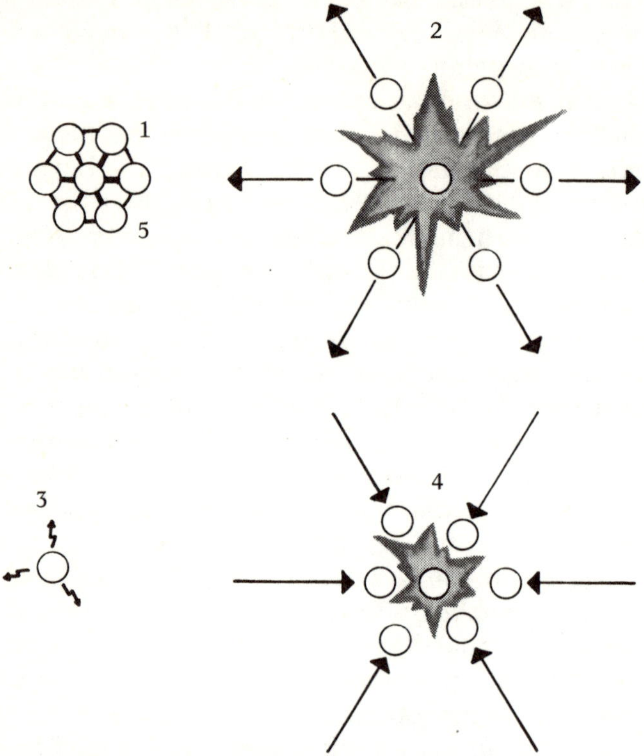

1 *Die Nukleonen binden sich mit einer Kernbindungskraft von je 1870 Megaelektronenvolt zu einem Atomkernverband.*

2 *Bei der Kernspaltung werden die Nukleonen auseinandergerissen. Die dabei freiwerdende Kernbindungskraft von je 1870 MeV wirkt dabei als Kernenergie.*

3 *Die nun frei herumschwirrenden Nukleonen haben trotzdem schon wieder ein Potential von 1870 MeV, mit dem sie sich wieder zu einem neuen Kernverband fusionieren können.*

4 *Bei dieser Kernfusion werden abermals Energien in der Größenordnung von 0,4–1% der Kernbindungskraft frei, die aus einem unerklärlichen «Massendefekt» stammen.*

5 *Nun ist der Atomkern wieder komplett und das Ganze könnte von vorne beginnen. Immer werden aus Spaltung und Fusion Energien frei, und niemand kann sagen, woher sie kommen.*

Schließen sich 4 Nukleonen mit einem Energiekapital von je 935 MeV zu einem Heliumkern zusammen, dann gehen dabei etwa 0,2 Prozent dieses Gesamtkapitals von 4 x 935 = 3740 verloren. Etwa 80 MeV werden dabei gewissermaßen als Agio in eine Gemeinschaftskasse abgeführt, damit diese Kernfusionsprozesse weiterlaufen können.
Daß das so ist, ist eine bewiesene Erfahrungstatsache, die auch Folgen für die Masse an sich hat: Die Summe der Einzelteile, aus denen sich ein Atomkern zusammensetzt, ist kleiner als ihre Gesamtheit.
Wiegt man demnach vier Äpfel à 100 Gramm, so ergibt ihr Gesamtgewicht etwas weniger als 400 Gramm.
Mit dieser Tatsache müßte man sich abfinden und sagen, es ist eben so. Ein Naturgesetz. Aber nun kommt etwas sehr Eigenartiges:
Man kann ja solche mühsam aufgebauten Atomkerne auch wieder spalten. Diese früher noch als Atomzertrümmerung bezeichnete Kernspaltung bedeutet natürlich nicht, daß man den ganzen Kern zerstört, so daß nur noch Energie übrig bleibt, sondern sie heißt nichts anderes, als daß man diese 4 Nukleonen eines Heliumkerns auch – zumindest theoretisch – wieder genauso auseinanderreißen kann, wie sie zuvor miteinander fusioniert haben.
Dabei wird aber nun jene Kernspaltungsenergie gewonnen, die für jedes Nukleon 500mal größer ist als die zuvor abgegebene Kernfusionsenergie.
Nach dieser Spaltung sind die einzelnen Nukleonen wieder frei und haben nicht nur ihr ursprüngliches Massengewicht zurückbekommen, sondern verfügen auch wieder über das Potential von 935 MeV, mit dem sie sich erneut zu einem Heliumkern zusammenschließen können.
Wenn sie das tun, wird abermals die Kernfusionsenergie frei und danach könnte man sie wieder spalten, die größere Spaltungsenergie gewinnen, dann wieder fusionieren und wieder spalten und so fort bis in alle Ewigkeit. Im-

mer wieder würde Energie freiwerden, ohne daß den Massepartikelchen selbst auch nur ein Haar gekrümmt wird.
Natürlich weiß man das, wenn man auch in der physikalischen Sprachregelung die Vorgänge keineswegs so romanhaft beschreibt wie hier, sondern mit sehr viel komplizierter Mathematik das eigentliche Phänomen, das zutage tritt, gar nicht erst zutage treten läßt. Der Grundsatz von der Ausgewogenheit des Energiehaushaltes, nach dem nichts verlorengeht und auch nichts aus dem Nichts kommt, wird mit sehr viel Aufwand verteidigt.
Warum und wie der Massendefekt entsteht, zugegeben, das weiß man nicht und hat auch für dieses und jenes noch keine Erklärung. Außerdem ist das Erklären nicht die letztliche Aufgabe der Physik; denn sie hat vielmehr nur zu beobachten und exakt zu beschreiben, so daß sich alles widerspruchslos ineinanderfügt. Und außerdem sind die Teilchen und das Ganze zweierlei.
Vielleicht finden wir aber eine Antwort aus unserer Darstellung der Gravitation, auch wenn wir uns mit der Physikentscheidung abfinden müssen, daß Kernkraft und Gravitation nichts miteinander zu tun haben.
Erinnern wir uns an den Vergleich der Gravitationswirkung mit Licht und Schatten und nehmen dazu ein ganz einfaches Beispiel: Setzen wir vier einzelne Kugeln einem Licht aus und messen die Größe des Schattens, den jede einzelne Kugel wirft. Dann packen wir die vier Kugeln auf einen Haufen und messen nun den Schatten dieses Haufens. Wir werden dann feststellen, daß auch hier die Summe der Einzelteile größer ist als ihre Gesamtheit.
Bei diesem Beispiel aus nur einer Lichtquelle macht die Differenz natürlich viel mehr als 0,2 Prozent aus. Aber bei der Gravitation haben wir ja nicht nur eine Quelle und eine Lichtrichtung, sondern eine Wirkung aus allen Richtungen gleichmäßig. Also würden nur dort Schattenwir-

kungen auftreten, wo die Kugeln am dichtesten aufeinanderliegen.
Das würde dann bedeuten, daß bei einer Kernfusion jener Gravitations«licht»anteil, der durch das Fusionieren freigeworden ist, sich eine anderweitige Betätigung als Energiewirkung suchen muß.
Dasselbe würde sich bei einer Kernspaltung wiederholen. Auch hier haben die Nukleonen durch die zusammendrückende Gravitationswirkung ihre festen Schattenzonen, die wir mangels besserer Beobachtbarkeit als eine Anziehungs- oder Bindungskraft bezeichnen.
Natürlich müssen wir auf eine «technische» Erklärung darüber, wie aus einer wellenlosen Gravitation eine Wellenform entstehen kann, verzichten. Das ist aber nicht so tragisch, denn auch die Physik erklärt ja nicht den «technischen» Vorgang der Entstehung eines Nukleons oder gar eines Wirkungsquants.
Das ist aber keineswegs der einzige Anhaltspunkt für einen möglichen Zusammenhang von Gravitation und Kernkraft. Kommen wir noch einmal zurück zu dem sagenhaften Gebilde eines Neutronensterns mit seinen extremen Gravitationsbedingungen.
Der Gravitationsdruck wird gemessen an der Oberfläche einer Masse, denn sie wirkt ja auch dort ihren Druck unmittelbar aus. Die Oberfläche eines Neutronensterns setzt sich aus dicht an dicht gepackten Neutronen – oder Nukleonen – zusammen. Diese Nukleonen sind auch für die Gravitation ein undurchdringliches Hindernis. Das jedenfalls setzen wir als Hypothese voraus.
Um nun nicht mit den langen Bandwurmzahlen der mathematischen Elementargrößen rechnen zu müssen, runden wir die Größen einfach ab, um an Annäherungswerte zu gelangen.
Bei einem Nukleonenradius von 10^{-13} cm enthält ein Quadratzentimeter die stattliche Anzahl von 10^{25} Nukleonen.

Auf diese Oberflächenschicht wirkt die Gravitation.
Ein Nukleon hat ein Massengewicht von 10^{-25} Gramm, so daß die Masse von 10^{25} Nukleonen mal 10^{-25} Gramm die Gesamtmasse von 1 Gramm ergibt.
Bei dem Vergleich mit dem Kupferpfennig haben wir bereits erwähnt, daß man aus einem Gramm Masse bei der Aufspaltung aller Atomkerne eine Kernenergie von 33 Millionen PS oder 25 Millionen Kilowatt erlöst. Diese Rechnung ergibt sich, wenn man die bekannte Einsteinformel $E = Mc^2$ anwendet.
25 Millionen Kilowatt entspricht einem Gewichtsdruck von 100 Millionen Tonnen oder 10^{14} Pond.
Es ist also dieselbe Größe, die als Gravitation auf diesen einen Quadratzentimeter Oberfläche eines Neutronensterns wirkt.
Auch wenn wir die 10^{25} Nukleonen mit ihrem Energieäquivalent von 935 MeV multiplizieren, kommen wir auf dieselbe Größenordnung von 10^{14} Pond.
Wenn man diese unmittelbaren Zusammenhänge von Gravitation und Schwerkraft anerkennt, dann muß man auch die Masse in diese Identität einbeziehen, wie wir es ja schon vorher getan haben.
In der Atomphysik wird aber die Masse nicht durch das Gewicht, sondern durch die Eigenschaften der Nukleonen dargestellt. Es wäre dann die Frage zu stellen: Was ist denn dieses Nukleon an sich? Verzichten wir hier einstweilen auf die technischen Elementardaten und wenden uns der von dem amerikanischen Physiker Allan D. Kriesch gelieferten Beschreibung zu, welche lautet: «Es ist eine weiche, gelartige Masse von zwiebelschalenförmiger Struktur».
Natürlich wäre es unsinnig, zu fragen, aus welcher Masse denn die kleinsten Teilchen der Masse bestehen. Auch die Erwähnung der über 300 Elementarteilchen, die man bei der Zerstörung von Nukleonen festgestellt hat, ist hier unwesentlich, weil hierfür der Begriff «Elementarteilchen»

bereits ernsthaft in Zweifel gezogen wird. Diese Teilchen haben höchstens nur eine Lebensdauer von einer zweimillionstel Sekunde und könnten grob als Auflösungserscheinungen eines Elementarwirbels bezeichnet werden. Ein Nukleon ist ein Wirbel, denn es hat einen sogenannten Spin, aus dem sich auch die zwiebelschalenförmige Struktur dieses Teilchens erklärt. Ein Spin heißt, daß es sich mit hoher Geschwindigkeit um seine eigene Achse dreht, und zwar in einer Sekunde 10^{22} mal. Würde man dieses winzige Kügelchen auf der Straße abrollen lassen, würde es eine Geschwindigkeit von 150 000 Kilometern in der Sekunde entwickeln.

Modell eines Nukleons als Gravitationswirbel

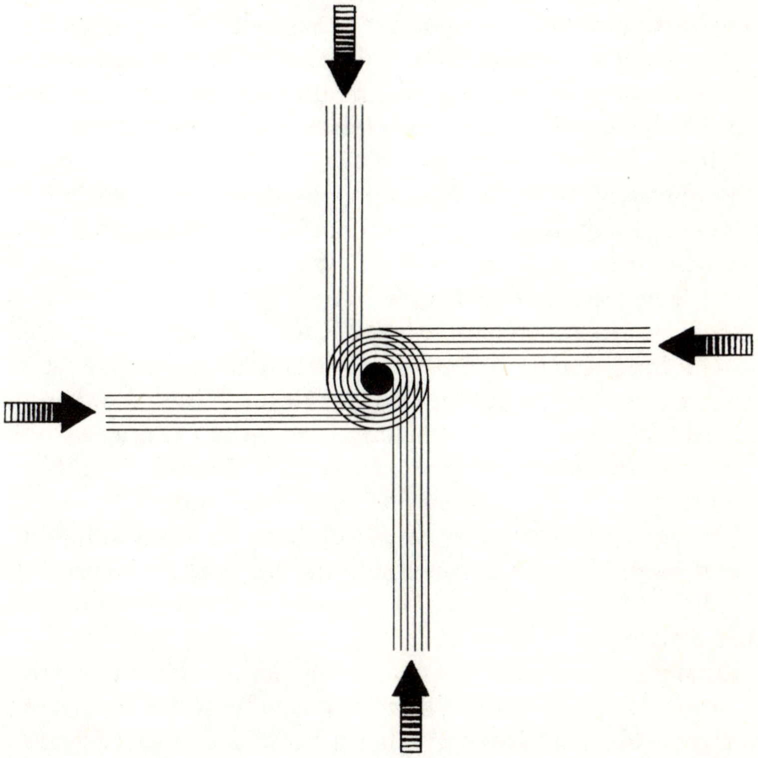

Auch hier stellt sich die Frage, woher ein Nukleon seinen Kraftimpuls hat, um sich so unvorstellbar rasch zu drehen. Jedes andere Ding, das sich auch nur annähernd so schnell dreht, würde in alle seine Atome zerfallen. Das Nukleon nicht. Im Gegenteil. Sobald es sich langsamer dreht, hört es auf, ein Nukleon zu sein und zerstrahlt.
Aber das Nukleon dreht sich schon seit Jahrmilliarden so rasch, wie ein perpetuum mobile. Aber ein solches kann es auf der Erde nicht geben, weil sich hier jeder Impuls im Schwerefeld aufreibt.
Der Impuls des Nukleons hingegen bleibt erhalten. Die Schwerkraft tut ihm nichts. Sollte es daran liegen, daß ein Nukleon selbst ein Gravitationswirbel ist, dessen Spin durch die permanent auf ihn einwirkende Gravitation aufrecht erhalten oder gar betrieben wird?
Wenn wir das annehmen, würde auch verständlich werden, warum es so schwierig ist und soviel Kraftaufwand erfordert, eine Kernfusion oder eine Kernspaltung zu erreichen.
Vergleichen wir das Nukleon als Gravitationswirbel in einem Gravitationsfeld mit einem Wasserwirbel in einem Wasser«feld», dann bekämen wir eine leichte Ahnung von den technischen Problemen: Es ist gar nicht so einfach, in einen solchen Wirbel hineinzuschwimmen, weil man durch die Peripherie der Wirbelwirkung immer wieder nach außen gedrängt wird. Diesen Widerstand muß man zum Zweck einer Fusion überwinden. Würde es sich bei der Kernkraft um eine anziehende Bindungskraft handeln, wäre dieser Widerstand nicht verständlich.
Ist man andererseits in einen solchen Wirbel hineingeraten, dann ist es ebenso schwierig, hier wieder herauszukommen; im übertragenen Sinne, eine Kernspaltung zu erreichen.
Zerstört man einen Wasserwirbel, indem man das Hindernis, welches den Wirbel verursacht forträumt, dann ähneln die Auflösungserscheinungen des Wasserwirbels

jenen durch die «Elementarteilchen»-Bildung bekannten Erscheinungen bei der Nukleonenzerstörung: Es bilden sich kurzlebige kleine Wirbel, die sich alsbald in unruhige Wellenbewegungen auflösen.
Im Gegensatz zu den Wirbeln bei einer Wasseroberfläche haben wir bei den Nukleonenwirbeln natürlich eine Raumdimension mehr.

Nukleon als Wirbel in einem Gravitationsfeld

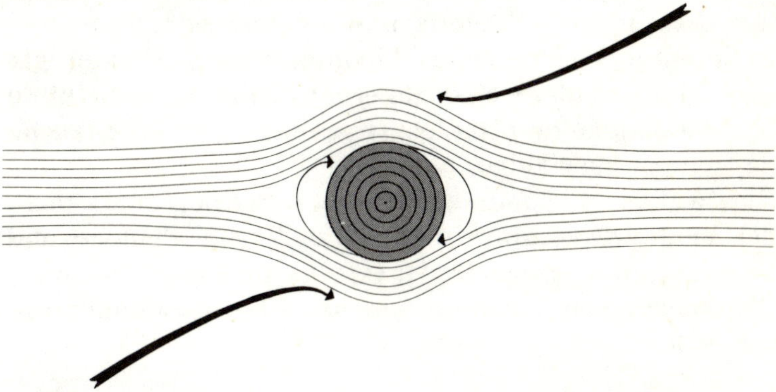

Nehmen wir an, daß die Nukleonen eine Kernbindungskraft besitzen, dann ist der hohe Energieaufwand für eine Kernfusion nicht erklärbar. Betrachten wir Nukleonen hingegen als Gravitationswirbel, dann erklärt sich der hohe Energieaufwand für die Kernfusion und die Kernspaltung damit, daß es ebenso schwierig ist, in einen Wirbel einzudringen, wie aus ihm wieder herauszukommen.

Man mag beim Studium dieses speziellen und nur von Experten bearbeiteten Physikkapitels leicht vergessen, daß dieses überhaupt mit der Klärung parapsychischer Phänomene etwas zu tun haben könnte. Tatsächlich diente die Erforschung der Elementarteilchen bisher ausschließlich zur Erklärung des physikalischen Prinzips von Masse und Energie.
Hier beginnt aber nicht nur die Physik, sondern das Sein, Werden, Wachsen und Leben überhaupt. Mit der Brille

der Physik versuchen wir natürlich, die allgemeingültigen Gesetzmäßigkeiten und Kausalitäten bis in den Submikrokosmos zu verfolgen. Setzen wir uns aber eine andere Brille auf, mit der wir nach den Ursachen parapsychischer Phänomene forschen, dann zeigt es sich, daß wir auch ganz andere, die Ursachen der PSI-Phänomene klärende Aspekte in die Erscheinungen des Submikrokosmos hineinlegen können.

Hier mag sich verdeutlicht haben, daß die Gravitation als der Ursprung von Materie und Energie selbst gar kein wellenförmig gequanteltes Medium sein muß oder gar sein kann, sondern eine außerphysikalische, wellenlose und damit auch raumzeitlose, überall gleichzeitige Potenz darstellt, ein gewaltiges Nichts.

Was wellen- und raum-zeit-los ist, unterliegt auch nicht der raum-zeit-kontinuierlichen Logik von Ursache und Wirkung; und gerade das ist es, was die parapsychischen Phänomene von unserem logischen Ursachendenken unterscheidet.

Schwarze Löcher – unendliche Massen

Bereits im Jahre 1895 hat der holländische Physiker Lorentz eine Formel präsentiert, die seitdem als «Lorentz-Transformation» oder auch «Lorenz-Kontraktion» zum Wissensbestand der Physik gehört. Man sieht der Formel selbst nicht an, welche gespenstische Aussage sie macht:

$$m_v = \frac{m_o}{\sqrt{1 - \frac{v^2}{c^2}}}$$

Bemerkenswert ist hierin das c^2. c ist das Symbol für die Lichtgeschwindigkeit, und als c^2 muß diese ohnehin un-

vorstellbare Größe von 300 000 km/sec noch einmal mit sich selbst multipliziert werden. Die Formel behandelt das Verhalten eines Körpers, den man aus dem Ruhzustand (m_O) beschleunigt (m_V) und zwar bis zum Erreichen der Lichtgeschwindigkeit. Um einen Körper zu beschleunigen, muß man Energie aufwenden. Nach der fachlichen Sprachregelung muß man dem Körper «Energie zuführen». Damit beantwortet sich schon beinahe die Frage, was mit dieser Energie geschieht; denn nach dem Erhaltungsgesetz geht keine Energie verloren. Die Energie verwandelt sich hier in Masse.
Die obige Formel läßt sich auch in eine etwas anschaulichere Grafik übertragen: (s. folgende Seite)
Daraus geht nun hervor, daß bis zum Erreichen einer Geschwindigkeit von 75 000 Kilometer pro Sekunde in bezug auf die Masse kaum etwas Merk- oder Meßbares geschieht. Wir sind mit unseren Techniken selbst von Beschleunigungen in der Größenordnung von 75 000 Kilometer pro *Stunde* noch weit entfernt. Der schnellste Körper ist unsere Erde selbst. Sie schleicht mit 30 Kilometern in der Sekunde um die Sonne. Das Gesetz der Lorentz-Transformation wirkt sich also erst bei Höchstgeschwindigkeiten aus.
Ist die Masse bei Erreichen von 75 000 km/sec um gut 10 Prozent schwerer geworden, so braucht sie nun noch mehr Energie, um noch schneller beschleunigt werden zu können. Dafür wandelt sich natürlich noch mehr Energie noch schneller in Masse um, so daß die Kurve der Massenzunahme steiler anzusteigen beginnt, bis sie kurz vor Erreichen der Lichtgeschwindigkeit fast parallel zur Lichtgeschwindigkeitsgrenze verläuft und sich mit dieser im Unendlichen trifft. Hier ist also die Masse fast unendlich schwer, so daß sie fast unendlich viel Energie erfordert, um die Lichtgeschwindigkeit endgültig zu erreichen.
Was ist unendlich schwer und wieviel sind unendlich viel Energie?

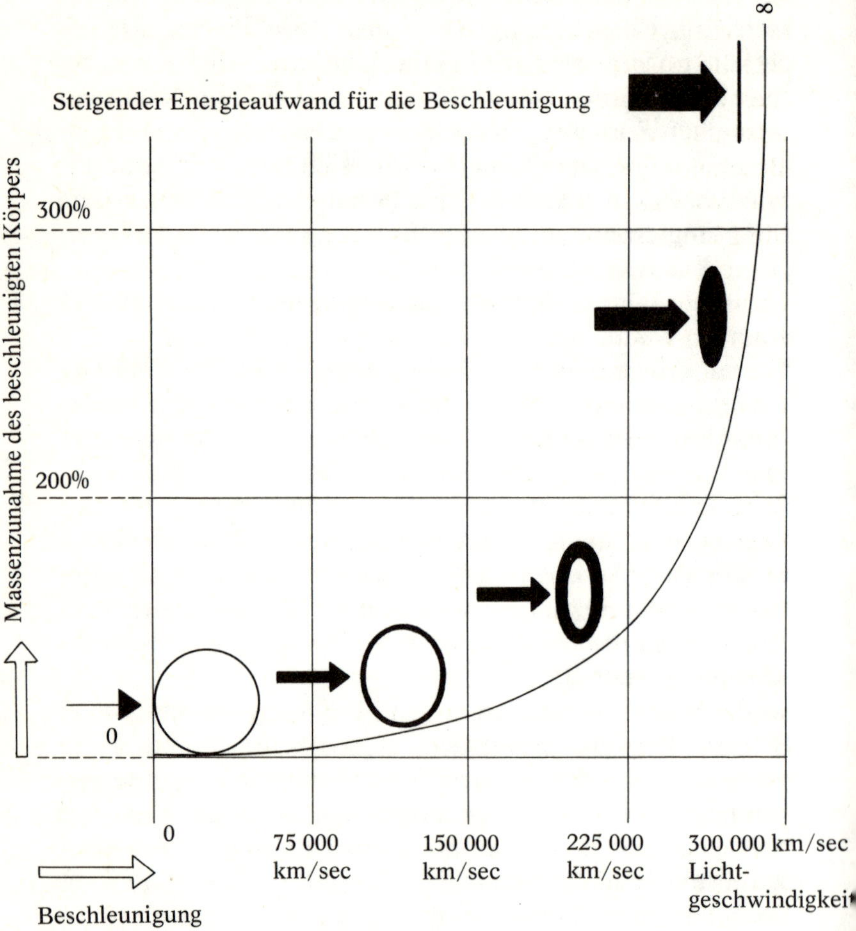

Bei etwa ⅔ der Lichtgeschwindigkeit steigt die Kurve der Massenzunahme steil an; zugleich wird der Massenraum in Bewegungsrichtung immer kleiner. Bei Erreichen der Lichtgeschwindigkeit würde sich theoretisch eine unendlich große (schwere) Masse in einem unendlich kleinen Raum befinden.

Mit einer solchen Frage stoßen wir bereits an eine Grenze der mathematischen Aussagemöglichkeit, weil sie mit keiner Zahl als Größe zu beantworten ist. Außerdem löst sich diese Frage in einer recht seltsamen Erscheinung auf, welche unseren Begriff von der Logik arg strapaziert:
die Bezeichnung «Lorentz-Kontraktion» sagt nämlich aus, daß sich der Raum der beschleunigten Masse in Beschleunigungsrichtung im gleichen Maße kontrahiert, wie die Masse schwerer wird. Würde man – theoretisch – die Lichtgeschwindigkeit erreichen, dann würde der unbegreiflich paradoxe Zustand eintreten, daß sich eine unendlich schwere Masse auf einem unendlich kleinen Raum befinden müsse.
Daraufhin könnte man ironisch anmerken, in welchen Unsinn sich solche Theorien mit Hilfe der allesbeweisenden Mathematik hineinsteigern. Aber es ist kein Unsinn. Die Astronomen sind sicher, derartige unendlich schwere Massen auf unendlich kleinsten Räumen entdeckt zu haben. Man nennt sie *schwarze Löcher.*
Möglicherweise sind aber auch die bereits erwähnten Neutronensterne solche schwarzen Löcher. Weder Neutronensterne noch schwarze Löcher kann man direkt beobachten, weil deren Anziehungskräfte so groß sind, daß weder Licht noch sonst eine Energie aus ihnen herausdringen kann. Selbst das von anderen Sternen an ihnen vorbeistreichende Licht wird eingefangen und verschluckt. Wenn man von Neutronensternen spricht, bei denen sich Massen von der mehrfachen Größe unserer Sonne auf einen Durchmesser von nur noch wenigen Kilometern zusammengezogen haben, so hat man sich diese Größe aus dem Radius der Nukleonen errechnet.
Schon auf unserer Erde können die Transurane, Atomkerne mit mehr als 245 Nukleonen, nicht mehr existieren. Sie zerfallen oder zerstrahlen.
Warum diese schweren oder großen Atomkerne instabil sind und zerfallen, ist unbekannt. Wäre es richtig, daß die

einzelnen Nukleonen diese große Kernbindungskraft von 935 MeV in sich tragen und sich dadurch mit anderen Nukleonen zu Kerneinheiten verschweißen, müßte diese geballte Kraft um so intensiver wirken, je größer die Kerne sind.

Nukleonen sind aber mit ihrem Spin von 10^{22} Umdrehungen in der Sekunde zweifellos ein Wirbel, der sich, wie bei Wirbeln üblich, zu seinem Zentrum hin immer mehr verdichtet. Wirbel bilden sich in ihrem eigenen Medium, so der Luftwirbel in seinem Luftraum oder der Wasserwirbel in seiner Wasserströmung. Da für Nukleonen das Gravitationsfeld als einziges Medium in Frage kommt, kann es sich eigentlich nur um einen Gravitationswirbel handeln. Demzufolge wäre auch die Gravitation das in Betracht kommende Medium, welches die Spinbewegung betreibt. Dann wäre es verständlich, daß bei großen Kernen die sich im Zentrum befindenden Nukleonen nicht mehr mit der notwendigen Intensität erfaßt werden, da sie durch eine relativ dicke Schicht von Nukleonen weitgehend abgeschirmt sind.

Unter diesem Aspekt würde sich auch eine Erklärung für die bisher noch nicht erklärte Tatsache anbieten, warum sich die physikalisch erfaßbaren Energien und radioaktiven Strahlungen wellenförmig bewegen; denn was aus diesem kugeligen Wirbel abgegeben wird, setzt den Spinimpuls als eine wellenförmige Ausbreitung fort. Es wandelt sich Gravitation in Strahlung und Energie um.

Ein solcher Kreislauf von Gravitation, Masse und Energie entspricht allerdings nicht dem heutigen Stand der Wissenschaft. Diese forscht mit ihrer Methodik in eine ganz andere Richtung, indem sie aus der Summe der bei der Nukleonenzerstörung entstehenden «Elementarteilchen» die Einheit eines Nukleons zu rekonstruieren versucht. Jedes dieser Elementarteilchen hat besondere Eigenschaften, und alle Eigenschaften zusammen müßten das Wesen der Masse an sich ausmachen.

Da ergibt sich zumindest eine Denkparallele zur DNS, jenem doppelspiraligen Riesenmolekül, welches das genetische Programm und damit das Wesen des Lebens an sich enthalten soll. So wie man hier bemüht ist, die Vielfalt des Lebens auf ein biologisches Elementarteilchen zurückzuführen, so glaubt man, daß auch die Vielfältigkeit der naturgesetzlich geordneten Materie als ein Programm in den Eigenschaften seiner Elementarteilchen zu finden sein muß.

Für die Erklärung parapsychischer Phänomene wäre es aber ebenso bedeutungsvoll wie aufschlußreich, wenn sich der Dualismus von Gravitation und Energiematerie bestätigen sollte – was allerdings experimentell niemals bewiesen werden könnte. Einstein hat auch hier schon vorausgesagt, daß sich jenseits der Relativitätstheorie die experimentelle Beweiskette nur noch durch die Logik fortsetzen könne.

Deshalb soll hier einmal nachvollzogen werden, warum und wie sich die Materie einer Sonnenmasse bis zu dem möglichen Endzustand des schwarzen Loches entwickelt. Die Lorentz-Transformation hat mit ihrer schlichten Formel bereits die Aussage gemacht, daß sich unendlich große Massen auf einen unendlich kleinen Raum reduzieren, ohne daß man damals schon etwas von schwarzen Löchern ahnte.

Hierbei ist die Beschleunigung nur eine der vielen Wirkungsformen der Energie. Im vorangegangenen Kapitel über «Schwerkraft und Kernkraft» wurde diese Entwicklung bereits eingeleitet. Hier wird die Beschleunigungsenergie ersetzt durch Hitze, unter deren Einwirkung sich das große Volumen des Wasserstoffs auf das kleinere Materievolumen des Heliums reduziert hat.

Ist nun der Wasserstoffvorrat der Sonne verbraucht, dann wird die nächste Etappe eingeleitet. Nach allen Vorausberechnungen werden sich dann drei Heliumkerne zu einem Kohlenstoffkern verschmelzen. Dazu bedarf es allerdings eines noch größeren Hitzeschubs, den sich die Sonne aus dem größeren Massendefekt bei der Verschmelzung von Helium zu Kohlenstoff holt. Ein Kohlenstoffatom besitzt 12 Nukleonen. Hier steigert sich der Massendefekt nicht nur proportional der Quantität der Nukleonen, sondern auch der Prozentsatz steigt von 0,2 (bei Helium) auf 0,4 Prozent an.

Dabei werden größere Hitzeenergien als zuvor frei, und folglich würde die Sonne auch ihre Korona entsprechend vergrößern, und zwar so, daß in diesem Stadium auch unsere Erde in die Sonnenkorona einbezogen werden würde.

Allerdings steigert sich die prozentuale Ausbeutung von Energien aus dem Massendefekt nicht so weiter; vielmehr ist bei Kernen zwischen 45 und 70 Nukleonen das Maximum mit etwa 1 Prozent erreicht. Wenn sich also der Wasserstoffvorrat der Sonne bis zu Eisen hochentwickelt hat, dann können keine zusätzlichen Energiesteigerungen für die Fusion noch schwererer Kerne mehr erreicht werden.

Mit Hilfe welcher Kräfte die Weiterentwicklung zu immer schwereren und größeren Kernen weitergetrieben wird, ist auch theoretisch noch nicht endgültig gelöst. Immerhin dürfte es eine große Rolle spielen, daß die Schwerkraft der Sonne, deren leichteste Atome nun aus Eisen gebildet werden, ganz erheblich zugenommen hat, so daß im Inneren der Sonne der Massendruck stark ansteigt. Als Gegenreaktion entwickelt sich im Sonneninneren eine größere Hitze und damit auch eine größere Aktivität der Elektronenhüllen, welche sich damit gegen das Zerdrücktwerden wehren.

Dabei werden aber jene sagenhaften Neutrinos frei; denn diese Elementarteilchen sind die einzigen, welche durch die Massen nach außen entweichen können. Mit ihrem Entweichen wird aber auch zugleich Hitze entzogen, welche nun durch noch größere Aktivitäten der Elektronen-

hüllen ersetzt werden muß, wobei noch mehr Neutrinos entweichen, bis schließlich die Atomhüllen der nächsten Elementenserie «platzen» und weitere Kernverschmelzungen und Massenverdichtungen eintreten.
Offensichtlich wird aber unsere Sonne zu klein sein, um den Endzustand eines Neutronensterns oder schwarzen Loches zu erreichen. Sie wird wahrscheinlich in dem Zustand eines «weißen Zwerges» endgültig verharren. Solche Endzustände einstiger Sonnen, deren Massen ein Gewicht von einigen tausend Tonnen je Kubikzentimeter besitzen, hatte man schon lange vor den Neutronensternen entdeckt. Man nennt sie «entartete Materien» und weiß, daß sie sich rasend schnell drehen, als ob sie den Spin der Nukleonen auf ein hohes Drehmoment der kleinen Sterne übertragen würden.
Um den Endzustand schwarzes Loch zu erreichen, muß die Sonnenmasse mindestens 3mal, wenn nicht gar 10mal größer sein als die unserer Sonne.
Die Perioden, in denen sich die Materien in ein nächst höheres spezifisches Gewicht verwandeln, werden immer kürzer. Bevor sie in sich versacken und verlöschen, leuchten sie noch einmal wie ein gewaltiger Blitz im Zeitlupentempo auf.
Solche Beobachtungen bezeichnet man irrtümlich als «Nova», weil man zunächst darunter die Geburt eines neuen Sternes vermutet hatte. So wurde erstmals in den chinesischen Annalen im Jahre 1054 eine solche Erscheinung erwähnt. 23 Tage lang war dieser Stern so groß und so hell wie die Venus beschrieben, obwohl er einige Tausend Lichtjahre entfernt war. Dann war er verschwunden. An seiner Stelle wurde später der Krebs- oder Crabnebel entdeckt, aus dessen Ausdehnungsgeschwindigkeit man zurückrechnen konnte, daß er vor nicht ganz 1000 Jahren aus einem «Urknall» entstanden sein mußte.
Inzwischen sind selbst in unserer Milchstraße an die 200 solcher Novae entdeckt worden. Es handelt sich da-

bei jedoch nicht um die Geburt, sondern um den Tod von Sternen.
Erstmals brachten zwei Wissenschaftlergruppen des «Caltech» Institutes (Californian Institute of Technology) den Begriff des schwarzen Loches ins Spiel, als sie optisch mit dem Mount Palomar Teleskop in der 50 Millionen Lichtjahre entfernten Galaxie «Messiers 87» einen riesigen Wirbel beobachteten, an dessen Rand Sonnen kreisten, die auf den Außenbahnen Geschwindigkeiten von 230 km/sec und auf den Innenbahnen solche von 290 km/sec besaßen. Sie haben errechnet, daß bereits Milliarden von Sonnen in diesem schwarzen Loch verschwunden sein müßten.
Schwarze Löcher glaubt man in Doppelsternsystemen entdeckt zu haben; denn das Licht einer Sonne, die sich hinter ein schwarzes Loch begab, wurde von diesem fast völlig absorbiert.
Man ist sich inzwischen darüber einig, daß diese schwarzen Löcher keine Masse mehr besitzen. Dafür prägte man den Satz, daß sich die Massen durch einen Gravitationskollaps aus dem Himmelsverkehr herausgezogen haben. Gewiß spielt die zunehmende Schwerkraft bei der Erzeugung der für die Kernfusionen notwendigen Hitzeenergien eine entscheidende Rolle, aber daß sich die Masse durch ihre eigene Schwerkraft einfach «wegdrücken» kann, wäre analog dasselbe, als ob ein Mensch nur kräftig genug werden muß, um sich selbst aus seinem Dasein einfach herausdrücken zu können.
Nach unserer heutigen Auffassung von der Gravitation bedingen Masse und Schwerkraft einander. Ohne Masse keine Schwerkraft, folglich auch ohne Schwerkraft keine Masse.
Der britische Physiker Stephan Hawking, Professor an der Cambridge-Universität, durch Multiple Sklerose fast gänzlich gelähmt, gilt heute als der neue Einstein der Astrophysik. Nach seinen mathematisch belegten Berech-

nungen haben schwarze Löcher nur noch eine Massengröße von 10^{-13} cm. Aber auf diesen elementarkleinen Raum sollen sich Energien von 10 Millionen Wasserstoffbomben konzentrieren. Aber auch dieses Faktum würde eine völlige Korrektur unserer Vorstellungen von den Zusammenhängen von Masse, Energie und Schwerkraft erfordern.
Aufschlußreich scheint eine andere Beobachtung von einer Sonne in der Nachbarschaft zu einem schwarzen Loch zu sein. Diese Sonne hat sich birnenförmig zum schwarzen Loch hin deformiert. Hieraus strömten heiße Gase wie in einer Achterbahn um das schwarze Loch und kehrten nur zum Teil wieder zur Sonne zurück. Was zu nahe ans schwarze Loch kam, stürzte da hinein und verschwand.
Die Massen verschwinden in einem unersättlichen, gewaltigen Nichts und werden dabei selbst zu einem solchen Nichts. Vielleicht ergeben sich aus dieser Beobachtung *ganz andere* Zusammenhänge und Ursachen, warum und wie die Materie, die nach unserer Auffassung doch die einzig wahre und von allen Sinnesempfindungen unabhängige Realität darstellen soll, sich wieder in jenen Zustand zurückentwickelt, aus dem sie gekommen ist; denn Gravitation ist das einzige, was hier von der Masse zurückbleibt.

Zeit, Bewegung und Masse

Daß Raum, Zeit und Masse in einem Atemzug genannt werden, sollte darauf zurückzuführen sein, daß auf diesen drei Pfeilern das Sein und die Ordnung dieser Welt beruhen. Daß aber Raum, Zeit und Masse gar keine Verschiedenheiten sind, sondern einander bedingen und sogar untereinander ausgetauscht werden können, scheint zunächst absurd zu sein. Dennoch ist es so.

Die Formel der Lorentz-Transformation hat bereits deutlich gemacht, daß die Masse und ihr Raum ein gemeinsames Schicksal erleiden. In dem Augenblick, da die Masse unendlich schwer geworden ist, ist auch ihr Raum unendlich klein. Wir neigen allerdings – auch im physikalischen Denken – dazu, das unendlich Schwere, Große oder Kleine wie einen Superlativ des Großen und Kleinen anzusehen. Darin liegt aber eine Inkonsequenz; denn im Bereich der Lichtgeschwindigkeit ist das Unendliche wörtlich zu nehmen: Es ist ohne Ende, folglich auch ohne Anfang; denn der Anfang ist ja das Ende von der anderen Seite her gesehen. Das unendlich Große ist daher auch zugleich unendlich klein, und das unendlich Kleine ist ebenso wie das unendlich Große einfach nicht mehr real. Es existiert nicht mehr als eine meßbare Größe und ist daher auch nicht mehr beobachtbar. Die Phänomene und physikalischen Probleme der schwarzen Löcher deuten das an.
Mit unserer dreidimensional orientierten Logik ist diese Konsequenz nicht nachvollziehbar. Etwas anschaulicher wird die Unendlichkeit vielleicht im Zusammenhang mit der Zeit und der Bewegung. In dem gleichen Verhältnis nämlich, wie nach der grafischen Darstellung der Lorentz-Transformation die Masse schwerer und der Raum kleiner werden, wird auch die Zeit langsamer. Diese Erkenntnis gewann Albert Einstein, für den die Lorentz-Transformation ohnehin die entscheidende Anregung für die spätere Relativitätstheorie gewesen ist.
Einstein bezeichnet dieses Phänomen als Zeitdilatation oder auch als das Uhrenparadoxon. Bei Erreichen der Lichtgeschwindigkeit steht die Zeit still.
Ist die Zeit schon ein Phänomen, das man sich nicht wie ein Etwas vorstellen kann, so ist es noch schwieriger, sich ein Bild von ihrer Deformation zu machen. Was ist denn die Zeit an sich? Nach allgemeiner Auffassung muß die Zeit etwas sein, was seit dem Beginn der Welt kontinuier-

lich aus der Vergangenheit über die Gegenwart in die Zukunft hineinfließt. Unveränderlich gleichmäßig und unabhängig von allen Uhren, Meßgeräten oder Geschehnissen.

Schließlich aber ist der Faktor Zeit und seine Konstanz ein unverzichtbarer Teil naturwissenschaftlicher Beobachtungen, Messungen und Erkenntnisse. Wenn dieser Zeitfaktor unter irgendwelchen Bedingungen veränderbar sein sollte, dann würde dem naturwissenschaftlichen Gesamtbild ein wesentlicher Beweisfaktor fehlen.

Die Relativitätstheorie hat die Zeit zur vierten Raumdimension erhoben und damit das Raum-Zeit-Kontinuum begründet. Es besagt in vereinfachter Form, daß alles Sein dieser Welt als Ereignisse innerhalb von Raum und Zeit ablaufen und darin auch erfaßbar sein müsse. Erinnern wir daran, daß Zeitmaße auch für Raummaße verwendet werden, wenn wir von einem Morgen oder einem Tagewerk sprechen, wenn wir mit Lichtjahren rechnen oder bis ins Stadtzentrum eine halbe Stunde gehen. Bevor man überhaupt Raummaße erfunden hatte, bewältigte man eine Strecke vom Sonnenaufgang bis zum Mittag, man reiste hundert Tage weit und gibt auch noch heute große Flugentfernungen nach Stunden an.

Die Zeit ist daher auch ein untrennbarer Bestandteil der Bewegung; denn jede Geschwindigkeit errechnet sich aus Raum geteilt durch Zeit. Und so ist auch die Zeit letztlich ein Resultat der Bewegung. Was wäre die Zeit ohne die rhythmische Bewegung der Erde um sich selbst und um die Sonne? Wie hätten wir ohne eine solche rhythmisch wiederkehrende Bewegung überhaupt auf den Gedanken einer Zeit kommen können? Denn wo alles ruht, gibt es keine Zeit.

Um aber eine Bewegung als Bewegung erkennen zu können, brauchen wir bereits den Zeitbegriff; denn wie es ohne Bewegung keine Zeit gibt, gibt es auch ohne Zeit keine Bewegung. Hatten wir nicht dasselbe Problem bei

der Masse und der Gravitation? Ohne Masse gäbe es keine Gravitation und ohne Gravitation keine Masse. Was war zuerst da – die Masse oder die Gravitation? Die Zeit oder die Bewegung?
Wir stoßen hier also an eine Grenze, an der die Fragestellung nach dem Ursprung oder Anfang nicht mehr sinnvoll ist und wo wir grundsätzlich nach einer anderen Vorstellung als der von einem Anfang oder einer Priorität suchen müssen. Dazu ist es erforderlich, die von den Naturwissenschaften geprägten Realitäten der Endlichkeiten zu überwinden.
Nach der Einsteinschen Erklärung des Uhrenparadoxons würde eine schnell bewegte Uhr, ob sie von einem herkömmlichen Uhrwerk oder einem Quarzatom geregelt wird, mit Annäherung an die Lichtgeschwindigkeit immer langsamer laufen und bei Erreichen der Lichtgeschwindigkeit gar stillstehen. Man könnte meinen, das sei eine technische Besonderheit des Uhrwerks, ohne die von einem Uhrwerk unabhängige Zeit an sich zu berühren. Aber es betrifft tatsächlich diese Zeit als Bestandteil der Bewegung. Und warum das so ist, hängt wiederum mit einer anderen Formel der Relativitätstheorie zusammen, nämlich mit dem Einsteinschen Additionstheorem.
Es ist eine unbestreitbare Tatsache, daß $2 + 2 = 4$ sind. Das ist so sicher wie das Amen in der Kirche. Folglich sind auch $200 + 200 = 400$. Auf die Bewegung zugeschnitten, würde es bedeuten, daß zwei Autos, die einander mit je 200 Stundenkilometer Geschwindigkeit begegnen, zueinander eine Relativgeschwindigkeit von 400 Stundenkilometern haben. Selbst ein Radargerät, welches von einem der beiden schnellfahrenden Autos mißt, würde dieses Resultat anzeigen.
Im Bereich hoher Geschwindigkeiten gilt diese einfache Additionsregel jedoch nicht mehr. Würden sich nämlich zwei Raketen mit einer Geschwindigkeit von je 200 000 km/sec begegnen, so würde das unbestechliche Radarge-

rät keine 400 000 km/sec messen, sondern nur 275 000 km/sec.
Wie kommt das?
Schlicht und einfach liegt es daran, daß die Lichtgeschwindigkeit eine unüberschreitbare Naturkonstante ist. Diese kann man auch nicht damit überlisten, daß man zwei voneinander unabhängige Geschwindigkeiten miteinander addiert. Mathematisch ist die Größe von 300 000 km/sec natürlich beliebig überschreitbar, aber die Einsteinsche Formel des Additionstheorems markiert die Grenze der natürlichen Wirklichkeit.

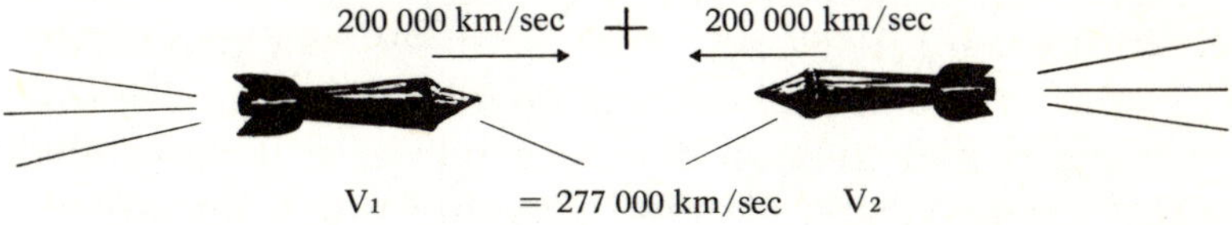

Nach dem Einsteinschen Additionsgesetz hoher Geschwindigkeiten

$$V_0 = \frac{V_1 + V_2}{1 + \frac{V_2 \times V_1}{c^2}}$$

kann die Lichtgeschwindigkeit auch durch Addition von einander unabhängigen Bewegungsgeschwindigkeiten nicht überschritten werden, weder theoretisch noch praktisch.
In der Formel bedeuten:
V_0 = Geschwindigkeit (V_1 der linken, V_2 der rechten Rakete)
c^2 = Lichtgeschwindigkeit mit sich selbst multipliziert.

Auch der theoretische Trick, daß man von einem 200 000 km/sec schnellen Raumschiff einen Lichtstrahl aussendet, zieht hier nicht. Das Licht hat zwar eine naturkonstante unveränderliche Geschwindigkeit von 300 000 km/sec, aber es müßte doch logischerweise 500 000 km/sec schnell sein, wenn man es von dieser schnellen

Rakete aussendet. Bei jedem Geschoß und jeder von einem Flugzeug aus gestarteten Rakete dürfte man die Geschwindigkeit des schießenden Körpers hinzuaddieren.

Warum das so ist, hat wieder etwas mit der Wellennatur des Lichtes und der Energien schlechthin zu tun. Jede Energieart hat eine feststehende Geschwindigkeit, nicht nur das Licht, sondern auch beispielsweise der Schall. Würden sich in einem Konzert die hohen Töne schneller ausbreiten als die tiefen, hätten wir ein ganz anderes Musikerlebnis.

Jede Geschwindigkeit ist ja ein Produkt aus Raum und Zeit. Bei den Energiewellen bilden die Wellenlängen den Faktor Raum und die Häufigkeit der Schwingungen je Sekunde die Zeit. Bewegt man sich nun einer Schallwelle entgegen, dann sind die pulsierenden Schwingungen von Wellenberg zu Wellenberg im gleichen Maße schneller wie kürzer. In Zahlen sähe das so aus: Wellenlänge = 10 und Schwingungshäufigkeit = 100 ergäbe 10 x 100 = 1000. Bewegt man sich der Welle entgegen oder wird sie von einem schnell fahrenden Fahrzeug ausgeschickt, dann verkürzt sich die Wellenlänge auf 5 und erhöht sich die Schwingungshäufigkeit auf 200. 5 x 200 ergeben ebenfalls 1000.

Was sich beim Schall wie beim Licht verändert, ist lediglich die Energiewirkung. Das schnelle Raumschiff würde sein nach vorne oder nach hinten abgestrahltes Licht immer als normales Licht erleben. Das liegt daran, daß jede gleichförmige Bewegung außerhalb eines Schwerefeldes als Stillstand zu werten ist. Für den ruhenden Beobachter allerdings würde das von der schnellen Rakete ausgestrahlte Licht wie eine hochenergetische radioaktive Strahlung wirken, während die gleiche Lichtwelle aus der sich entfernenden Rakete die Wirkung einer extrem langen Radiowelle hätte.

Würde nun die Rakete selbst Lichtgeschwindigkeit haben

und diese Elementargrenze erreichen, dann würden die in Fahrtrichtung ausgesandten Lichtwellen so dicht aufeinander folgen, daß sie die Elementarlänge von 10^{-13} cm unterschreiten und damit nicht mehr als Schwingung wirken, während die rückwärts ausgesandten Wellen so in die Länge gezogen wären, daß sie keine Wellenform mehr hätten. So oder so würde sich die Energiewirkung ins Außerphysikalische verziehen.

Man begegnet immer wieder der Meinung, daß die Zeitdilatation doch nur eine Theorie sei, zumal eine solche, die sich in utopischen Geschwindigkeitsbereichen abspielt und deshalb wohl niemals beweisbar sein wird. Aber wir finden diese Theorie dennoch in unserer Alltagspraxis bestätigt und zwar bei den radioaktiven Strahlen der Sonne. Diese sendet Gammastrahlen aus, welche sich beim Auftreffen auf unsere Lufthülle in 30–35 km Höhe in Mesonen verwandeln. Mesonen sind Elementarteilchen der Nukleonen. Als Elementarteilchen haben sie Elementareigenschaften: Sie bewegen sich mit Fastlichtgeschwindigkeit und haben eine Lebensdauer von nur einer zweimillionstel Sekunde. Demnach können sie nur maximal 650 Meter tief in unsere Lufthülle eindringen, dann müßen sie zerfallen sein. Aber sie kommen auch bis zur Erdoberfläche herab, 30 Kilometer tief.

Danach gäbe es nur zwei Möglichkeiten: Entweder sind die Mesonen schneller als das Licht, oder sie leben länger als eine zweimillionstel Sekunde. Aber wenn die Physik eine solche Aussage – zumal für Elementarteilchen – macht, dann kann man sich darauf verlassen. Weder das eine noch das andere ist der Fall. Würde nämlich das Meson eine Uhr und ein Bandmaß bei sich haben, dann würde es messen, daß es tatsächlich nur eine zweimillionstel Sekunde gelebt und auch nicht mehr als 650 Meter zurückgelegt hat. Aber bei seiner Fast-Lichtgeschwindigkeit geht seine Uhr eben viel langsamer und sein Raum wird in Bewegungsrichtung viel kürzer. Während wir auf der Erde ruhenden Beobachter ganz andere Meßresultate erzielen.

Daraus folgerte Einstein allgemein, daß die Meßresultate wie auch die Wirkungen einer Energie oder eines Ereignisses schlechthin abhängig sind von dem Bewegungszustand des Beobachters. Das beinhaltet also allgemein der Begriff der Relativität in dieser Theorie.

Wenn wir uns nun noch einmal vergegenwärtigen, daß bei Erreichen der Lichtgeschwindigkeit der Raum unendlich klein wird, dann ist es die logische Konsequenz, daß auch die Zeit unendlich langsam verlaufen muß. In einem unendlich kleinen Raum gäbe es ja auch keine Entfernungen mehr, zu deren Überwindung man Zeit benötigt. Wenn aber andererseits das unendlich Kleine zugleich unendlich groß ist, dann wäre auch in diesem zeitlosen unendlichen Raum jede Bewegung so unendlich schnell, daß sie zugleich überall wäre. Das unendlich Schnelle wäre damit zugleich das überall gleichzeitige – ruhende – Sein.

Damit hätten wir eigentlich eine ideale Beschreibung für das Gravitationsfeld und auch eine Erklärung dafür, warum in diesem Feld jede gleichförmige und noch so schnelle Bewegung identisch wäre mit einem Stillstand, während andererseits jede Veränderung als Beschleunigung zugleich den Widerstand des Ruhenden überwinden müßte.

Diese außerphysikalischen raum-zeitlichen Bewegungseigenschaften haben aber eine direkte Beziehung zur Masse, deren Elementarteilchen, die Nukleonen, letztlich nichts anderes sind als hochgeschwinde Energiewirbel. Wie diese Masse in dem gewaltigen Nichts eines schwarzen Loches verschwinden kann, darauf wollen wir uns anhand eines anderen Experimentes hinarbeiten.

Es ist jene Science-fiction-Geschichte, in der sich ein Mensch mit einem fast-lichtschnellen Raumschiff für ein Jahr auf Weltraumreisen begibt, während nach seiner

Das Mesonen-Raum-Zeit-Phänomen

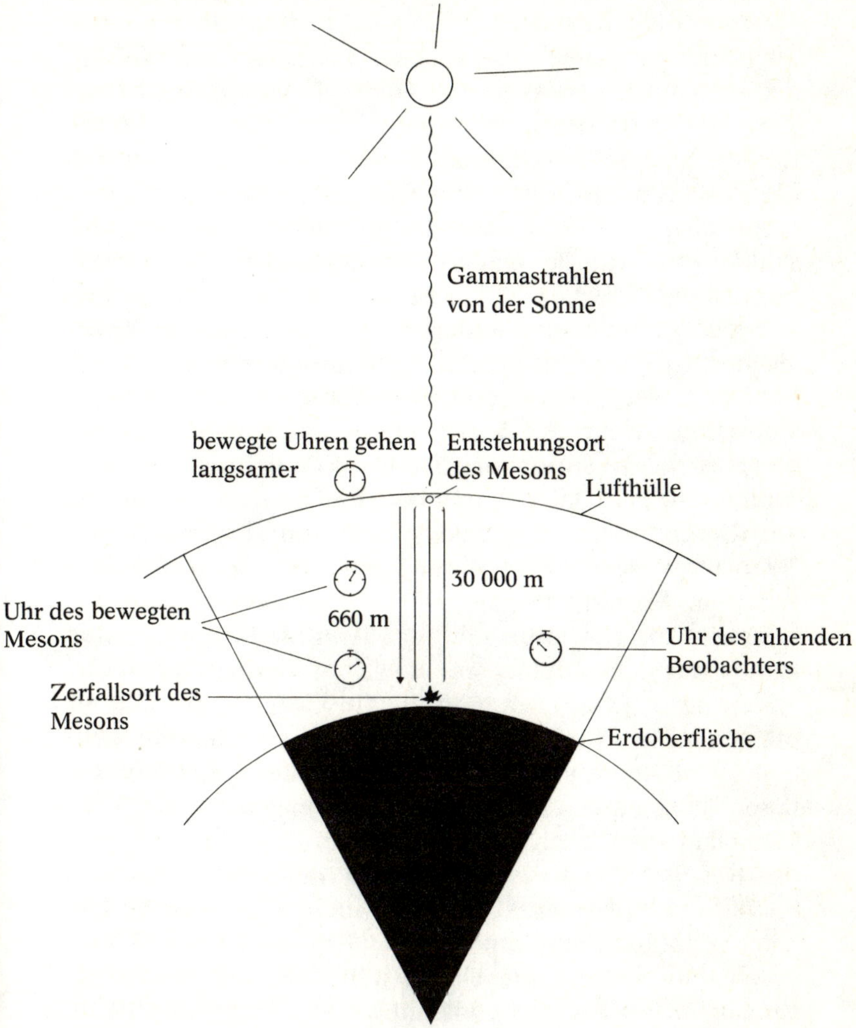

Raum und Zeit sind abhängig von dem Bewegungszustand des Beobachters. Die Uhr des schnell bewegten Mesons geht langsamer, sein Raum wird kürzer, während für den auf der Erde ruhenden Beobachter das Meson seine Elementarbewegung aus Raum und Zeit erheblich überschreitet.

Rückkehr zur Erde hierselbst 100 Jahre vergangen sind. Seine schnell bewegten Uhren sind eben entsprechend langsamer gegangen. Diese Geschichte zur Darstellung des Uhrenparadoxons krankt an der Frage, nach welcher Zeit sich denn die innere biologische Uhr des Mannes richtet? Es geschieht hier etwas recht Merkwürdiges: Der Mann würde zunächst seine Uhr mit seinem Pulsschlag vergleichen und feststellen, daß er nach wie vor 60 Pulsschläge pro Minute macht. Also geht die Uhr normal. Auch seine täglichen Rhythmen von Schlafen, Essen und so weiter laufen unverändert nach seiner inneren biologischen Uhr ab, und diese Rhythmen stimmen auch mit dem Gang seiner diversen Uhren überein.

Was ist nun richtig? Alles ist richtig, und trotzdem stimmt die Theorie des Uhrenparadoxons mit der Praxis überein. Man müßte sich das so vorstellen, daß man das Maximum an Beschleunigungs- oder Bewegungspotential von 300 000 km/sec zur Verfügung hat. Das kann man ausschöpfen. Verbraucht man 99,9 Prozent davon für die Beschleunigung des Raumschiffes, dann bleibt für jede einzelne andere Bewegung nur noch ein kleiner Rest. Alles andere also verläuft langsamer: die Uhr, der Pulsschlag, die täglichen Rhythmen. Man merkt die Zeitdilatation nicht, weil eben nicht nur die Uhr, sondern auch alle anderen Bewegungen davon betroffen werden.

Der Mann wird auch nicht älter, denn auch das Altern ist das Resultat von Bewegungen und Veränderungen; und auch diese biologischen wie auch molekularen Bewegungen verlaufen langsamer. Bei Erreichen der Lichtgeschwindigkeit würden sie stillstehen. Es wäre die ideale Konservierung für alle Ewigkeit.

Von hieraus können wir zu dem Phänomen des schwarzen Loches zurückkehren. Dazu hatten wir die Beobachtung erwähnt, daß ein schwarzes Loch von einer benachbarten Sonne heiße Gasmassen anzieht und in sich verschwinden läßt. Ferner können wir anhand der

Schwerkraftgesetze ausrechnen, daß die Fallbeschleunigung auf einem Neutronenstern theoretisch 75 Milliarden Kilometer in der ersten Sekunde entsprechen müßte. Sobald aber eine fallbeschleunigte Masse 300 000 km/sec erreicht, muß der Spin der Nukleonen aufhören, weil sonst die Addition der beiden Bewegungen die Grenze von 300 000 km/sec überschreiten würde. In der Praxis würde selbstverständlich der Nukleonenspin bei Annäherung an die Lichtgeschwindigkeit sich verlangsamen, so daß bei Erreichen der Lichtgeschwindigkeit das Nukleon zerfallen wäre, weil sein verlangsamter Spin schon vorher die Zerstrahlung der Masseteilchen eingeleitet hätte.
Was ist aber aus einem Nukleon geworden, dessen wichtigste Elementareigenschaft, sein Spin, nicht mehr existiert? Es hat seine materielle Existenz aufgegeben und hat sich zurückverwandelt in jenen Stoff, aus dem es entstanden ist, in Gravitation.
Tatsächlich ist eine Supergravitation das einzige, was von riesigen Massen zurückgeblieben ist. Es ist das gewaltige, raum-zeit-masselose Nichts, aus dem die Materien unseres Universums entstanden sind.

Was geschah zu Beginn der Welt?

Nicht die Natur der Sache, sondern die Natur des Menschen postuliert durch die Fragestellung nach dem Warum und Woher einen Anfang und ein Urding. Erstaunlich ist, daß wir auf diese Fragen auch immer Antworten gefunden haben. Ob diese richtig oder falsch sind, hat nicht die Natur, sondern der Mensch entschieden. Er hat sich innerhalb seines Denksystems mit Fragen belastet und mit Antworten befriedigt, deren Richtigkeit um so überzeugender war, je widerspruchsfreier sie sich in das Kausalitäts- und Kontinuitätsdenken von Ursache und Wirkung einordnen ließen.

Damit sind wir bis an die Grenze von Elementarien vorgestoßen. Alle Grenzen der Natur sind fließend, und jede Grenze hat zwei Seiten. Auch die Physik weiß, daß ihre Grenze nur eine Grenze der Physik ist. Was jenseits dieser Grenze geschieht – so Werner Heisenberg – können wir vielleicht ahnen, aber nicht wissen.
Es ist also keine Grenze, an der die Welt mit Brettern zugenagelt ist, sondern eine geistige Grenze. Es ist die Grenze, welche wir mit unserer wissenschaftlichen Methodik und Systematik nicht mehr überschreiten können. Schon bei der Atomforschung hat sich unser Kausalitätsdenken als nicht mehr praktikabel erwiesen. Das, was die Wissenschaft zur Wissenschaft gemacht hatte, mußte in diesem Grenzbereich aufgegeben und durch statistische Wahrscheinlichkeiten ersetzt werden. Damit blieb eine Fülle von Fragen unbeantwortet.
Hier hat die Einsteinsche Relativitätstheorie in ihrer naturphilosophischen Aussage einen sehr wichtigen Grundsatz in Frage gestellt, aber unter dem Eindruck vielfältiger physikalischer Probleme ist diese Aussage noch gar nicht so recht in unser Bewußtsein gedrungen; nicht zuletzt deswegen, weil es so schwierig ist, sie gedanklich nachzuvollziehen. Wir sollten sie uns deutlich bewußt machen:
Was Kopernikus vor über 400 Jahren feststellte, erschütterte ein selbstverständliches menschliches Empfinden: Die Erde sollte nicht mehr der Mittelpunkt der Welt sein, sondern die Sonne. Einhundert Jahre hat es gedauert, bis die Kirche dieser Behauptung nicht mehr widersprach. Inzwischen wissen wir, daß auch nicht die Sonne der Mittelpunkt der Welt ist. Es gibt überhaupt keinen festen Punkt im Universum. Obwohl die Wissenschaft den Umsturz des geozentrischen Weltbildes kannte, hat sie alle Beobachtungen, Erkenntnisse und Grundsätze, die auf der Erde gewonnen wurden, auf das gesamte Universum übertragen. Aus dem Teilchen Erde hat man sich ein Bild von dem Ganzen der Welt gemacht.

Wie hätte eine Welterkenntnis ausgesehen, wenn wir nicht die Erde als festen Punkt vorausgesetzt, sondern uns konsequent bewußt gewesen wären, daß wir nur einer jener unendlich vielen Körperchen sind, welche sich im Universum bewegen?
Bei allem nämlich, was wir erklären und beschreiben, sei es ein wissenschaftliches Forschungsresultat oder ein gewöhnliches Alltagserlebnis, müssen wir irgendwo und irgendwie anfangen. Da es diesen Anfang nicht gibt, markieren wir ihn selbst und willkürlich und sagen: «Ich gehe davon aus, daß . . .»
Wovon sollen wir bei unserem Standort Erde als einem der unendlich vielen Körper im freien Raum ausgehen? Wie wollen wir unseren Ausgangspunkt, unseren Standort markieren? Wie wollen wir uns orientieren, beobachten, vergleichen und messen?
Es ist gar nicht möglich, sich mit aller Konsequenz in die Lage eines Menschen zu versetzen, der fernab von der Erde im freien Raum schwebt und sich nun dort mit den von der Natur gegebenen Mitteln orientieren soll. Womit wir auch immer dort beginnen, *müssen* wir eine auf der Erde gewonnene Erfahrung oder Empfindung auf das Universum übertragen.
Machen wir es uns etwas leichter und versetzen uns in einen Menschen, der in stockfinsterer Nacht in der grenzenlosen Weite eines Ozeans treibt! Irgendwo ist ein Licht zu sehen, ein rettendes Licht. Entfernt es sich, kommt es näher? Wird es größer oder heller? Treibt es nach rechts oder links? Hier wird die Unmöglichkeit, diese Bewegungen ohne Vergleichspunkt erkennen zu können, sehr einleuchtend. Dennoch glauben wir vom Schreibtisch aus, erkennen zu können, ob sich das Licht ändert. Es wird dann doch größer und heller. Aber wie wollen wir erkennen, ob etwas jetzt größer ist als vorhin, wenn wir den Zustand von vorhin nicht als Vergleich registriert haben? Die Empfindung allein täuscht uns ganz

sicherlich; denn der Wunsch oder die Angst, Hoffnung, Erwartung und Befürchtung wirken an unseren Empfindungsgestaltungen ganz erheblich mit.
Nehmen wir dennoch an, wir hätten einen Trick gefunden, mit dessen Hilfe wir die Größe des Lichtes festgehalten und gemessen hätten, daß es größer wird und uns also näher kommt, dann bleibt immer noch die Frage, was geschieht. Es gibt eine Fülle verschiedener Möglichkeiten:

1. Wir stehen still, und das Licht kommt auf uns zu.
2. Das Licht steht still, und wir treiben auf das Licht zu.
3. Wir bewegen uns beide aufeinander zu.
4. Wir treiben beide in derselben Richtung, wobei wir schneller sind und das Licht einholen.
5. Wir treiben in umgekehrter Richtung, wobei das schnellere Licht uns einholt.
6. Wir bewegen uns seitlich in einem spitzen Winkel aufeinander zu.
7. Wir nähern uns, indem wir uns spiralförmig umeinander bewegen usw.

Ist diese Wasseroberfläche nur ein zweidimensionaler Raum, so handelt es sich bei dem Universum um einen vierdimensionalen Raum, in dem sich nicht nur ein, sondern unzählige Lichter in einem unentwirrbaren Durcheinander von Richtungen, Entfernungen und Geschwindigkeiten bewegen. Was bei unserem, auf ein Sternenlicht übertragenen Beispiel in Wirklichkeit geschieht, werden wir niemals erfahren. Die Ereignisse um uns sind nämlich in Wirklichkeit ein unbeobachtbares und damit auch unerlebbares Chaos von Zuständen und Bewegungen. Aber selbst ein Chaos als Chaos zu erkennen, setzt bereits ein Bewußtsein von einer Ordnung voraus.
Es gibt nun aber unzählige Möglichkeiten, sich in einem Chaos Ordnung zu schaffen. Man könnte sich zu diesem Zweck vielleicht eine total zerstörte Stadt vorstellen, die nur noch aus einem riesigen Trümmerhaufen besteht. Keine Natur schreibt aus sich vor, wie diese Stadt nun

wieder aufgebaut werden soll. Jeder Plan, den man faßt und verwirklicht, ist besser als das Chaos selbst. Es gibt daher weder falsche noch richtige Ordnungen.
Das chaotische Universum haben wir auf unsere Weise geordnet. Wir haben wider besseres Wissen einfach angenommen, daß wir, unsere Erde, ein fester, ruhender Punkt sei. Diesen festen Punkt haben wir durch ein Kreuz fixiert, durch ein Koordinatensystem, dessen eine Achse wir als Zeit und dessen andere wir als Raum bezeichnet haben. Dabei spielt es keine Rolle, ob wir die senkrechte oder waagrechte Achse als Raum oder Zeit bezeichnen, denn beide sind miteinander austauschbar. Wir brauchen in unserem Orientierungssystem mindestens zwei Größen, um eine dritte bestimmen zu können.
Nun können wir mit Hilfe dieses Ordnungssystems beobachten und messen. Wir können irgendeine beliebige Bewegung in unserem Koordinatensystem von Punkt zu Punkt verfolgen, ihre Geschwindigkeit bestimmen und diese Bewegung so beschreiben, daß sie auch andere, die sie gar nicht erleben, nacherleben können.
So haben wir mit diesem Ordnungssystem die Grundlage für unsere Wissenschaft geschaffen und längst vergessen, daß alle Beobachtungen und Erkenntnisse von der Annahme ausgegangen sind, daß wir ein fester, ruhender Punkt im Universum sind. Da aber diese Tatsache, von der wir einfach ausgegangen sind, mit Sicherheit nicht richtig ist, kann auch alles andere, das wir auf diese Annahme aufgebaut haben, keinen Anspruch auf Objektivität erheben. An diese Voraussetzungen unseres Wissenschaftssystems hat Einstein mit seiner Relativitätstheorie erinnert, aber dennoch haben wir bis heute daraus keine weltanschaulichen Konsequenzen gezogen.
Daß unsere Beobachtungen keinen Anspruch auf Objektivität erheben können, heißt nicht, daß sie falsch sind. Falsch könnten sie nur sein, wenn es tatsächlich andere richtige oder objektive Ereignisse gäbe.

In diesem von uns geschaffenen Ordnungssystem sind weder der feste Punkt noch der Raum oder die Zeit natürliche Gegebenheiten. Sie sind schlechthin eine ordnende Idee, ein Gedanke, Geist.
Fast alle Schöpfungsgeschichten und Schöpfungsmythologien haben das ordnungschaffende System als den eigentlichen Schöpfungsakt zum Inhalt. Aus dem chaotischen, unerlebbaren Universum entsteht der Kosmos als Idee; denn Kosmos bedeutet in der griechischen Übersetzung nichts anderes als Ordnung.
In der großen geistigen Auseinandersetzung der vergangenen Jahrhunderte waren wir zunächst davon ausgegangen, daß ein ewiger, allmächtiger Gott nach seinem Gedanken oder seinem Willen die Welt erschaffen habe. Der Materialismus hingegen geht davon aus, daß Materie die einzige, von unseren Empfindungen unabhängige Realität sei. Die moderne Naturwissenschaft Physik basiert auf dem Raum-Zeit-Kontinuum als natürlichem Ordnungssystem. Alle gehen sie davon aus, daß ihre Ausgangsbasis die natürliche Wahrheit sei.
Man kann auch gar nicht anders. Wer seine Basis mit dem Zweifel belegt, daß sie nur auf einer Idee beruht, der bezweifelt zugleich seine Erkenntnisse. Aber der Mensch will und kann nicht in Zweifeln leben, er will wissen und macht sein Wissen zur Wahrheit; jede Philosophie, jede Weltanschauung, jede Wissenschaft und jeder Mensch auf seine Weise.

Der Übergang von der Physik zum Geist

Es ist wohl unbestritten, daß weder die Idee noch der Gedanke ein Produkt der Materie oder Energie seien; sonst müßte man das im Sinne des wissenschaftlichen Experimentierdenkens auch nachweisen können. Ideen sind Produkte des Geistes. Wenn diesem Medium des Denkens eine schöpferische Funktion zuerkannt werden kann und wenn dieses Medium andererseits außerphysikalischer Natur ist, dann müßten sich seine außerphysikalischen Qualitätsphänomene auch an der Grenze der Physik abzeichnen.

Denn alle Grenzen sind fließend. In den Grenzbereichen entstehen Ambivalenzen, welche die Begriffe von Tod oder Leben, Materie oder Energie, Tier oder Pflanze verwischen. Daß sich im kleinsten Elementarbereich die strengen Regeln der Kausalität, die sich in der so zuverlässigen technischen Physik so hervorragend bewährt haben, auflösen, einer statistischen Wahrscheinlichkeit weichen oder gar in der Umkehrung von Ursache und Wirkung gipfeln, ist ganz sicherlich kein typisches Qualitätsmerkmal der Physik, sondern eine Ambition, welche aus dem außerphysikalischen Jenseits in den Bereich der Physik hinüberwirkt.

Es ist bisher kein ernsthafter Versuch unternommen worden, den Geist in die Physik zu integrieren. Er ist auch nicht integrierbar. Selbst wenn wir nach der vorangegangenen naturphilosophischen Interpretation der Relativitätstheorie widerspruchslos anerkennen, daß das Raum-Zeit-Kontinuum ein Ordnungssystem ist, welches als Planung, Idee oder Gedanke nicht selbst physikalische Eigenschaften haben kann, so läßt sich der geistige Ursprung natürlich nicht nachweisen. Die Instrumente, mit denen man ein Objekt konstruiert hat, lassen sich an dem fertigen Objekt bestenfalls vermuten.

Ebensowenig, wie man Feuchtigkeit durch Wasser nachzuweisen vermag, läßt sich der Geist durch Geist beweisen.

Es wäre daher zu prüfen, ob und wie überzeugend sich die typischen außerphysikalischen Merkmale des Geistes an der Grenze der Physik abzeichnen. Man könnte sich zu diesem Zweck eines theoretischen Experimentes bedienen, dessen Resultate durch bereits geprüfte und

bewiesene Aussagen der Relativitätstheorie erhärtet werden.
Es betrifft den Grenzbereich der Lichtgeschwindigkeit, jenen Bereich, der von keinem materiellen Körper in der Praxis erreichbar und von keiner Energie, keinem Elementarteilchen und keinem Wirkungsquant überschritten werden kann.
Einstein selbst hat die hier bereits wiedergegebene Geschichte angeregt, in der ein Mensch mit Fast-Lichtgeschwindigkeit für ein Jahr durch das Universum reist und nach seiner Rückkehr feststellt daß auf Erden inzwischen 100 Jahre vergangen sind. Um dieses Ausmaß der Zeitschrumpfung zu erreichen, mußte er bereits 99,9 Prozent der Lichtgeschwindigkeit erzielt haben. Der Energieaufwand für eine so hohe oder gar noch größere Beschleunigung ist unvorstellbar groß. Vielleicht wäre er mit jenem Energiemaß vergleichbar, welches erforderlich ist, um eine riesige Sonnenmasse endgültig in den Zustand eines schwarzen Loches abkippen zu lassen.
Dennoch können wir theoretisch das Erreichen der Lichtgeschwindigkeit nach der Lorentz-Transformation hochrechnen und einmal durchspielen, was geschehen würde, wenn ein Raumschiff die Lichtgeschwindigkeit erreicht hätte.
Die Uhren würden dann stillstehen. Es würde also keine Zeit mehr fließen. In diesem Zustand gäbe es keine Vergangenheit, keine Gegenwart und keine Zukunft. Es würde die absolute Zeitlosigkeit herrschen, die Ewigkeit. In unserem Sprachgebrauch steht die Ewigkeit für etwas, das sich endlos langsam dahinzieht. Das ist nicht richtig! In der zeitlosen Ewigkeit sind Vergangenheit und Zukunft gleichzeitig. Das ist etwas Unvorstellbares, aber dennoch kennen wir bereits solche Zustände, obwohl sie uns nicht bewußt werden.
Wir haben diesen Zustand im Zusammenhang mit dem Traum erwähnt, wo wir in dem zeitlich undefinierbar

kurzen Moment des Erwachens uns einer langen Geschichte bewußt werden, von der wir glauben, sie im Schlaf erlebt zu haben. In Wirklichkeit hat aber der Geist unseres Bewußtseins einen ganzen Erlebenskomplex spontan erfaßt, muß ihn aber jetzt durch ein zeitliches Nacheinander erlebbar machen.

Erinnern wir auch an Schopenhauers Ausspruch: «Die Ereignisse dieser Welt sind ein gleichzeitiges Immer, durch das der Mensch kontinuierlich erlebend hindurchschreitet».

Vielleicht sollten wir auch in diesem Zusammenhang an jene aufsehenerregenden Hypnoseexperimente erinnern, in denen Medien in Zeiten vor ihre Geburt zurückversetzt werden. Sie tasten sich dann durch die Jahrhunderte, bis sie durch spontane Assoziationen aufmerksam werden. Sie empfinden und erleben dann ein menschliches Schicksal, an dem sie keineswegs als körperliche Person teilgenommen haben können. In diesen Zuständen – so die Erfahrung – sprechen sie fremde Sprachen oder Dialekte, die sie nie gelernt haben, oder beherrschen handwerkliche Fähigkeiten, in denen sie sonst völlig untalentiert sind.*

Betrachtet man das menschliche Erleben – so wie es in diesem Buch deutlich gemacht worden ist – als geistige Vorgänge, dann sind sie außerphysikalischer, raumzeitloser Natur, unvergänglich und können jederzeit wieder gegenwärtig sein.**

Da Raum und Zeit miteinander austauschbar sind, ist die Zeitdilatation untrennbar mit der Raumschrumpfung verbunden. Die Lorentz-Kontraktion verband die Raumschrumpfung mit der Massenzunahme, so daß hieran noch einmal die untrennbare Einheit von Raum, Zeit und Masse deutlich wird.

* s. Dethlefsen «Das Leben nach dem Leben», Gütersloh 1974.

** Ausführlichere Erklärung in Woltersdorf «Geist, Gehirn und Quanten», Stuttgart 1978, S. 154 u.f.

Wenn ein Raum unendlich klein geworden ist, bedarf es auch keiner Zeit mehr, um Entfernungen zu überbrücken, weil es diese Entfernungen dort nicht gibt. Andererseits hatten wir Anlaß, zu betonen, daß das Unendliche in der Physik nicht die Bedeutung eines Superlativs haben kann. Das unendlich Kleine ist damit als endloser Raum auch unendlich groß. Daher besagt die Lorentz-Kontraktion ausdrücklich, daß der Raum nur in Bewegungsrichtung unendlich klein wird, während in einer theoretischen Praxis die zeitlichen Räume nach wie vor unendlich groß sein müßten.

Wie ist dieser Widerspruch zu verstehen?

Nehmen wir deshalb einmal an, unser lichtschnelles Raumschiff hätte den Auftrag, sich zu dem fünf Lichtstunden entfernten Pluto zu begeben, von dort zum 30 000 Lichtjahre entfernten Zentrum der Milchstraße und als drittes zu einem hundert Millionen Lichtjahre entfernten Sternennebel!

Machen wir uns von dem Gedanken frei, daß eine Reise mit Lichtgeschwindigkeit zum 30 000 Lichtjahre entfernten Zentrum der Milchstraße mit Lichtgeschwindigkeit zwangsläufig 30 000 Jahre dauern müßte. Diese Zeit gilt nur für den auf der Erde ruhenden, messenden und wartenden Beobachter, während sich für das lichtschnelle Raumschiff der Raum ja auf unendlich klein verkürzt.

Setzen wir nun voraus, der Pluto, das Zentrum der Milchstraße und der Sternennebel lägen alle in derselben Richtung, so daß der Raum dorthin unendlich klein wird. Wie kann das lichtschnelle Raumschiff theoretisch überhaupt zum Pluto gelangen, ohne sich an ihm vorbei sogleich in seinem Endziel zu befinden? Müßte ein lichtschnelles Raumschiff in einem unendlich kleinen Raum nicht überall zugleich sein?

Hier geschieht tatsächlich etwas, das weder mit mathematischen Berechnungen noch mit der physikalischen Logik der Bewegung erklärbar ist. Die Bewegungsrichtung, in die man sich wendet, ist weder geografisch noch geometrisch zu verstehen. Es ist eine Zielprojektion, bei deren Gleichzeitigkeit von Hinwendung und Dasein der Entfernungsbegriff (in einem unendlich klein gewordenen Raum) entfällt. Man könnte den unendlich klein gewordenen Raum ja auch durch den Begriff der unendlich schnellen Bewegung ersetzen. Wir würden damit auch an jedem anderen Zielort in dem Augenblick eintreffen, in dem wir uns dorthin wenden. Diese Gleichzeitigkeit kennt kein Nacheinander und ist konsequenterweise so, daß man nicht mehr wissen kann, was zuerst da war, das Sichdorthinwenden oder das Dasein.

Es gibt kein physikalisches Medium, mit dem sich diese Bedingung erfüllen läßt, obwohl sich diese Bedingung aus grenzphysikalischer Theorie und Konsequenz ergibt. Aber wir kennen ein außerphysikalisches Medium, mit dem wir diese Bedingung jederzeit erfüllen, mit dem wir uns in dem Augenblick, da wir uns dorthin wenden, auch schon da sind; beispielsweise zu einem dreißig Jahre zurückliegenden Kindheitsereignis oder zu unserem noch ein Jahr entfernten nächsten Urlaub fernab auf den Bahamas. Keine zeitliche oder räumliche Entfernung kann uns daran hindern, jetzt dort zu sein. Die Zeitlosigkeit ist so perfekt, daß es zwischen Hinwenden und Dasein keinen Zeitunterschied gibt, ja, wir können nicht einmal erkennen und wissen, was zuerst da war, das Dasein oder das Daseinwollen. Diese Bedingung erfüllt der Geist.

So gesehen ist die Lichtgeschwindigkeit das absolute Ende der Physik. Es wäre unsinnig, nach Teilchen zu suchen, die als Tachionen Geschwindigkeiten von zwei Billionen Kilometer in der Sekunde erreichen können; denn Geschwindigkeiten sind ein Produkt aus Raum und Zeit, und wo diese beiden Komponenten unendlich sind, wird jede Bewegung unendlich schnell.

Aber dieser Geist, mit dem wir denken und wissen, ist zugleich der Vater unserer Handlungen; denn allem unse-

rem Tun geht das Planen und Denken voraus. Er ist zugleich der Vater allen Seins; denn nur das ist Realität, was wir als Realität erleben.
Der Geist ist in seinem Schaffen und Planen nicht beschränkt auf die Regelmäßigkeiten und Gesetzmäßigkeiten der von uns selbst geprägten naturwissenschaftlichen Weltordnung! Degradiert die altindische Philosophie des Wedanta unsere Welt als eine Illusion, so mag uns die Wahrheit, die sie damit ausspricht, empören; denn wir haben uns die Illusion zur Wahrheit gemacht, weil wir nicht mit dem Bewußtsein von Illusionen leben können. Dasselbe müssen wir aber auch jenen zuerkennen, welche mit dem Erleben parapsychischer Phänomene aus unseren Illusionen ausbrechen; denn auch sie können nur Wahrheiten erleben.

IV. PSI-Ursachen aus dem Jenseits der Wissenschaften

Natur- oder Geisteswissenschaft?

Was wir bei höher entwickelten Säugetieren als Neugier bezeichnen, ist beim Menschen zu einem Extrem ausgeprägt. Bereits nach dem dritten Lebensjahr lernt das Kind den Umgang mit der Vokabel Warum; und welche Antworten wir ihm auch immer geben mögen, so ist doch keine so erschöpfend, daß sie nicht noch eine weitere Frage nach dem Warum herausfordern könnte. Und gerade die dümmsten Fragen nach dem Warum sind für die Eltern am schwierigsten zu beantworten.

Früher, als wir noch nicht so modern aufgeklärt waren, endete die letzte Erklärung beim lieben Gott im Himmel und seinem unerforschlichen allmächtigen Willen, als Vater aller Dinge und Geschicke.

Im Verlaufe der Erkenntnisentwicklung der letzten drei Jahrhunderte hat die Naturwissenschaft die Erklärung der Zusammenhänge übernommen.

Ist die Religion davon ausgegangen, daß es einen ewigen und allmächtigen Gottschöpfer gibt, so haben wir in den letzten Kapiteln das naturwissenschaftliche Prinzip der Bezugssysteme dargelegt. Auch hier geht man letztlich nur davon aus, daß unser Beobachtungspunkt ein in sich ruhendes Bezugssystem sei. Und mehr noch: Wir haben uns den Zentimeter, das Gramm und die Sekunde als Orientierungssysteme angelegt, von denen wir zwar wissen, daß die Größen willkürlich gewählt sind, aber wir hatten letztlich doch nicht bedacht, daß Raum, Zeit und Masse unter bestimmten Bedingungen hoher Energieeinwirkungen zu unendlichen und daher nicht mehr meß- und rechenbaren Größen werden.

Sowohl im Glauben wie im Wissen gehen wir letztlich nur davon aus, daß etwas Angenommenes so sei; aber diese Ausgangsbasen haben wir so sehr in uns ingrammiert, daß wir sie hier wie dort als naturgegeben hinnehmen. Das ist kein Fehler, sondern notwendigerweise so,

weil wir nicht mit Erkenntnissen leben können, von denen uns bewußt ist, daß sie eigentlich gar nicht existieren. So behauptet die Naturwissenschaft von sich, daß sie die Natur richtig erkannt, ihre Gesetzmäßigkeiten entdeckt und diese in der einzig möglichen und richtigen Sprache der Mathematik formuliert habe.
Entdeckungen haben es aber ihrem Wesen nach an sich, daß man zufällig auf sie stößt. Entdeckungen nehmen keine Rücksicht auf Zusammenhänge und auch nicht auf die Notwendigkeit, zu einem bestimmten Zeitpunkt entdeckt zu werden.
Was die Naturwissenschaft aber auszeichnet, ist ihre kontinuierliche Entwicklung in kleinen Schritten. Sie hat «entdeckt», was zur Entdeckung reif war und gefunden, was sie zu finden erwartet hatte.
Die Technik liefert ein deutliches Beispiel für diese Kontinuität; denn die Technik beruht im Wesentlichen darauf, die naturwissenschaftlichen Erkenntnisse zu praktizieren. So war es undenkbar, einen Elektromotor zu erfinden, bevor die Elektrizität entdeckt wurde.
Gewiß ist diese Technik nicht der Natur entwachsen. Dem Werk ist die Konstruktion, der Konstruktion die Planung und der Planung die Idee vorausgegangen. Aber auch diese Idee hat nur denken und realisieren können, was die erkannten Naturgesetze und Theorien erlaubten. Haben aber diese Naturgesetze tatsächlich schon immer in der Natur geschlummert und darauf gewartet, von uns entdeckt zu werden, um sich dann in einer komplizierten Technik darstellen zu können?
Was hat den erfolgreichen Strategen Napoleon daran hindern können, seine Feldzüge bereits mit Panzern, Flugzeugen und Raketen zu führen? Alles war schon immer da, die Materie, die Energie und die Gesetzmäßigkeiten, nach denen man beides in diesem Sinne handhaben könnte. Nichts ist in den letzten 200 Jahren vom Himmel gefallen, was es erst unserer Generation ermöglichte, so

fortschrittlich zu sein, wie wir sind. Was macht diesen Fortschritt aus? Hat die Natur ihn offenbart und geliefert? Oder hat der Mensch ihn ersonnen?

Die Naturwissenschaft ist nicht auf Entdeckungen aus, sondern forscht, und der Begriff des Forschens beinhaltet bereits eine Zielgerichtetheit. Man sucht nicht planlos, sondern gezielt, man sucht Bestätigungen für bereits vorgefaßte Hypothesen oder Theorien. Man sucht etwas, das man in seinen Einzelheiten, Wirksamkeiten und Regelmäßigkeiten bereits kennt.

Wir haben hier wie in der Evolution eine Entwicklungsgeschichte entworfen, durch die sich der rote Faden der Kontinuität hindurchzieht. Es ist dieselbe Kontinuität, wie sie auch unser Lernen und unsere persönliche Geistesentwicklung kennzeichnet. Erst lernen wir einzelne Buchstaben, dann Worte und ganze Sätze. Wir beginnen mit einfachen Zahlen und Additionen, bevor wir in die höhere Mathematik vorstoßen können.

Offenbart sich die Natur ebenfalls in einer solchen Kontinuität der kleinsten Schritte? Gewiß nicht! Erinnern wir an den Neuseeländischen Glanzkuckuck, der, ohne jemals mit seinen Eltern Kontakt gehabt zu haben, seine Geographie und seine Navigation einfach komplex beherrscht und das kleine Inselchen im Bismarckarchipel über 6000 Kilometer Entfernung findet, um dort erstmals seine Eltern kennenzulernen. Für uns Menschen wäre das ein unfaßbares Wunder, weil nach unserem Wissen alle Erfahrungen und Erkenntnisse aus lauter kleinen Schritten erarbeitet werden müssen.

Und so wäre es auch ein Wunder, wenn Napoleon schon Panzer, Flugzeuge und Raketen gebaut hätte, ehe sich diese geistige oder ideelle Entwicklung zu den notwendigen Erkenntnissen vorangearbeitet hätte. Nicht die Offenbarungen der Natur, sondern die geistige Entwicklung schafft den Stand des Könnens.

Wo aber lag der Beginn der Entwicklung? Der erste entscheidende Gedanke, der nach dem Prinzip der Kontinuität bereits den Trend der Entwicklung abzeichnete? Gewiß waren es kein Steinbeil und keine Lanze; denn auch Tiere können sich solcher überall in der Natur herumliegender Gegenstände als Werkzeug bedienen.

Aber mit dem vielzitierten Rad könnte der Grundstein für unsere technische und geistige Entwicklung gelegt worden sein; denn ohne Rad hätte es keinen Karren und keinen Wagen gegeben. Es war die Voraussetzung für Wasser- und Windmühlen, für Seilwinden und Schöpfräder. Und ohne Rad hätte es keine Zahnräder, keine Transmissionen und keine Getriebe gegeben. Sie waren die Voraussetzung für unsere Mechanisierung und Industrialisierung und forderten die technische Wissenschaft von der Mechanik heraus. Mechanik war wiederum die erste Disziplin der Wissenschaft Physik, aus der sich dann wie ein Baum der Erkenntnis die vielfältigen Physikdisziplinen aufgebaut haben.

Aber dieses Rad konnte man in der Natur nicht entdecken. Kein Lebewesen und keine Pflanze bedient sich eines Rades, dessen wesentliches Merkmal in der Mittelachse und der Kreisform besteht. Das Rad war eine echte menschliche Erfindung, eine geistige Leistung. Niemand vermag zu sagen, ob und wie sich unsere Naturwissenschaft Physik ohne dieses Rad jemals entwickelt haben würde. Noch heute gibt es isoliert lebende Naturvölker, die kein Rad kennen und natürlich auch keine Naturwissenschaft entwickelt haben.

Das Rad war eine Erfindung wider die Natur, aber sicherlich eine entscheidende Ausgangsbasis für unsere Naturwissenschaft, von der wir glauben, daß sie die einzig mögliche und richtige Methodik ist, die Natur richtig zu erkennen und zu beschreiben. Es läßt sich auch so formulieren, daß dieses ohne oder wider die Natur erfundene Rad eine Geistesentwicklung initiiert hat, welche kontinuierlich und in kleinen Schritten zu unserem heutigen

naturwissenschaftlichen Weltbild geführt hat. Und unter Berufung auf diese Naturwissenschaft nehmen wir die Natur als Vorbild für unsere Idealismen. Wir sprechen von dem freien Spiel der natürlichen Kräfte, die zu der harmonischen Ausgewogenheit der wundersam und perfekt organisierten Natur geführt hat. So lehrt der dialektische Materialismus die Notwendigkeit, diese Natur und ihre Automatismen gründlich zu studieren und zu erforschen und diese Erkenntnisse auf unsere menschliche Gesellschaft und Ökonomie anzuwenden. Je weniger wir durch Egoismen, durch machtstrebende Ausbeutung und Unterdrückung des Menschen durch den Menschen in die Natur unserer Gesellschaft eingreifen, je mehr wir die Entwicklung dem freien Spiel der Kräfte überlassen, desto eher wird auch an uns jene ausgewogene Harmonie vollzogen, die wir in Freiheit, Gleichheit und Brüderlichkeit als das Paradies auf Erden erstreben.
Was jedoch die Naturwissenschaften in der Formulierung der Naturgesetze ausdrücken, ist alles andere als das. Hier werden vielmehr die experimentellen Bedingungen und Voraussetzungen beschrieben, unter denen die Kräfte und Energien eine voraussagbare Wirkung erzielen. Die freien Kräfte können also in unserem Sinne nur dann etwas Sinnvolles leisten, wenn sie streng reglementiert, also jeder Freiheit beraubt sind.
Und unsere Technik kann nur dann sinnvoll und zielgerichtet funktionieren, wenn die Kräfte apparativ so streng reglementiert sind, daß sie gar keine Chance haben, etwas anderes zu leisten und zu tun, als wir es wollen. Jede Freiheit in Form einer mangelhaften Isolierung, einer falsch berechneten Statik oder einer unzureichenden Dichtung würde die Kräfte der Natur immer nur dazu ausnutzen, sich von ihren Zwängen und Reglementierungen zu befreien und den Apparat zu zerstören.
Je größer das System von Freiheiten, desto größer die Unordnung und Zerstörung.

Nirgendwo in der Natur hätten die Kräfte in ihrem freien Spiel von sich aus jemals etwas konstruiert oder aufgebaut, was in unserem technischen Denken sinnvoll sein könnte. Haben wir damit begonnen, uns ein Haus zu bauen, würden die Naturkräfte keinen einzigen Stein sinnvoll aufeinander setzen. Im Gegenteil: Die Natur wird unsere Technik immer nur zerstören, wenn wir diese nicht vor der Natur schützen.

Ist die Grundidee, welche unsere Naturwissenschaft initiiert und motiviert hat, keine wirkliche Entdeckung, sondern eine Erfindung, so sind auch alle Folgeerkenntnisse, die sich mit Hilfe der geistigen Kontinuität darauf aufbauen, ebenfalls keine Entdeckungen, sondern von der Natur unabhängige geistige Gewächse aus einem geistigen Samen. Die Natur, die wir damit zu erforschen geglaubt haben, liefert nur das Areal, in dem sich unsere Ideen realisieren lassen.

Hier zeigt sich wieder wie bei dem relativistischen Bezugssystem, daß wir in der Unbegreifbarkeit der «Natur an sich» nur eine willkürlich gewählte Ordnung geschaffen haben. Es ist aber nur eine Ordnung von unendlich vielen anderen Möglichkeiten; denn die Ordnung der Termiten und Affen, der Heringe, Schwalben und Schildkröten ist ebenso richtig oder falsch wie die unsrige.

Es ist daher nicht verwunderlich, wenn wir mit unserer, die Natur erklären wollenden Naturwissenschaft an eine Grenze stoßen, an der wir wieder jenem Medium begegnen, mit dem wir zu erkennen begonnen haben, dem Geist. Betrachten wir daher die Naturwissenschaft als eine Geisteswissenschaft, dann sind wir der Natur näher; denn in ihr gibt es kein Unmöglich. Die Grenzen des Machbaren werden nicht durch die Natur gezogen, sondern durch unser Denken; denn was wir erdenken können, vermögen wir letztlich auch zu realisieren.

Kraft, Geist und PSI-Phänomene

Die Physik hatte sich einst als die Lehre von den Kräften etabliert, aber was sie bis herunter zum kleinsten Wirkungsquant erforscht hat, betrifft die Energien, während das Wesen der Kräfte bisher von jedem tieferen Eindringen verschont blieb.

Kraft ist nur die Fähigkeit, Arbeit leisten zu können. Sie ist ein Potential, das irgendwo als ruhend angenommen wird. Was wir trotzdem an Kräften messen, ist im Wesentlichen die Schwerkraft, die durch Massenkörper im Gravitationsfeld verursacht wird. Und diese Gravitation oder Schwerkraft ist immer noch das große Geheimnis der Physik, das noch auf seine Enträtselung wartet.

Eine Kraft ist auch jene hier bereits ausführlich behandelte Kernkraft, von der es einfach unvorstellbar ist, wie sie in der Größenordnung von 33 Millionen PS unmerklich zahm und gebändigt in einem einzigen Kupferpfennig ruhen soll.

Erstaunliche und unerklärliche Kräfte besitzen auch viele Insekten, die oft das Mehrfache ihres Eigengewichtes über relativ große Strecken zu transportieren vermögen. Eine erst zwei Monate alte Schwalbe gar vermag in einem Non-Stop-Flug über 9000 Kilometer aus unseren Breiten bis nach Südafrika zu fliegen. Dabei verbraucht sie allerdings fünf Gramm Fett. Fett hat denselben Kalorienwert wie Benzin. Sollte man versucht sein, die Umsetzung dieser Kalorienwerte für eine solche Flugleistung ursächlich zu machen, dann könnte man böse Überraschungen erleben, wenn man mit einem adäquaten flugtechnischen Apparat mit optimaler Energieausnutzung dasselbe zu erreichen glaubt. Nicht einmal einen Bruchteil dieser Strecke würde man unter gleichen technischen Bedingungen mit nur fünf Gramm Benzin überwinden.

Ursprünglich abgeleitet wurde jedoch die Kraft von unserer Muskelkraft, die uns vom kraftlosen Säugling bis zum austrainierten Mann erwächst. Diese Kraft ist unser Potential. Sie ist sogar meßbar, wenn wir an eigens dafür konstruierten Geräten unsere Kraft in Leistung umsetzen. Aber wo und wie ruht unsere Muskelkraft, wenn wir mit entspannten und schlaffen Muskeln schlafen? Warum können wir an einem Tag spielend leicht ein Gewicht von fünfzig Kilogramm heben, während wir zu einem anderen Zeitpunkt unter gleichen äußeren Bedingungen unter einer solchen Last einfach zusammenbrechen?

Wem ist es nicht schon passiert, daß er nach einem anstrengenden Tag so erschöpft und müde ins Bett fällt und überzeugt ist, daß keine «zehn Pferde» ihn jetzt noch zu irgendeiner Arbeitsleistung bewegen könnten. Aber dann kommt eine Alarmmeldung: Es brennt. Oder ein Kind ist in großer Gefahr. Verflogen ist dann alle Erschöpfung und Müdigkeit, und der völlig erschöpfte Körper ist nochmals in der Lage, ein ganzes Tagespensum an Leistungen zu vollbringen.

Wer hat nicht schon zugeschaut, wenn zwei Fußballmannschaften bis zum Umfallen gegeneinander um einen wichtigen Sieg gekämpft haben! Dann hat eine Mannschaft schließlich gewonnen, und diese ist nun in der Lage, mit großen Freudensprüngen noch ein paar Ehrenrunden um das Stadion zu laufen, während die geschlagene Mannschaft sich erschöpft zu Boden fallen lassen muß. Hätte die andere Mannschaft gewonnen, wäre es umgekehrt.

Vielleicht ließe sich in aufwendigen Analysen beschreiben, daß die einen Erschöpften im Gegensatz zu den anderen noch in der Lage waren, letzte Kraftreserven zu mobilisieren, und vielleicht ließen sich auch noch bestimmte Stoffwechselvorgänge mit Energiegewinn nachweisen. Aber das wären immer nur beobachtete Begleiterscheinungen, während sich die entscheidende Motivation weder durch Chemie noch Physik beschreiben oder erklären läßt.

Was wir mit der Physik erfassen, sind die Leistungen und Energien. Diese können nur aus einem Kraftpotential entstehen. Die Kraft ist also die Energiequelle. Aber eine Kraft kann über lange Zeit, selbst über Jahrmilliarden, einfach vorhanden sein, ohne jemals als Leistung oder Energie zu wirken – wie zum Beispiel die Kernkraft in einem uralten Stück Eisen oder das Kräftepotential in einem still ruhenden See, dessen Wasser niemals eine Mühle betrieben haben. Die Energie ist also von der Kraft, aber die Kraft nicht von der Energie abhängig, obwohl das eine wie das andere ebenso ein Nichts wäre wie Materie ohne Energie.
Können wir mit technischen Hilfsmitteln aus «toter» Materie Energie gewinnen und hier unter Anwendung der Naturgesetze sogar genaue Voraussagen über Art und Größe der Leistung machen, so würde diese Gesetzmäßigkeit und Kausalität bei einem lebenden Körper versagen.
Ob und wie ein Mensch sein Kräftepotential in Leistungen umsetzt, unterliegt Kriterien, die sich jeder regelmäßigen Voraussagbarkeit entziehen. Wir sprechen hier von einer Motivation oder einem Willen, ohne sagen zu können, wie ein Wille motiviert wird.
Besinnen wir uns auf das Kapitel über den Schreck und seine Konsequenzen, in dem wir die Kontinuität eines Denk- und Erlebensvorganges nachvollzogen haben: Der jetzige Gedanke wurde bereits durch den vorherigen eingeleitet und zeichnet auch schon die Richtung des nachfolgenden Gedankens auf. Wir denken und erleben nur in solchen kontinuierlichen Folgen, ohne aus eigenem Antrieb oder Wollen diese Kontinuität abrupt unterbrechen und in eine andere Richtung lenken zu können. Diese Kontinuität haben wir keineswegs dem naturwissenschaftlichen Raum-Zeit-Kontinuum entnommen, sondern vielmehr umgekehrt in die Art des naturwissenschaftlichen Denkens hineingelegt.

Aus diesem Denken entsteht auch das Wollen; denn das jetzt Gewollte ist ein Resultat des zuvor Gedachten. Äußere Einflüsse sind zwar in der Lage, Übergänge in andere Richtungen einzuleiten, aber wir können ebensogut diese äußeren Einflüsse ignorieren, sie einfach gar nicht wahrnehmen. Sie zwingen uns nicht, wenngleich sie uns motivieren können.

Wir haben ferner beschrieben, daß und wie unser geistiges Erleben untrennbar verbunden ist mit der Assoziation, welche das Jetzt durch vergleichende Erinnerungen oder Erfahrungen zu einem bewußtheitlichen Erkennen gestaltet.

Auch diese Erfahrungen oder Erinnerungen sind ein Potential, das wir uns im Laufe unserer Entwicklung ebenso aufbauen wie das Kräftepotential. Und dieses Potential ist ebensowenig lokalisierbar wie die Kraft an sich, die Kernkraft, die Gravitation oder unsere Fähigkeit, Arbeit leisten zu können.

In diesem Assoziationspotential wirken aber nicht nur die bewußt gelernten Erfahrungen und Erinnerungen, sondern auch die verdrängten und in unserem Bewußtsein nicht mehr existierenden Ingramme aus frühkindlichem Erleben. Hinzu kommt die unfaßbare Welt der Stimmungen und Gefühle, die aus den jeweiligen innersekretorischen Zuständen vorwiegend über die Hypophyse in den Assoziationsprozeß eingespielt wird.

Wir fassen diesen gesamten Komplex der Empfindungen, Stimmungen, Gefühle und der ins Unterbewußtsein verdrängten Erlebensinhalte unter dem Begriff der Seele oder Psyche zusammen.

Aus dieser Komponentenvielfalt erwächst jene Motivation, welche das Denken und das Wollen bestimmt. Hier gibt es im naturwissenschaftlichen Sinne weder eine Kausalität noch eine Regel- oder Gesetzmäßigkeit, nach der unter gleichen Voraussetzungen und Bedingungen auch ein gleiches, voraussagbares Resultat eintreten muß;

denn hier wirken rein geistige, außerphysikalische Faktoren.
Es sind aber primär diese als Wille geäußerten Denk- oder Erlebensresultate, welche das Kräftepotential aufbauen, aktivieren und organisieren, um sie in Leistungen umzusetzen. Erst diese Leistungen sind beobachtbar und meßbar, während sich alles andere, was diesen Leistungen vorausgeht, keiner naturwissenschaftlichen Methodik und Systematik unterwerfen läßt.
Es wäre also unrichtig, die Kraft zusammen mit der Energie als eine Domäne der Physik zu handhaben und den Geist als ein philosophisches oder gar romantisches Axiom ins außerphysikalische Abseits zu stellen; denn vielmehr ist die Kraft als Potential und Fähigkeit, Arbeit leisten zu können, untrennbar verbunden mit dem Wesen des Geistes, der diese Kraft zielgerichtet und sinnvoll organisiert und aktiviert.
Und wenn im Bereich der physikalischen Energien jede Energie unter bestimmten Voraussetzungen in jede andere umgewandelt werden kann, dann stellt sich die Frage, ob nicht auch die Kraft ein einheitlicher Komplex ist, aus dem jede Art von Wirkungen unter bestimmten Voraussetzungen organisiert und aktiviert werden kann. Das Kraftpotential unseres Körpers jedenfalls hat vielfältige Möglichkeiten, etwas zu leisten. Auch geistige Arbeit.
Bringen wir in diesem Zusammenhang noch einmal das Hypnose-Experiment mit Timmermann ins Spiel, so hat er mit seiner geistigen Überzeugung unmittelbar an der Quelle von Kraft und Energie, im atomaren und molekularen Verhalten seiner Körpermaterie, einen chemotechnischen Prozeß eingeleitet, der sich über die strengen Kausalitäten naturwissenschaftlicher Gesetzmäßigkeiten hinweggesetzt hat. Timmermann hat sie «außer Kraft» gesetzt. Mit anderen Worten: Er hat seine augenblickliche Überzeugung realisiert.

Realisieren wir nicht ständig unsere Überzeugungen? Sind nicht Naturwissenschaft und Technik letztlich auch nichts anderes als die Realisierung von Ideen, die wir erst durch überzeugendes Wissen realisierbar gemacht haben? Mit dem Wissen der Wissenschaft haben wir uns nur eine allgemeingültige Norm, das «Normale» geschaffen, mit dem wir normalerweise auch unseren eigenen Willen und unser Assoziationspotential motivieren.
Das kann aber nicht ausschließen, daß auch andere Überzeugungen, ein anderes spontanes «Wissen» nicht ebenso realisierbar sind wie das Normale, so daß die Spontanerlebnisse von Telekinese, Spuk, Telepathie und Hellsehen schließlich nichts anderes sind als das Ausbrechen aus dem Normalen.
Denn hier wie da sind Geist und Kraft in ihren außerphysikalischen, raum-zeit-losen Eigenschaften die Quelle *allen* Seins, Erlebens und Geschehens, wobei der Geist die ideelle und die Kraft die potentielle Gestaltung vollziehen.

Kleines lexikalisches Register

Additionstheorem
Eine von *Einstein* vorgelegte mathematische Formel, welche die Addition hoher Geschwindigkeiten regelt:

$$V_0 = \frac{V_1 + V_2}{1 + \frac{V_2 \times V_1}{c^2}}$$

Hierin bedeutet V_1 die Geschwindigkeit des einen und V_2 die Geschwindigkeit des anderen Körpers. C^2 ist die Lichtgeschwindigkeit mit sich selbst multipliziert. Demnach würden zwei Raketen, die sich mit einer Geschwindigkeit von V_0 je 200 000 km/sec begegnen, zueinander eine Gesamtgeschwindigkeit V_0 von nur 275 000 km/sec besitzen. S. 280.

Akausalität
Die Aufhebung oder Umkehrung der Reihenfolge von Ursache und Wirkung. Parapsychische Phänomene sind z. B. akausal, weil sie dem Gesetz der *Kausalität* widersprechen. S. 21, 51.

Aksakof
Russischer Staatsrat, der 1894 durch Berichte über Geisterfotografie und Dematerialisierung menschlicher Körper Aufsehen erregte. S. 17.

Aphasie
Sprachverlust durch Verletzungen oder Erkrankungen des Sprachzentrums im *Kortex*. Man unterscheidet motorische Aphasie (Unfähigkeit, sprechen zu können) und sensorische Aphasie (Unfähigkeit, geschriebene oder gesprochene Sprachen zu verstehen). S. 110 ff.

Assoziation
Psychologischer Begriff für die Einordnung von Wahrnehmungen durch Vergleiche aus Erfahrung oder Erinnerung. Durch A. erhalten die Wahrnehmungen einen Sinngehalt, der nur im Rahmen des Erfahrungspotentials gestaltet werden kann. S. 105, 178, 185 ff., 219, 295, 310.

Astrologie
Aus dem Altertum stammende Sternkunde, die vordergründig die Sternenbewegungen im Zusammenhang mit (menschlichen) Schicksalen deutete und lehrte. Aus der Astrologie ist die Astronomie hervorgegangen. S. 28.

Atom
Kleinste Elementareinheit der Materie, die sich aus den massebildenden *Nukleonen* und den das Volumen bildenden *Elektronen* zusammensetzt. Im Prinzip erklären sich die Eigenschaften der Materien aus der quantitativen Anordnung der Nukleonen und Elektronen. S. 47, 98, 167, 223, 231, 240, 247 ff.

Bechterew
Wladimir (1857–1928), russischer Neurologe, bekannt durch die nach ihm benannte Wirbelsäulenkrankheit. B. war aus eigenem Erleben von der Realität der *Telepathie* überzeugt und führte sie auf elektromagnetische Funktionen zurück. S. 43.

Bios
Kunstname (bios = Leben), mit dem eine angenommene Existenz von Seelenkräften bezeichnet wird, die u. a. für die parapsychischen Phänomene ursächlich sein soll. S. 20, 46.

Bruno
Giordano, 1548–1600, italienischer Philosoph, vertrat die Lehre des Kopernikus in einer neuplatonischen Renaissance. Starb 1600 auf dem Scheiterhaufen. S. 15.

Croiset
Zeitgenössisches Medium, das vielfach dem holländischen Institut für Parapsychologie (Utrecht) unter Prof. Tenhaeff zur Verfügung steht. C. gilt als beständiges und zuverlässiges Medium für Hellsehen und Präkognition mit nachweisbaren Erfolgen beim Auffinden Vermißter. S. 31.

Dendriten
Feinste Endverästelungen der Nervenzellen. S. 195.

DNS
Desoxyribonucleinsäure (auch DNA), chemische Bezeichnung für das doppelspiralige Riesenmolekül, das sich als Kern in jeder pflanzlichen und tierischen Samen-, Ei- und Körperzelle befindet und nach allge-

meiner Auffassung durch bestimmte Aminosäuresequenzen den Bau- und Steuerungsplan des Belebten enthält. S. 99, 158 ff., 273.

Douglas-Home
Daniel, Schotte, erregte 1868 durch *Levitations*vorführungen vor namhaften Persönlichkeiten großes Aufsehen. S. 16.

Dualismus
Zweifache Erscheinungs- und Wirkungsform derselben Sache. In der Physik z. B. Magnetismus und Elektrizität, Materie und Energie, insbesondere aber auf das Wirkungs*quant*, angewandt als dualistische Einheit von Partikel und wellenfömiger Bewegung. S. 196, 273.

Eccles
John, Sir; zeitgenössischer englischer Gehirnwissenschaftler, Nobelpreisträger. S. 109, 113.

Eigen
Manfred, Direktor des Max-Planck-Institutes für Biophysikalische Chemie in Göttingen, Nobelpreisträger, besonders hervorgetreten durch sein Buch «Das Spiel», in dem er mit Hilfe statistischer Modellversuche die Möglichkeit der Entstehung des Lebens aus unbelebter Materie durch Zufall zu erklären versucht. S. 161.

Einstein
Albert, 1879–1955, Nobelpreisträger, Begründer der *Relativitätstheorie.* E. erarbeitete seine Theorien am Schreibtisch, ohne dazu jemals ein Laboratorium betreten zu haben, und erklärte, daß die Fortsetzung der experimentellen Beweiskette jenseits der Relativitätstheorie nur durch die Logik erfolgen können. S. 68, 239, 253, 273 ff.

Elektron
Masseloses Elementarteilchen, das durch seine kreisende Bewegung um den *Atom*kern das Volumen der Materie (Atomhülle) bildet. Das E. ist Ursache und Träger der elektrischen Energie. S. 47, 98, 165 ff., 224 ff.

Elementarlänge
Die Raumgröße von 10^{-13} cm, von der angenommen wird, daß sie die Grenze der körperlichen und räumlichen Kleinstheit darstellt. Der Radius von Elektronen und Nukleonen beträgt 10^{-13} cm. Ebenso wirken die Kernbindungskräfte nur bis zu diesem Abstand. Im Bereich der E. werden die Ereignisse ungenau und sogar *akausal.* S. 140, 256, 283.

Endokrinsystem
Von endokrin, das Innere betreffend. Das E. umfaßt das körperinnere, nicht durch Bewußtsein steuerbare innersekretorische und nervale Geschehen. Das E. steht über die *Hypophyse* direkt mit dem Unterbewußtsein des *Thalamus* in wechselwirksamer Verbindung. S. 174 ff., 194, 202.

Enzephalogramm
Ein durch Meßapparate aufgezeichnetes Bild über Gehirnströme. Durch Anlegen empfindlicher Elektroden an die Gehirnhaut (Enzephalon) werden Hirnströme aufgefangen und aufgezeichnet, um aus deren Wellenbild auf Störungen zu schließen und diese zu lokalisieren. Ein direkter Zusammenhang zwischen Erlebensinhalten und Hirnströmen besteht nicht. S. 190, 192, 215.

Feuerbach
Ludwig, 1804–1872, Philosoph, Schüler Hegels, veröffentlichte 1841 «Vorläufige Thesen zur Reform der Philosophie», nahm damit Einfluß auf die Hegelsche «Linke», Marx, Engels und Lenin und den von diesen entwickelten *Materialismus* und dialektischen Materialismus. S. 40.

Frequenz
Die Häufigkeit der Schwingungen einer Welle in einer Sekunde. Aus F. und Wellenlänge ergibt sich die Ausbreitungsgeschwindigkeit einer Energiewelle. S. 131, 144.

Galilei
Galileo, 1564–1642, Universalwissenschaftler, koordinierte Astronomie und Mechanik und begründete die Ausschließlichkeit der Naturbeschreibungen durch mathematische Formulierungen. S. 19, 37 ff., 226, 244.

Geller
Uri, zeitgenössischer israelischer Showmann, der 1974 durch psychokinetische Vorführungen (Gabelbiegen) eine umstrittene PSI-Welle auslöste. S. 53 ff.

Gravitation
Ein im ganzen Universum angenommenes Kraftfeld, das bei Vorhandensein von (stellaren) Massen Schwerkraftfelder erzeugt, die als gegenseitige Massenanziehung wirken. Das Wesen der Gravitation ist bis heute ungeklärt. S. 45, 52, 229, 246 ff., 256, 287.

Guerricke
Otto, von, 1602–1668, Bürgermeister von Magdeburg, erfand die Luftpumpe und führte die Wirkung des Vakuums am Beispiel der «Magdeburger Halbkugeln» vor. S. 236.

Heisenberg
Werner, 1901–1976, Mitbegründer der Quantenmechanik, Nobelpreis für Physik 1936, legte die Grenzen des Meß- und Bestimmbaren fest (Unbestimmtheitsrelation und quantitative Statistik). S. 50, 224, 288.

Hypnose
Künstlich herbeigeführter Zustand des Unbewußtseins (griech.: hypnos = Schlaf). Der Hypnotisierte zeigt jedoch alle Funktionen und Merkmale des Wachzustandes, erlebt hingegen außerhalb seines Bewußtsein seine Umwelt gemäß dem Rapport des Hypnotiseurs. Selbst Naturgesetze können unter dem Einfluß der Hypnose ihre Wirksamkeit verlieren. S. 18, 95 ff., 143 ff., 214 ff., 295, 311.

Hypophyse
Hirnanhangdrüse am unteren Ende des Hypothalamus. Sie unterteilt sich in Neurohypophyse (nervaler Teil) und gilt als Zentralsteuerung des gesamten Endokrinsystems mit einer unmittelbaren Informations-Wechselwirkung mit dem *Thalamus.* Die H. vermittelt innersekretorische Zustände als Gefühlswelt in den Erlebensbereich. S. 173 ff., 310.

Instinkt
Angeborene Verhaltensweisen, deren Gen-Abhängigkeit nicht nachgewiesen ist. Während Triebe einen organbedingten Verhaltenszwang ausüben, steuern Instinkte das Wie des Verhaltens. Instinkte können nicht aberzogen werden und sind oft unabhängig von äußeren oder organischen Anlässen. I. sind ein nichtgelerntes Können und Wissen, welches alle Verwandte derselben Art früherer oder späterer Generationen gleichermaßen beherrschen. S. 113, 155, 187, 215.

Intuitionen
Spontane, gefühlsmäßige und von der Bewußtseinslogik unabhängige Eingebungen des Menschen, die oft mit Instinkt verwechselt werden, weil sie aus einem unkontrollierbaren Unterbewußtsein stammen. S. 113, 144.

Interferenz
Die Überlagerung zweier oder mehrerer Energiewellen gleicher Phaseneigenschaften (Wellenlänge, Amplitude, Frequenz). Bei I. wechselt das Energiewirkungsbild von Energieverdoppelung bis zur Wirkungsaufhebung an verschiedenen Zeitorten, abhängig davon, ob sich Wellenberg auf Berg oder Wellenberg auf Tal überlagert. S. 195 ff.

Ionen
Atome oder Moleküle, deren Ladungsverhältnisse zwischen negativen *Elektronen* und positiven *Protonen* nicht ausgeglichen sind. Man spricht von negativen (ein Elektron zuviel) und positiven (ein Elektron zuwenig) Ionen. S. 165 ff.

Kausalität
Prinzip der Logik, wonach jede Wirkung nur eine bestimmte Ursache und jede Ursache eine voraussagbare Wirkung haben kann, so daß sich alle Ereignisse in einer logischen Raum-Zeitfolge von Ursache und Wirkung bewegen und entwickeln. S. 51, 68, 162, 182, 229, 238, 288 ff.

Kernfusion
Die Verschmelzung von kleineren zu größeren Atomkernen. Bei dem Kernfusionsprozeß der Sonne werden vier Wasserstoffkerne zu einem Heliumkern verschmolzen. Weil jedoch die Masse eines Atomkerns stets kleiner ist als die Summe seiner Einzelteile, entsteht ein *Massendefekt.* Die dabei verlorengehende Masse wird in (Sonnen-)Energie verwandelt. S. 247 ff., 274.

Kernkraft
Die Kraft, welche zwei oder mehrere *Nukleonen* zu einem Atomkern verschweißt und bei einer Spaltung der Nukleonen frei wird. Die Kraft, welche zwei Nukleonen miteinander verbindet, hat die Größe von 1870 Megaelektronenvolt; folglich wird jedem Nukleon ein Massen-Energie-Äquivalent von 935 Megaelektronenvolt zuerkannt. S. 52, 256, 262, 272, 307.

Koinzidenz
Der Zusammenfall, hier gebraucht im Zusammenhang mit der *Assoziation,* wobei die sinnesorganische Anregungsenergie mit einer vergleichenden Erinnerung zu einem Wahrnehmungsinhalt koinzidiert. Dabei fällt das Bewußtsein eine kritische Wertung über die Harmonie der beiden Koinzidenzpartner. S. 195 ff.

Kopernikus
Nikolaus, 1473–1543, Astronom, schuf mit der Beschreibung der Planetenbewegung ein neues «heliozentrisches» Weltbild, in dessen Mittelpunkt nicht mehr die Erde, sondern die Sonne steht. S. 19, 39, 288.

Kortex
Die Großhirnrinde, eine knapp 1 mm dicke Schicht höchster Konzentration von Nervenzellen, welche die stark gefaltete Großhirnmasse zur Hirnhaut hin abdeckt. Sie ist das Feld unserer bewußtheitlichen Wahrnehmungen und Reaktionen, in dem uns die Lokalisierung der einzelnen Funktionen recht genau bekannt ist. S. 103, 145, 157, 179, 204 ff.

Kulagina
Russin, welche als Medium unter Prof. *Wassiliew* in Leningrad hohe Begabungen für *Levitation* und *telekinetische* Phänomene bewies. Nach dem Tod von Wassiliew wurde von offizieller Seite behauptet, ihre Fähigkeiten hätten nur auf Betrug basiert. S. 229.

Levitation
Begriff aus der Parapsychologie, welcher die Fähigkeit beschreibt, die Schwerkraft für sich oder für Gegenstände aufzuheben und Schwebezustände herbeizuführen. S. 13, 228 ff.

Lorentz
Hendrik-Anton, 1853–1928, holländischer Physiker, hier besonders erwähnt im Zusammenhang mit der *Lorentz-Transformation.* S. 268, 295.

Lorentz-Transformation
Mathematische Formulierung des holländischen Physikers Lorentz, welche das Verhalten eines Körpers beschreibt, den man aus dem Ruhezustand bis auf Lichtgeschwindigkeit beschleunigt. Die L. war eine wesentliche Ausgangsbasis für die spätere Einsteinsche *Relativitätstheorie.* S. 268 ff., 294.

Loyola
Ignatius von, 1491–1556, Begründer des Jesuitenordens und einer strengen Glaubensdisziplin, wurde 1622 heiliggesprochen. Ihm wurden *Levitations*fähigkeiten in religiöser Ekstase nachgesagt. S. 16.

Massendefekt
Ein beim Zusammenschluß von kleineren zu größeren Atomkernen (Kernfusion) entstehender Massenverlust, dessen Entstehungsursache letztlich nicht erklärt werden kann. Aus diesem Massenverlust wird Kernfusionsenergie gewonnen. Der M. beruht auf der Erfahrung, daß die Masse eines Atomkerns kleiner ist als die Summe seiner Einzelteile. Es ergibt sich hingegen, daß die größere Summe der Einzelteile wieder vorhanden ist, wenn der Kern in seine Einzelteile gespalten wird. S. 259, 274.

Materialismus
Von Ludwig *Feuerbach* initiierte Philosophie, die von Marx, Engels und Lenin zur politischen Ideologie ausgeweitet und im dialektischen Materialismus (Lenin) Anspruch auf Philosophie erhob. Sie ist die offizielle Staatsphilosophie des Ostblocks und vertritt die Grundthese, daß die Materie und die in ihr wohnenden gesetzmäßigen Eigenschaften die einzig wahre und von den Sinnesempfindungen unabhängige Realität sei. Alle Entwicklungen, auch ökonomische, gesellschaftliche und kulturelle, müssen sich letztlich aus der materiellen Gesetzmäßigkeit erklären lassen. Parapsychische Phänomene haben in dieser Lehre nur Platz, wenn sie auf Betrug basieren. S. 38, 208, 292, 305.

Maxwell
James Clark, 1831–1879, Begründer der allgemeinen Feldtheorie, die besonders auf der Beschreibung des elektromagnetischen Feldes aufbaut. Kräfte sind demnach Felder oder Potenzräume, die ihre Energiewirkungen erst unter bestimmten Voraussetzungen offenbaren. S. 43.

Meditation
Eine Übung, sich von den Umwelteinflüssen freizumachen und sich auf vorgefaßte Gedanken zu konzentrieren, um sie bis zur Realisierung auswirken zu lassen. Fakirübungen, Joga, transzendentale Meditation und andere unterscheiden sich in ihrer jeweiligen ideellen Zielrichtung. S. 58, 145, 218.

Meßmer
F. A., 1734–1815, Magnetiseur, der die Hypnose in der Annahme betrieb, es handle sich dabei um magnetische Kräfte. M. arbeitete daher mit Magneten und entsprechendem Beiwerk zum Zwecke der Heilung bestimmter Krankheitserscheinungen. S. 18.

Mesonen
Eine Gruppe von Elementarteilchen, die bei der Zerstörung von Nukleonen auftritt. Sie haben ca. 20% der Energiemasse eines Nukleons und eine Lebensdauer von einer zweimillionstel Sekunde und gehören somit zu den schwereren und langlebigeren Elementarteilchen. S. 283.

Monod
Jacques, geb. 1910 in Paris, seit 1971 Direktor des Pasteur-Instituts, Paris, erhielt 1965 gemeinschaftlich mit Lwoff und F. Jacob den Nobelpreis für Medizin, bekannt durch sein Buch «Zufall und Notwendigkeit» mit einem Vorwort von Manfred *Eigen* zur Untermauerung der materialistischen These von der Entstehung und Entwicklung des Lebens ohne außerphysikalische Einflußmomente. S. 161.

Mystik
Vorwissenschaftlicher Erklärungsversuch von Naturereignissen und Erlebnissen, vorwiegend verbunden mit Glauben und Aberglauben. S. 38.

Neodarwinismus
Vereinigung der zunächst einander widersprechenden Mendelschen Vererbungslehre und Darwinscher Lehre von der Entwicklung durch Mutation und Selektion. Dem Neodarwinismus entspricht *Monods* These über Zufall und Notwendigkeit als Faktoren der Evolution. S. 162.

Neutrino
Masseloses Elementarteilchen, das aufgrund eines erstaunlich geringen Wirkungsquerschnitts von nur $10^{-44}/cm^3$ in der Lage ist, etwa 1000 Erdmassen zu durchdringen, ohne mit der atomaren Materie in Wechselwirkung zu treten. S. 45, 250, 256, 274.

Neutron
Ein *Nukleon*, das aus dem Zusammenschluß von einem positiven *Proton* mit einem negativen Elektron in seiner elektrischen Ladung neutral ist. S. 247, 263.

Neutronenstern
Der Endzustand einer großen Sonnenmasse bei fortlaufender *Kernfusion* und Zunahme der Massendichte. Die Protonen werden durch Zusammenschluß mit *Elektronen* zu *Neutronen* und bilden einen riesigen Atomkern ohne Atomhülle. Das spezifische Gewicht eines

Neutronensterns beträgt 10^{14} Gramm je Kubikzentimeter; ebenso übt die Schwerkraft einen Druck von 10^{14} p/cm^2 auf die Oberfläche eines N. auf. Es ist möglich, daß Neutronensterne und «schwarze Löcher» identisch sind. S. 247 ff.

Newton
Isaac, 1643–1727, Astronom, begründete die Mechanik und entwickelte die Gravitations- und Schwerkraftgesetze. Viele Landsleute hielten N. für einen begabten Astrologen. So wurde er u. a. von einer bekannten Lady hartnäckig ersucht, ihr beim Wiederauffinden ihrer Geldbörse behilflich zu sein. N. spielte schließlich mit, zog um sich einen Kreidekreis und weissagte ihr den Fundort der Börse «am Westflügel des Hospitals». Dort fand man sie tatsächlich. S. 19, 39 ff., 229 ff.

Nukleon
Elementarteilchen der Materie, welche ihr eigentliches Massengewicht repräsentieren. Je nach elektrischem Ladungszustand werden sie in Protonen (positiv) und Neutronen (neutral) unterteilt. Nukleonen haben einen Radius von 10^{-13} cm und ein Massengewicht von 10^{-25} Gramm. Ihre wesentliche Eigenschaft ist ihr «Spin». Nukleonen werden durch eine Kernbindungskraft zu Atomkernen zusammengehalten. S. 47, 224, 242 ff., 257 ff., 272, 284, 287.

Ontologie
Lehre vom Seienden und dem Seinsgrund, begann bereits mit Aristoteles und begründete die Metaphysik. Erst durch den Kant'schen Idealismus ist das vordergründige Sein hinter der geistigen Sinngebung zurückgetreten. S. 151.

Pawlow
Iwan Petrowitsch, 1849–1936, Physiologe, versuchte aus den *Reflexen* und bedingten Reflexen des innerorganischen Autonomsystems allgemein auch das Empfinden und Denken auf Reflexe zurückzuführen. (Pawlowsche Reflextheorie). S. 42, 116.

Penetration
Die Durchdringung von Materie. In der Parapsychologie dafür angewandt, wenn z. B. bei Spukereignissen Gegenstände aus verschlossenen Räumen durch Türen oder Wände dringen. S. 71.

Planck
Max, 1858–1947, entdeckte in Versuchen am schwarzen Strahl (Wärmestrahl), daß Energiewellen nicht kontinuierlich sondern diskontinuierlich in kleinsten Wirkungsportionen fließen. Er errechnete dieses kleinste Wirkungsquantum in der Größe von 10^{-27} erg. Jede Energiewirkung ist gemäß der daraus begründeten Quantentheorie ein Vielfaches des Wirkungsquants. Planck resumierte nach gründlicher Erforschung der Materie, «daß es die Materie an sich gar nicht gibt, sondern erst durch unseren Geist (Empfindung) zu dem wird, was wir darunter erleben». S. 48, 239.

Präkognition
Begriff der Parapsychologie für die Fähigkeit, die Zukunft voraus zu erleben. S. 26, 51.

Prokop
Otto, Direktor des gerichtsmedizinischen Instituts an der Humboldtuniversität, Berlin-Ost, hat sich neben bedeutsamen fachwissenschaftlichen Veröffentlichungen auf dem Gebiet der Gerichtsmedizin durch kritische Stellungnahmen zu dem «Unsinn» der Parapsychologie hervorgetan. S. 8, 35, 85.

Proton
Elektrisch positiv geladenes *Nukleon,* vielfach bezeichnet als Wasserstoffkern. Aus nur einem Proton und einem Elektron bestehend, ist Wasserstoff das kleinste (leichteste) Atom, jedoch mit dem größten Hüllenvolumen. S. 167, 247.

PSI
Kunstwort, das gegen Ende des vorigen Jahrhunderts von einer Versammlung namhafter Wissenschaftler in England geprägt wurde, um damit das Wesen «einer der Elektrizität vergleichbaren Kraft» zu bezeichnen, «von der man eher die Wirkung als die Ursachen kennt». S. 46.

Psychokinese
Von griech.: kinein = bewegen. Begriff der Parapsychologie, mit dem die Ursachen für spukhafte Bewegungsereignisse auf psychische Kräfte zurückgeführt werden sollen. S. 46.

Quant
Auch Wirkungsquant, die kleinste Elementareinheit der Energie in der Größe von $6{,}5 \times 10^{-27}$ erg. S. 46, 51, 226, 231 ff.

Quantentheorie
Von Max *Planck* begründete Theorie, welche die Energieausbreitung und Wirkung in kleinsten Energieportionen, den Wirkungsquanten, beschreibt. Das gilt jedoch nur für den Mikrobereich (Atom und Kernforschung), während sich die Makrophysik als ein Durchschnittsverhalten großer Kollektive versteht. S. 47, 239.

Raum-Zeit-Kontinuum
Einstein hat aus zwingenden Erkenntnissen die Zeit zur vierten Raumdimension erhoben. Raum, Zeit und auch Energiewirkung (Ereignisse) sind abhängig von Standort und Bewegungszustand des Beobachters. Um dem Grundsatz der Objektivität nicht widersprechen zu müssen, sind Raum und Zeit in einem Raum-Zeit-Kontinuum gegeneinander zu relativieren und (bewegende oder ruhende) Bezugsysteme zu schaffen, auf die sich die Beobachtungen beziehen. S. 51, 239, 253, 279, 292.

Reflex
Maschinenmäßig anmutende Wirkungen, die bei gleichem Anlaß auch stets dieselbe Reaktion hervorrufen müssen. Solche unbedingte Reflexwirkung zeigt z. B. die Pupille sowie der Nervenstrang unterhalb der Kniescheibe. S. 113, 124 ff., 179.

Refraktärstadium
Betrifft ein Erholungsstadium der Nervenleitungen, bei denen die Impulsleitung durch *Ionen*umwandlung geschieht. Das Refraktärstadium ist eine Ionen-Rückwandlung in den Ausgangszustand. S. 150, 169, 201.

Relativitätstheorie
Von *Einstein* begründete weitreichende Physiktheorie, welche in der naturphilosophischen Auswirkung die Unanwendbarkeit unserer physikalischen Systeme auf das Universum darlegt. Sie fordert hierfür einen willkürlich festzulegenden Ruhepunkt (Bezugsystem), zu dem sich alle Messungen und Beobachtungen nur relativ verhalten, also nur dann Anspruch auf Objektivität erheben können, wenn dieser angenommene Bezugspunkt tatsächlich der feste Mittelpunkt der Welt sein sollte. Da es diesen aber nicht gibt, ist die Objektivität naturwissenschaftlicher Aussagen grundsätzlich in Frage gestellt. S. 184, 208, 239, 279 ff.

Rhine
Josef Banks, geb. 1895, Professor der Psychologie, begündete und leitete seit 1924 das erste wissenschaftliche Institut zur Erforschung parapsychischer Phänomene. Er entwickelte ein heute allgemein anerkanntes Testsystem mit Symbolkarten, um nach den Gesetzen der Wahrscheinlichkeit telepathische oder präkognitive Fähigkeiten zu testen und zu beweisen. S. 25.

Schneider
Zwei in Braunau/Inn geborene Brüder mit vielfältigen parapsychischen Fähigkeiten, die besonders von Schrenk-Notzing untersucht und vorgeführt wurden. S. 18.

Schrenk-Notzing
Albert, Frhr. von, 1862–1929, Arzt, Studium der Hypnose, hat eine Reihe namhafter Medien nach von ihm selbst entwickelten naturwissenschaftlichen (teils bestrittenen) Methoden untersucht und darüber zahlreiche Berichte veröffentlicht. S. 17.

Serios
Ted, kanadischer Holzfäller, zeitgenössisches Medium mit besonders hoher Begabung für die Gedankenfotografie. S. wurde in den sechziger Jahren von dem amerikanischen Professor Jules Eisenbud getestet. Seine Leistungen gelten in Fachkreisen als einmalig. S. verlor jedoch Ende der 60iger Jahre seine Fähigkeiten, so daß hernach allgemein bestritten wurde, daß seine Leistungen ohne Tricks hervorgebracht worden sein könnten. S. 73 ff.

Silvio
Grafiker aus Bern, der 14 Tage nach dem Auftritt Uri Gellers im deutschen Fernsehen dieselbe Gabe des psychokinetischen Gabelbiegens an sich entdeckte und diese teils unter strenger wissenschaftlicher Aufsicht weiter perfektionierte. S. 61 ff.

Slade
Bekanntes Medium des 19. Jahrhunderts, das unter Aufsicht *Zöllners* vielfach vor namhaften Wissenschaftlern vorgeführt wurde, schließlich aber unter Betrugsverdacht vor Gericht gestellt, und dort freigesprochen wurde. S. 71 ff.

Spin
Drehmoment der Elementarteilchen. Fast alle Elementarteilchen haben entweder einen ganzen oder halben Spin. Der ganze Spin ent-

spricht der Lichtgeschwindigkeit. Im Gegensatz zum Drehimpuls ist nicht bekannt, woher die Teilchen ihren Spin haben und warum sich dieser im Schwerefeld der Erde nicht aufreibt. S. 224, 265 ff.

Spuk
Volkstümlicher Ausdruck für parapsychische, insbesondere *telekinetische* Erscheinungen. S. 46, 60 ff.

Schwerkraft
Das durch die *Gravitation* gebildete Schwerefeld eines Körpers. Schwerkraft und Masse bestimmen sich durch das Gewicht gegenseitig. S. 45, 241, 251 ff., 307.

Synapsen
Schaltstellen im Nervensystem, an denen die nervalen Impulse auf noch nicht restlos geklärte Art und Weise blockiert, selektiert und weitergeleitet werden. S. 104.

Telepathie
Die Fernempfindung von Gedanken anderer. Gedankenübertragung. Unter dem Begriff der Ferne kann hierbei sowohl räumliche als auch zeitliche Entfernung verstanden werden. S. 22.

Telekinese
Wörtlich: Fernbewegung. Das Ingangsetzen oder Auslösen von Ereignissen ohne erkennbare Kraft oder Energieeinwirkungen. S. 46.

Telehypnose
Das Hypnotisieren von nichtanwesenden Personen. Die Telehypnose beschränkt sich auf Einschläfern und Aufwecken. Daß auch Befehle (Rapporte) auf diesem Wege telepathisch übermittelt werden können, ist noch nicht erwiesen. S. 44, 233.

Thalamus
Ältester Gehirnteil im Lymbischen System (Stammhirn), der die dichteste Nervenkonzentration des Gehirns enthält. Der T. ist die einzige Stelle, welche sowohl von allen Sinneswahrnehmungen als auch von allen *endokrinen* Vorgängen (über die *Hypophyse*) eine Information erhält. S. 141, 171 ff., 204 ff.

Thermodynamik
Die Lehre von Wärme und Kraft, welche die Erwärmung besonders gasförmiger Körper auf schnellere Molekülbewegungen und – daraus

resultierend – häufigere Stöße der Moleküle gegeneinander zurückführt. S. 127.

Träume
Erlebnisinhalte, die vermeintlich im Schlaf erlebt und in den Wachzustand hinübergenommen werden. Das widerspricht der Tatsache, daß Ereignisse des bewußtseinslosen Schlafzustandes nicht ins Bewußtsein dringen können. Wahrscheinlich ist, daß die Träume bzw. deren Erlebnisinhalte erst im Augenblick des Erwachens entstehen und durch das Bewußtsein nachträglich in Raum und Zeit eingeordnet werden. S. 36, 190, 215, 294.

Ufos
Abkürzung für «unbekannte Flugobjekte», häufig gesichtete und teils fotografierte kugelförmige, utopisch anmutende Flugkörper, die ebenso plötzlich verschwinden, wie sie auftauchen. S. 20, 58, 78.

Wassiliew
Russischer Physiologe, Schüler Bechterews, der in Leningrad seit 1933 systematisch parapsychische Phänomene untersuchte, beeindruckte besonders durch seine Experimente mit Telehypnose durch Faradaysche Käfige, womit er bewies, daß sich die Gedankenübertragung keiner elektromagnetischen Kräfte bedienen könne. S. 42 ff., 109, 233.

Zeit
Ein Orientierungssystem, das der rhythmisch gleichförmigen Erddrehung entnommen ist. Ohne eine rhythmisch gleichförmige Bewegung ist Zeit nicht denkbar. Die Abhängigkeit und Verformbarkeit der Zeit durch Bewegung beweist die Einsteinsche *Zeitdilatation.* S. 30, 194 ff., 277 ff.

Zeitdilatation
Auch als Uhrenparadoxon von Einstein erklärt, beschreibt die Zeit in Abhängigkeit von hohen Beschleunigungen. Gemäß der Formel der Lorentz-Transformation verläuft die Zeit bei Annäherung an die Lichtgeschwindigkeit im gleichen Maße langsamer, wie sich der Raum verkürzt und die Masse schwerer wird. Bei Erreichen der Lichtgeschwindigkeit wäre die zeitlose Ewigkeit erreicht. S. 278, 283, 295.

Zöllner
J. C. F., 1802–1891, Astrophysiker, der sich u. a. mit dem Medium *Slade* befaßte und dessen «vierdimensionale Behandlung dreidimen-

sionaler Gegenstände» *(Penetration)* in ebenso interessierten wie skeptischen Kollegenkreisen vorführte. Als Slade 1882 bei einer angeblichen Mogelei ertappt wurde, wurde auch Zöllner von seinen Kollegen gemieden. S. 71 ff.